外国语言文学研究学术论丛 | 总主编 文 旭

语言的认知基础

Cognitive Foundations of Language

文 旭 著

科 学 出 版 社
北 京

内 容 简 介

本书从认知的角度来观察和分析人类语言的认知基础，认为语言是人类认知的组成部分，研究语言可以揭示人类认知的部分奥秘。语言作为一个系统，无论是在词汇层面，还是在句法、语义、语篇、语用等层面都会受到人类认知的影响和制约，故研究其深层次的认知理据具有重要的意义。本书的理论体系是认知语言学，但同时也吸收了句法学、语义学、语用学、功能语言学、语篇学、语言类型学等学科的理论和成果，研究的内容主要涉及范畴化、概念隐喻和转喻、认知识解、象似性、双主语构式等现象。

本研究是在大量语料的基础上进行的，其研究成果不但对语言及语言学研究具有参考价值，而且对语言教学、翻译、认知科学等研究领域也会有所裨益。

图书在版编目（CIP）数据

语言的认知基础 / 文旭著. —北京：科学出版社，2014. 9
（外国语言文学研究学术论丛 / 文旭主编）
ISBN 978-7-03-041908-8

I. ①语… II. ①文… III. ①认知科学－语言学－研究 IV. ①H0-05

中国版本图书馆 CIP 数据核字（2014）第 213677 号

责任编辑：阎 莉 常春娥 / 责任校对：何艳萍
责任印制：钱玉芬 / 封面设计：铭轩堂

科学出版社 出版
北京东黄城根北街 16 号
邮政编码：100717
http://www.sciencep.com

北京凌奇印刷有限责任公司 印刷
科学出版社发行 各地新华书店经销
*

2014 年 9 月第 一 版 开本：A5（890×1240）
2014 年 9 月第一次印刷 印张：9 1/4
字数：300 000

POD定价： 68.00元
（如有印装质量问题，我社负责调换）

外国语言文学研究学术论丛

编　委　会

丛　书　序

外国语言文学博大精深，其内容涵盖外国语言学研究、外国文学研究、翻译研究、外语教育研究及跨文化研究等。在我国，外国语言文学研究历史悠久、成绩斐然。近些年来，外国语言文学研究发展迅猛，其理论与模式不断创新，研究方法多种多样。尤其在研究领域方面，其跨学科性和交叉性日益凸显并普遍，如与哲学、符号学、心理学、社会学、人类学、认知科学、脑科学等众多领域的日渐交叉和融合，促使我们必须多维度、多视角、多层面地进行研究，从而在科研上真正做到有所创新、有所前进、有所作为。多学科、跨学科、超学科研究已是当今学术发展的必由之路。

当然，无论是从学科研究历史传统的传承上来看，还是从其未来发展的开拓创新上来说，外国语言文学研究都任重而道远。因此，与时俱进，汇聚外国语言文学领域研究的最新成果，并为先行者和后学共同搭建学术交流的平台便成为促进学科发展极为重要的一环。为此，我们秉承西南大学“特立西南，学行天下”的大学精神，在学界广大同仁的关心和帮助下，精心打造了《外国语言文学研究学术论丛》系列学术专著，以期促进外语界同仁相互沟通与交流，共同创新与进步。该系列学术专著的规模化出版，是西南大学外国语学院科学研究事业中的一件大事，其诞生是学院学科建设与科学研究事业发展的必然，同时也必将进一步搭建西南大学外国语学院学术成果交流的平台。

西南大学起源于 1906 年 4 月建立的川东师范学堂，于 2005 年由原西南师范大学、西南农业大学合并组建而成，是教育部直属重点综合性大学，国家“211 工程”和“985 工程优势学科创新平台”建设高校。西南大学外国语言文学学科历史悠久、实力雄厚。学贯中西的大师吴宓先生，著名诗人、文学家方敬，翻译家邹绛、外语教育家张正东等学术先贤和著名专家曾在此执教，积淀了深厚的人文底蕴，形成了优良的学术传统和办学特色。西南大学外国语学院拥有“外国语言文学”一级学科博士学位、硕士学位授权点和博士后科研流动站，以及“翻译硕士”、“教育硕士”专业学位授权点，同时接收国内访问学者。学院拥有重庆市人文社会科学重点研究基地“外国语言学与外语教育研究中心”、西部地区外语教育研究会、重庆市外文学会、重庆市莎士比亚研究会等学术组织或团体。学院现有多名国内外知名专家学者，在认知语言学、语用学、功能语言学、莎士比亚研究、英美现代主义文学、翻译研究、外语教育学等领域有较深的造诣，并在多个全国性学术团体中担任重要职务。改革开放以来，学院秉承“博学中西，砥砺德行”的院训，以“崇尚学术自由、培养卓越人才、造就模范国民”为办学宗旨，以学科建设为龙头，以科学研究为基础，在语言学研究、文学研究、翻译研究、外语教育以及文化研究等领域取得了一批学术价值大、实用性强的科研成果，多次获得全国和部市级的教学科研成果奖，在国内外产生了一定的影响。

本丛书的出版得到了西南大学学科建设的大力资助，外国语学院的许多教师以及各界朋友也给予了极大的支持，尤其离不开科学出版社阎莉女士的真诚相助，在此对他们表示衷心的感谢。诚然，这个新生婴儿的成长与发展，要靠广大学人的呵护和支持。因此，敬祈学界朋友不惜赐教为幸，也热忱欢迎同行专家不吝赐稿。我们将秉承西南大学“含弘光大、继往开来”的校训，继续不遗余力为本丛书的成长壮大添砖加瓦。

为学之道，“辟如行远必自迩，辟如登高必自卑”。共同的事业就是共同的生活情趣，也是共同的追求，“嘤其鸣矣，求其友声”。“行到水穷处，坐看云起时”，思考求索的起点，追寻学术的真谛，这就是我们的责任和使命。是为序。

谨识于西南大学

2014 年 6 月 22 日

前　言

语言是人类的家园，是人类文化的载体，也是人类交际及思维的重要工具。语言与认知之间到底是一种什么样的关系？关于这个问题，通常有三种观点：第一种观点认为，语言是独立于认知之外的另一个模块，有其自身的独立性和完整性，有别于其他认知能力；第二种观点认为，认知是人类心智的基础，语言只是建立在这个基础之上的一种能力，即语言是认知的一部分；第三种观点认为，语言影响认知，但认知反过来也影响语言。

凭我们的直觉，认知是人类心智的基础，感觉、知觉、注意、记忆等都是人类建构主观世界和知识所依赖的心理加工机制。语言信息的加工同样也会利用这些基本的心理加工机制，故语言应当是认知的一部分。虽然乔姆斯基(N. Chomsky)等学者认为语言是独立于认知之外的另一个心智模块，但一些以类神经网络连结论为研究范式的认知科学家则相信，语言应该是认知的一部分。例如，Rumelhart 和 McClelland(1986)率先以其发展出来的连结论模型及方法，成功地模拟出小孩学习英语过去式(规则的和不规则的)的过程。他们建立了一个典型的类神经网络，其中包含一层动词词根的节点、一层表示这些动词的过去式的节点以及一系列节点之间的连结路径。各个路径的连结强度随着学习而调整。这样一个简单的学习机器，靠输入的经验信息与反馈，便能有效地学会规则动词的过去式，也能同时学会不规则动词的过去式。这个机器里并没有建构外显的语法规则，但它竟能学会规则动词的变化，这说明语言的习得仍然是建立在一般认知学习的基础上，并不见得是通过一个特殊的、先天的模块。以雷科夫(G. Lakoff)、兰厄克(R. Langacker)、塔尔米(L. Talmy)

为代表的当代认知语言学家就秉承这种观点，认为语言是人类认知的一部分。语言与人类的认知密切相关，语言的形成、发展、生成、使用和理解都与人类认知有着紧密的联系。因此，研究语言可以揭示人类认知的部分奥秘。

对语言进行科学而系统的研究就是语言学。语言学范式的嬗变大致经历了以下几个阶段：语文学→传统语法→历史比较语言学→结构语言学→生成语言学→认知语言学。认知语言学作为一种新的语言学范式，其哲学基础和工作假设都与从前的语言学有着本质区别。其哲学观主要是非客观主义（nonobjectivism）的经验现实主义（experiential realism）哲学或经验主义（experientialism）哲学（也称“新经验主义”），这种经验主义认知观主要表现为：(1) 思维是体验的（embodied），也就是说，组成我们概念系统的结构来自于体验，并依据体验而有意义。(2) 思维富有想象力，因为有些不是直接来源于经验的概念是运用隐喻、转喻和心理意象的结果。正是这种想象力才产生了“抽象”思维。这种想象力也不能脱离身体，因为隐喻、转喻和意象都是以经验（通常是体验）为基础的。(3) 思维具有生态结构，就像在学习和记忆中一样，认知加工的效率取决于概念系统的总结构以及概念的意义，故思维不只是抽象符号的机械操作。(4) 概念结构和推理不可能用形式逻辑来精确描述，但可以用具有上述特征的认知模型（cognitive model）来描写。(5) 认知模型理论在说明有关范畴化的实际材料时，吸收了有关范畴化、意义和理性的传统观点中的正确方面。

在对语言的根本看法上，认知语言学持有与生成语言学针锋相对的工作假设：(1) 语言能力是人的一般认知能力的一部分，故语言不是一个自足的系统，其描写必须参照认知过程。(2) 语言结构与人类的概念知识、身体经验以及话语的功能有关，并以它们为理据。(3) 句法不是一个自足的组成部分，而是与语义、词汇密不可分，也就是说，词汇、形态和句法形成一个符号单位的连续体，这个连续体只是任意地被分成了单独的成分；语法结构本质上是符号的，并使概念内容符号化。(4)语义不只是客观的真值条件，还与人的主观认识息息相关；用以真值条件为基础的形式语义学来分析语词的意义是不充分的，这有两个原因：一是语义结构的描写与无限的知识系统有关；二是语义结构不但反映了所观察到的情景的内容，而且也反映了这个内容是怎样建构和识解的。尽管认知语言学家内部在具体方法、感兴趣的课题、研究的切入点等方面存在一些差异，但他们在很大程度上都持有上述观点和立场。可以说，正是这些共识界定了认知语言学的内涵和范围。在过去的 30 多年里，无论是其理论建树还是应用探索，认知语言学都取得了辉煌的成就，已成为语言学的主流，变成了一门“显学”。乔姆斯基学派的一位大学者曾作过统计，就整个国际范围来看，从事认知语言学研究的学者已经超过了乔姆斯基学派的学者。

认知语言的研究内容非常丰富，包括范畴化、隐喻和转喻、意象图式、多义性、象似性、语法化、主观性与主观化、交互主观性与交互主观化、概念整合理论等。此外，各种分支学科也层出不穷，如认知音系学、认知形态学、认知语法、认知句法学、认知词义学、认知语义学、认知语用学、认知语篇学、认知文体学、认知诗学、认知社会语言学、认知翻译学、认知应用语言学、认知类型语言学、认知对比语言学、认知心理语言学、认知神经语言学等，这些分支学科拓展了认知语言学的视野，为认知语言学的研究开辟了广阔的前景。

本书的研究内容涉及认知语言学中的主要话题，如范畴化、隐喻和转喻、象似性、认知语法、构式语法等，特别是对一些重要的句法结构进行了探讨，如话题构式、焦点构式、左移位构式、双主语构式、关系小句等。这些成果中的大部分曾发表在国内的一些外语类期刊上，如《外语教学与研究》《外国语》《现代外语》《外语学刊》《外语教学》等。书中的第 13 章是刘润清老师和我合作的成果，第 6 章是匡芳涛教授与我合作的成果，在此出版之际，作者对这些内容进行了修改和补充。通过对这些语言现象的研究，诠释了语言的认知基础，即语言结构的组织是以人类认知为理据的。

本书的出版得到了科学出版社阎莉女士的大力支持，我的学生叶狂、曹笃鑫也做了大量的工作。在此，对所有给予帮助的老师、朋友和学生表示衷心的感谢！

狄更斯在其小说《小杜丽》(*Little Dorrit*)的前言中写道，在为他的故事辛勤耕耘了两年的工作时间之后，如果不把它的优点和缺点整个地献给读者去评判的话，他肯定会觉得是白白地忙活了一场。我在写此前言时也有同感，虽然多次修改书稿，但我知道书中一定存在许多不足之处，敬请专家批评指正。否则，那我真是空忙活了一场。

文　旭

2014 年 8 月 26 日谨识于西南大学

目　　录

图 目 录

表 目 录

第 1 章　绪　　论

1.1　人类认知之谜

认知(cognition)这个术语有广义和狭义之分。广义的认知与智力相同，指人认识、理解事物和现象并运用知识、经验解决问题的能力之总和，它包括所有的与认识活动相关的能力；狭义的认知则与思维同义，指人运用表象和概念进行分析、综合、判断、推理等认识活动的过程，是智力的最高级和最核心的部分。认知是一个古老的问题。在古代，哲学(philosophy)一词曾泛指人类知识的总汇，而认知问题则是哲学的一个重要内容。两千多年来，人类的思维过程一直吸引着哲学家和其他理论学家。例如，古希腊哲学家亚里士多德就提出了学习和记忆的法则，并强调心理意象(mental imagery)的重要性。他认为，外物作用于特殊感官发生感觉，感觉遗留下意象，多次留下某物的意象后，就形成对于它的简括形象，即所谓的经验，随后人从这些“经验”中抽出概念或把它们概括成原理，这就是思维的基本过程。我们平时所说的“狗”“苹果”等概念已经走完这一过程。哲学重视知识的真实性问题，例如，一个物体在不同的光照下对于从不同角度不同距离的人来说，可呈现出千姿百态，而错觉(如一根直棍，半浸入水中时呈折屈状)和幻觉(如梦中所见)现象也早就被古代哲人注意到，这促使他们区分出现象和实体，视前者为“假象”，并力求查知这“现象背后的实体”。从进化论的观点来看，认知问题之所以成为哲学中的永恒主题，这很好理解。人生在世，面对变幻莫测的大自然，他必须寻找现象后面的稳定不变的实体和规律，只有把握住这些不变的东西，才能应对这个多变的世界。

高度发达的智力是人类这个物种适应环境最重要的因素。两百多年前，瑞典博物学家林奈(Linnaeus)在给动物分类时，第一次把人称为“智人”(Homo Sapiens)。人类之所以超越万物则是因其智力，正如王充在《论衡》中说：“人，物也，万物之中有智慧者也”。人与动物的最大区别就在于“虎用力，人用智”。物种的演变和进化使其他动物可能具有更快的速度、更厚的皮毛或更大的力气等，这都是为了适应不断变化的自然环境。但人类却不同，大自然赋予人类的不是强健的肢体，而是高度发达的大脑。人类依靠大脑的活动，发明创造出各种方法和技术去改变自己所处的环境，使环境更能适合自己的生存。正是由于拥有了这种不可战胜的智能，人类才表现出与其他动物之间鲜明的本质区别；也正是由于这种智能的强大威力，千百年来一直支配着生命进化的自然选择原则才受到了人类的挑战。对思维的探索，是人类科学史上以人类自我(特别是人的高级心理过程)的认知活动为重要内容的探索，每次科学史上的重大变化，都包含着对思维的新认识。而心智(mind)，即人类的智能及各种心理能力，例如记忆、思想、意识、感情、意向、愿望、思维、智能等，作为人类进化的最高产物，超越了物质运动的各种基本形式，具有显著多维度的复杂结构，它是看不见、摸不着、无处不在的东西。因此，对心智的研究一直困惑着哲学家及其他领域的研究者，成为人类科学史的千古之谜。

1.2 认知科学

20 世纪中期，世界科学史上诞生了探索人类智慧产生和发展的前沿性尖端科学——认知科学(cognitive science)。认知科学在国内又称思维科学。“认知科学”这一术语最先是由朗盖特·希金斯(C. Longuet-Higgins)于 1973 年提出来的，20 世纪 70 年代后期才渐趋流行。认知科学被誉为是“21世纪的科学”（Wilson & Keil，1999），其诞生受到了语言学、计算机科学、心理学、人类学、神经科学和哲学等学科的影响，是关于人类心智及其工作原理的多学科、跨学科的合作性研究，例如研究记忆、学习、知觉、注意、意识、推理等，或者简单地说就是研究“思维”（thought）。研究人类心智的工作原理，揭开人类心智的奥秘，这是一个宏大的主题，一直是科学家所追求的目标之一。

认知科学的核心思想就是一种认知主义（cognitivism）的思想。这种思想的一个中心命题就是智能行为可以由内在的“认知过程”，对人来说就是由理性的思维过程来解释。它关注的中心是人的心智机制，集中于“知道和理解”（knowing and understanding）（Wilson & Keil，1999）。诺曼（D. A. Norman）在《什么是认知科学》一文中认为，认知科学的目标就是“要揭示智能和认知行为的原理，它的关键方面就是要探索对认知的理解，不论这种认知是现实的还是抽象的，是人的或是机器的”（转引自章士嵘，1992：38）。

约翰逊（Johnson，1987）总结30年来认知科学的成就对传统哲学的挑战时说，认知科学的三大发现是：心智本质上是体验性的；思想大部分是无意识的；抽象概念大多是隐喻的。20世纪70年代以前认知科学主要是基于理性主义的符号运算传统，这是第一代认知科学（First Generation Cognitive Science）。20世纪70年代以后，许多人认为，理性绝不是宇宙的先验特征，理性也不是与身体无关的人类心智的先验特征。心智依赖于身体的生理结构，其塑造依赖于人的身体的特殊性质、人脑的神经结构的特殊细节、我们在世界中的日常举止的特殊情况等。理性、心灵、概念、推理、思维等都是体验性的。这是第二代认知科学（Second Generation Cognitive Science）。

认知科学是一个世界性的课题，很多学者都在研究。其深层的难题是物质与精神的关系问题，或称为“心智–大脑”（mind-brain）问题，简称“心

–脑”问题。心智好比电脑的软件，大脑好比电脑的硬件。但人的大脑不能像电脑的硬件那样随便拆开，用控制论的术语来说，大脑是一个所谓的“黑箱装置”，是无法打开来进行直接观察的装置。对思维的机制只能从大脑这个“装置”的输入端和输出端加以研究，或者采用其他方法间接地对它加以推理，作出假设。认知科学的兴起和发展标志着对以人类为中心的认知和智能活动的研究已进入到新的阶段。认知科学的研究将更好地帮助人类了解自我和控制自我，并把人的知识和智能提高到空前未有的水平。

认知科学的诞生绝不是重复或深化过去各门学科从各自的角度对人的心智的研究，而是强调运用各门学科所使用的证据和方法，从完整意义上对智能系统进行全方位的综合研究。认知科学的兴起正是各门学科相互渗透的必然结果，是学科分化过程与整体化过程的一种产物。但是，认知科学究竟包括哪些学科或内容，各家各派，看法不一。甚至同一学者的观点也可能在不断发展，不过一般的趋势是学科范围在不断扩大。例如，心理学家加德纳（Gardner，1985）列出了与认知科学有密切关系的六个学科：哲学、心理学、语言学、人类学、人工智能、神经科学。罗斯（Rose，1985）也指出：认知科学“是连接哲学、心理学、人类学、语言学、脑神经学与计算机科学的新学科。它试图建立人脑是如何工作的理论。大部分认知科学研究的指导原则是把人脑视为像计算机一样处理符号（也就是作信息处理）的系统。”1999 年，美国麻省理工学院出版社出版了《认知科学百科全书》（*The MIT Encyclopedia of Cognitive Science*）。该书从六个部分对认知科学进行了介绍：哲学、心理学、神经科学、计算智能（Computational Intelligence）、语言学和语言；文化、认知和进化（evolution）。理查德（J. Richards）等人在《语言教学与应用语言学词典》（*Longman Dictionary of Language Teaching and Applied Linguistics*）（2005：107-108）中对“认知科学”词条做如下解释：“在语言学、数学、神经科学、哲学、心理语言学、认知心理学和人工智能基础上进行研究的一门学科，它对思维推理和智力过程进行科学的研究，涉及的方面有知识在大脑里的表征、语言及形象的理解，以及推理、学习、解决问题和计划的心理过程”。由此可见，无论怎么说，认知科学的研究是离不开语言学的。智能与人类语言的关系十分密切。语言是思维的物质外壳，是表达思想的主要工具。认知科学要实现自己的研究目标，就必须把语言与认知的关系放在一个重要的地位，因此，语言的认知研究是一个非常重要的领域。

1.3 认知语言学

认知语言学，也称认知语言学事业（文旭，2011），是认知科学的重要组成部分，它自然也就要去承担自己的光辉使命。但就认知语言学这个名称来说，目前有广义和狭义两种理解。任何语言学理论，只要承认语言知识存在于心智之中，而不管其是否承诺语言知识应该内嵌于有关人类认知的知识中，就属于广义的认知语言学，（在英语中称小写 c 的认知语言学，即 cognitive linguistics），例如乔姆斯基的生成语法，杰肯道夫（R. Jackendoff）的概念语义学（conceptual semantics）以及赫德森（R. A. Hudson）的词语法（Word Grammar）等，都可以看成是广义的认知语言学。狭义的认知语言学（在英语中称大写 C 的认知语言学，即 Cognitive Linguistics），对语言与认知之间关系的研究不同于乔姆斯基传统。狭义的认知语言学并不把语言看成是心智的自治部分，相反，它认为语言研究一开始就是由在认知上认为可行的东西形成的。因此，其基本假设就是：(i) 最好把语言看成是认知的主要部分。(ii) 根据对心智的了解去研究语言将会有洞察力，不管这些研究是来自实验、内省还是常识性的观察。其典型代表人物包括雷科夫（G. Lakoff）、兰厄克（R. Langacker）、约翰逊（M. Johnson）、戈德伯格（A. Goldberg）、塔尔米（L. Talmy）等。

狭义的认知语言学（以下简称“认知语言学”）是语言学中的一种新

范式，它包含许多不同的理论、研究方法及研究课题。认知语言学肇始于20世纪70年代，80年代中期以后其研究范围扩展到了语言学中的许多领域，如句法、意义、音系、语篇、语用等。其成熟的重要标志是1989年春在德国的杜伊斯堡召开的第一次国际认知语言学会议，1990年创刊的《认知语言学》（*Cognitive Linguistics*）杂志，以及当年成立的国际认知语言学学会（International Cognitive Linguistics Association）。自诞生之日起，认知语言学就把自己置于认知科学这一大学科中，与哲学、心理学、人类学、计算机科学以及神经科学等结下了不解之缘，并逐渐成为当代语言学中的一门“显学”。

在过去的20多年里，认知语言学研究在几个重要领域里已卓有成效，例如范畴化、概念隐喻、意象图式、概念整合、概念转喻、多义性、象似性以及语法化等领域（参见Ungerer & Schmid，1996；文旭，1999，2001a）。尽管认知语言学家内部在具体方法、感兴趣的课题、研究的切入点等方面还存在不少差别，但他们的理论出发点、研究目标和基本原则有许多共同之处。

1.3.1 认知语言学的研究目标

当代语言学的一个基本问题就是关于语言与人类心智及大脑之间的关系问题。但由于人的大脑是一个“黑箱”，我们无法直接观察其工作情况，因此语言就成了打开这一“黑箱”的钥匙。如果我们能够弄清楚语言这一复杂东西，我们就有了研究人类认知的“罗塞塔石”（the Rosetta Stone）。

语言是人类表达观念和思想的主要方式。从“表达观念和思想”的角度来研究人类语言的这种观点就是通常所说的“认知观”。该观点认为，语言是认知系统的一部分，而认知系统是由感知、情感、范畴化、抽象化以及推理等认知能力组成的。这些认知能力与语言相互作用并受语言的影响，因此从某种意义上来说，研究语言实际上就是研究人类表达或交流观念和思想的方式。

当代语言学的一个基本特点就是对认知现实主义(cognitive realism)的承诺，即承诺语言是一种认知现象。语言学诸多门派都把自己的终极目标定为探索隐藏在大脑中的具有普遍性的人类语言根本机制，换句话说，语言分析的目的不只是描写人们的语言行为，而是解释引起那个行为的心理结构和心理过程，揭示语言行为背后内在的深层规律。像乔姆斯基(N. Chomsky)、杰肯道夫(R. Jackendoff)、兰厄克(R. Langacker)、雷科夫(G. Lakoff)、比尔沃思(M. Bierwisch)及赫德森(R. Hudson)这些代表不同理论方法的语言学家，他们的研究都具有这一目的。如果仅从这一目的来看，那么乔姆斯基的生成语法、杰肯道夫的概念语义学、赫德森的词语法与兰厄克、雷科夫等人的认知语言学是完全一致的，这样他们的理论似乎都可以称为“认知语言学”。然而，“认知的承诺”只是一个纲领，它不支配语言理论的具体研究原则和方法，对语言描写的内容和形式也未作具体的要求。因此，尽管乔姆斯基的生成语法、杰肯道夫的概念语义学、赫德森的词语法与兰格克、雷科夫等人的认知语言学都许下认知的承诺，但前者与后者代表的却是两个极端，所以前者也就不属于今天公认的认知语言学(即狭义的认知语言学)。

认知语言学主要包括雷科夫(G. Lakoff)、兰厄克(R. Langacker)、菲尔莫(C. Fillmore)、约翰逊(M. Johnson)、戈德伯格(A. Goldberg)、杰拉茨(D. Geeraerts)、福科尼耶(G. Fauconnier)、塔尔米(L. Talmy)、克罗夫特(W. Croft)、特纳(M. Turner)及泰勒(J. Taylor)等人的语言学理论和研究方法。他们认为自然语言是人类心智的产物，其组织原则与其他认知域中的组织原则没有差别。作为人类认知的一个领域，语言与其他认知域密切相关，并且本身也是心理、文化、社会、生态等因素相互作用的反映。语言结构既依赖于概念的形成过程，又反映了这一过程，而这一过程又是以我们自身的经验为基础的，即是说，语言不是一个由任意符号组成的系统，其结构与人类的概念知识、身体经验以及话语的功能相关，并且以它们为理据。语言单位（例如，词、短语、句子）是通过范畴化来实现的，而范畴化通常是以典型为基础，并且涉及隐喻和转喻的过程。语言单位的意义是以身体经验为基础的，其描写需要参照相关的认知结构，如通俗模型（folk models）、文化模型（cultural models）以及认知模型（cognitive models）。把语言使用置于人类经验基础之上的最重要的结果之一就是要首先强调意义的研究。正如维尔茨比卡（Wierzbicka，1988：1）指出的那样："语言是一个整合的系统，在这个系统中一切手段都通力协作，传递意义，例如词、语言结构及言外手段（包括语调）。"费斯米尔（Fesmire，1994：150）也指出，认知语言学摆脱了主流生成语言学的传统，"尽力解决人类是如何理解自己世界的意义这一问题"，并且把自己"置于人类经验这一潮流中，而不是局限在纯粹的形式王国里"，因此，认知语言学"发展了一套人类理解的生态理论"。简言之，"认知语言学明确地承诺要把意义的身体维度、文化维度以及想象维度（imaginative dimension）结合起来"。很明显，意义是认知语言学研究的重要内容，而隐喻就成了认知语言学研究的焦点。语言学也就不再是对语言内部特征的一种自足的解释，而是揭示和解释人类认知的一种有力工具。

据以上论述，我们大致可以明确认知语言学的研究目标：寻找概念知识的体验证据，探索概念系统、身体经验与语言结构之间的关系以及语言、意义和认知之间的关系，即所谓的"关系问题"，发现人类认知或概念知识的实际内容，从而最终揭示人类语言的共性和人类认知的奥秘。显然，认知语言学的这一宏伟目标与当今人类最感兴趣的四大课题之一"揭示人类智能的奥秘"不谋而合。

1.3.2 认知语言学的哲学基础和工作假设

当前风行的语言学理论可分为形式主义和功能主义两大阵营，其根本目标都是要对人类语言的普遍现象及其机制作出解释。它们之间最明显的分歧体现在方法和原则上，而较为隐蔽且具深刻含意的差异则植根于它们的认识论及本体论中。可以说，生成语法和认知语言学分别是这两大阵营中的最好代表，它们对自己的哲学背景都有长篇大论，例如乔姆斯基（Chomsky，1966，1968）、雷科夫（Lakoff，1987）以及约翰逊（Johnson，1987）等。生成语法的哲学观在学术界引起了巨大的反响，而认知语言学的哲学观还未引起充分注意。因此，弄清楚认知语言学的哲学基础及其工作假设对于正确认识该流派有着重要的意义。

当代语言学主流各学派的一些基本原则和信念与主流的西方哲学和文化传统密不可分。用雷科夫的话说，这些观念的核心是所谓的“客观主义认知”（objective cognition）观，其信条可概括为：“所有理性思维都牵涉抽象符号的操作，这些符号只有通过与外界事物的规约对应才获得意义”（Lakoff，1987：Preface）。这种客观主义的认知观代表了第一代认知科学的基本观点，其具体内容主要包括：（i）思维是抽象符号的机械操作。（ii）心智是一部抽象的机器，其操作符号的方式本质上如同计算机，即进行算法运作。（iii）符号（如词汇和心理表征）通过与外界事物发生联系而获得意义，而且所有意义都具有这个特征。（iv）与外界对应的符号是外在现实的内在表征。（v）抽象符号虽独立于任何机体的特定性质，但可与世界上的事物相对应。（vi）既然人类心智使用外在现实的内在表征，那么心智就是自然的一面镜子，并且正确的理性如同镜像一样反映外界的逻辑。（vii）因此，人类在其自身的环境中发挥作用，这与概念的特征和理性无多大关系。虽然认知主体可在选择概念及超验理性的方式中发挥作用，但在决定概念及理性的形成方面却不起根本作用。（viii）思维是抽象的、非体验的（disembodied），因为它不受人体、感知系统以及神经系统的任何限制。（ix）只有对外界事物相对应的符号进行机械操作的机器，才能进行有意义的思维和推理。（x）思维像原子结构一样（atomistic），因为它可以完全分解成简单的“积木”(building blocks)，即思维所用的符号。这些简单积木根据规则组合成复杂的形式并进行操作处理。(xi)思维是逻辑的，即是说思维可以用数理逻辑中的系统精确地建构其模型。这些系统是抽象的符号系统，并由符号操作的一般原则以及根据“世界模型”对这样的符号进行解释的机制所定义(Johnson，1987；Lakoff，1987)。

以上这些观点虽不为所有认知科学家接受，但其流传甚广，几乎成了不言自明的信条。不仅生成语法，而且其他形式语言学理论，甚至结构主义语言学理论，都扼守这样的信条。以客观主义认知观为基础的语言学理论虽然门派繁多，但在对语言的根本看法上，几乎都接受如下基本观点：(i)语言是一个具有完全自主性的自足系统，可以作为一种算法系统来描述，并且其描述不必考虑更为广泛的认知问题。语言学也就成了跟逻辑和某些数学领域(如自动理论)相类似的形式科学。(ii)语法(尤其是句法)不同于词汇和语义，它是独立的语言结构，可以作为自治的体系来描述。语法结构独立性的理由是：语法范畴以形式特征为基础，而不是以语义特征为基础。说话人只要以语法结构为基础就可以对是否合乎规范作出判断，不必考虑语义。(iii)如果语义属于语言分析的范围，也只能是用以真值条件为基础的形式逻辑来描述，其理由是：语义学和语用学(语言知识和语言外的知识)可以作出原则上的区别，语义结构完全是组合式的，隐喻和语义引申之类的现象不属于语言描写的范围。

然而，认知语言学家声称，这样的客观主义认知观在本质上就是纰缪的，因为它忽略了人类认知最重要的一个特征，即在形成有意义的概念和进行推理的过程中，人类的生理构造、身体经验以及人类丰富的想象力发挥了重要的作用。正如兰厄克(Langacker，1987：11)所说：“一个人在语言中发现什么，在很大程度上取决于他期望发现什么。这些期望经常被视为当然，在某些事例中如此根深蒂固，以至于它们作为假设的地位甚至都不承认了。我认为，当代语言学研究中许多默认的假设至多是无根据的，并且很可能是错误的。”相反，认知语言学家提出了非客观主义(nonobjectivism)的经验现实主义(experiential realism)哲学或经验主义(experientialism)哲学，以此作为自己语言学思想和方法的基础。认知语言学不是语言学的一个分支，而是分析自然语言的一种方法或学派，其哲学基础和工作假设都与当前语言学理论的主流大相径庭。其经验主义认知观主要体现在以下几个方面(Casad，1996；Johnson，1987；Lakoff，1987)：(i)思维是体验的(embodied)，即是说，用来连接概念系统的结构来自于身体经验，并依据身体经验而有意义；此外，人类概念系统的核心直接以人类的感知、身体运动和经验为基础。(ii)思维是想象的(imaginative)，因为那些不是直接来源于经验的概念是运用隐喻、转喻和心理意象的结果，所有这些概念都超越了外在现实的直接映象或表征(literal mirroring or representation)。正是这种想象力才产生了“抽象”的思维，并使心智超越我们所看到的和感知到的。这种想象力也是不能脱离形体的，因为隐喻、转喻和意象都是以经验(通常是身体经验)为基础的。(iii)思维具有完形特征(gestalt properties)，因此不是原子结构式的；概念有一个总的结构，而不是仅仅根据一般规则只搭概念“积木”。(iv)思维具有生态结构。就像在学习和记忆中一样，认知加工的效率取决于概念系统的总结构以及概念的意义。因此思维不只是抽象符号的机械操作。(v)概念结构和理性不可能用形式逻辑来精确描述，但可以用具有上述特征的认知模型(cognitive model)来描写。(vi)认知模型理论在说明有关范畴化的实际材料时，吸收了有关范畴化、意义和理性的传统观点中的正确方面。这种经验主义认知观代表了第二代认知科学的基本观点。

在对语言的根本看法上，认知语言学持有与生成语法针锋相对的工作假设：(i)语言能力是人的一般认知能力的一部分，故语言不是一个自足的系统，其描写必须参照认知过程。(ii)语言结构与人类的概念知识、身体经验以及话语的功能有关，并以它们为理据。(iii)句法不是一个自足的组成部分，而是与语义、词汇密不可分，即是说，词汇、形态和句法形成一个符号单位的连续统，这个连续统只是任意地被分成了单独的成分；语法结构本质上是符号的，并使概念内容符号化。(iv)语义不只是客观的真值条件，还与人的主观认识息息相关；用以真值条件为基础的形式语义学来分析语词的意义是不充分的，其原因有二：一是语义结构的描写与无限的知识系统有关；二是语义结构不但反映了所观察到的情景的内容，而且也反映了这个内容是怎样建构和解释的。尽管认知语言学家内部在具体方法、感兴趣的课题、研究的切入点等方面存在一些分歧，但他们在很大程度上都持有上述观点和立场。可以说，正是这些共同点界定了认知语言学的内涵和范围。

认知语言学正是在上述哲学基础和工作假设的前提下形成的新一代语言学学派。在这种观念的指导下，它对众多语言现象包括一些传统的语言问题进行了深刻的反思和再认识，提出了新的见解。认知语言学视语言为组织、加工和传递信息的一种工具。就方法论来言，由于它把语言看成是一个范畴系统，因此，对语言范畴的概念基础及经验基础的分析是其头等重要之事。语言的形式结构不是自主的，而是反映着一般的概念组织、范畴化原则、加工机制、经验和环境影响等。由于认知语言学把语言看成是内嵌于人类的全部认知能力之中，因此，它特别感兴趣的话题有：自然语言范畴化的结构特征，如典型性、认知模型、多义性、心理意象、概念隐喻等；语言组织的功能特征，如象似性、自然性；句法与语义的界面，如兰厄克(R. Langacker)的认知语法，雷科夫(G. Lakoff)、菲尔莫(C. Fillmore)、戈德伯格(A. Goldberg)及克罗夫特(W. Croft)的构式语法(construction grammar)所研究的内容；语言运用的经验及语用背景；语言与思维的关系等。

目前，认知语言学研究之所以具有活力且方兴未艾，其部分原因是由于它秉承了两个不同的承诺：概括的承诺(the Generalization commitment）和认知的承诺（the Cognitive commitment）。概括的承诺强调从理论上描写语言现象时寻找一般原则。例如，在句法学中，对语法语素、范畴及结构的分布的概括；在语义学中，对推理、多义性、语义场、概念结构等的概括；在语用学中，对言语行为、会话含意、指示等交际功能的概括。这些领域是自主的还是相关的，认知语言学视其为一个经验问题。

任何经验的语言学（empirical linguistics）理论都试图寻找有关语言结构的重要概括，这些概括反映了潜在的语言共性。有关语言共性的起源有两个相左的工作假设：生成赌注（generative wager）和认知赌注（cognitive wager）。生成赌注是指：大多数语言共性不是一般认知限制的结果，而是语言功能特殊限制的结果，即自主的语言机制特殊限制的结果。因此，先验地假设自主的心理限制是恰当的。事实上，大多数语言学家和心理学家都下了这一赌注。相反，认知语言学家和一些心理学家却下了相反的赌注，即认知赌注。所谓认知赌注是指：大多数语言共性不是语言自主限制的结果，而是一般的认知功能限制的结果。因此，先验地假设语言共性来自于一般的认知限制是恰当的。认知方法的优点以及使认知语言学的认知具有特殊性的一个重要原因，就是认知语言学摒弃了生成赌注，而下了认知赌注，即注意认知与语言之间的联系。也正是由于认知语言学接受了认知赌注，所以它许下了认知的承诺。认知的承诺强调语言理论的描写应吸收其他学科的大量材料的重要性。这一承诺迫使认知语言学家必须高度重视像认知心理学、发展心理学、心理语言学、人类学以及神经科学等学科的研究成果。如果幸运的话，概括的承诺和认知的承诺应该彼此吻合，即我们所追求的一般原则在认知上应该是真实的；倘若不吻合，认知承诺则应居于首要地位。概括承诺中的概括性是指对范畴的陈述（Lakoff, 1991）。然而，认知科学中的许多实验研究表明，用必要和充分条件来定义范畴的传统观点是不恰当的。日常生活中大多数概念系统是以基本层次范畴（basic-level category）和典型（prototype）为基础的，这些典型具有等级程度，呈放射性，具有隐喻特征。因此，在语言学理论中什么被认为是一条概括性原则，取决于一个人是否遵守认知承诺。由此看来，认知的承诺在认知语言学中具有头等重要的地位。

1.3.3 认知语言学的理论原则

认知语言学这一范式虽然包括许多貌似不同的理论，但它们在很大程度上是一致的，具有共同的理论原则。兰厄克(Langacker，1987：2)曾把认知语言学的理论原则概括为三个重要主张。

第一，语义结构并不具有普遍性，在很大程度上因语言而异。语义结构是建立在约定俗成的意象(conventional image)基础之上的，其描写与知识结构有关。

第二，语法或句法并不构成一个自主的表征形式层次，相反，语法实际上具有符号性，存在于语义结构的规约符号化中。

第三，语法与词汇之间没有意义上的区别。词汇、形态和句法形成一个符号结构的连续统，这些符号结构虽因不同的参数有别，但可以任意划分为不同的成分。

雷科夫(G. Lakoff)从更基本的层次阐述了认知语言学的理论原则。不过，他是用“承诺”(commitments)来谈的。他(1990：3)认为，认知语言学有两个根本承诺。

第一，概括的承诺：对支配人类语言各个方面的一般原则进行描写。

第二，认知的承诺：从语言学以及其他学科出发，使对语言的解释与有关心智和大脑的一般知识一致。

当然，兰厄克和雷科夫提出的理论原则只代表他们的两家之言，并未囊括认知范式中所有的基本原则。我们认为至少有六个基本原则可以把认知语言学中的不同理论和研究方法联系起来。

1. 概念语义原则

意义等同于概念化(conceptualization)，而不是可能世界中的真值条件：一个表达式的意义就是在说话人或听话人的大脑里激活的概念，更为具体地说，意义存在于人类对世界的识解(construal)中，它具有主观性，体现了以人类为宇宙中心的思想，反映了主导的文化内涵、具体文化的交往方式以及世界的特征。这一原则表明，意义的描写涉及词与大脑的关系，而不是词与世界之间的直接关系。

2. 百科语义原则

词和更大的语言单位是进入无限知识网络的入口。对一个语言表达式的意义要进行全面的解释，通常需要考虑意象(视觉的和非视觉的)、隐喻、认知模型以及对世界的朴素理解等。因此，一般来说，一个词的意义靠孤立的词典似的定义是不能解决问题的，必须依赖百科知识。

3. 典型范畴原则

范畴并不是由标准–属性模型(criteria-attribute models)定义的，也不是由必要和充分特征定义的(Lakoff，1987；Taylor，1995)；相反，范畴是围绕典型、家族成员相似性、范畴中各成员之间的主观关系组织起来的。

4. 语法性判断的渐进原则

语法性判断涉及范畴化。一个话语的语法性或可接受性并不是二分的，即要么可接受，要么不可接受，而是渐进的。因此，语法性判断是渐进的，并且同语境、语义以及语法规则密切相关。认知语言学家并不像生成语法学家那样，要把语法写成一部生成一种语言中所有并且是唯一合乎语法的句子那样的语法，因为语法性判断具有渐进性、可变性以及对语境的依赖性，要实现生成语法家所期望的目标显然是十分艰难的。

5. 语言与其他认知机制相关原则

认知语言学之所以为认知语言学，是因为它要在一般的认知中寻找语言现象的类似物。认知语言学家积极吸收认知心理学关于范畴化、注意以及记忆等的研究成果来丰富自己的理论，使之更加具有活力。由此可见，语言与其他认知机制具有密切的关系。

6. 句法的非自主性原则

句法是约定俗成的模式，声音(或符号)通过这种模式传达意义，因此，句法并不需要自己特殊的元素(primitives)和理论结构。约定俗成的符号模式是说话人通过实际话语获得的，而要获得语法知识只有通过这样的符号模式才能实现。句法的非自主性原则实质上是认知语言学同生成语法最大的区别所在。

认知范式中虽有不同的理论，但以上六条基本原则足以把这些理论紧密联系起来。它们界定了认知语言学的内涵和范围，并使认知语言学与其他“认知”学科区别开来。

1.3.4 认知语言学的研究方法

“乔姆斯基革命”以来，美国语言学界异军突起，如波斯塔尔(P. M. Postal)和珀尔马特(D. M. Perlmutter)发展了“关系语法”(Relational Grammar)，后来波斯塔尔又与约翰逊(D. Johnson)一起发展了“对弧语法”(Arc-Pair Grammar)；萨多克(J. Sadock)发展了“自主词汇语法”(Autolexical Grammar)。然而，最大的发展却在美国的西海岸，那里形成了两个认知语言学研究中心，代表着两个主要学派：以兰厄克(R. Langacker)为首的“圣地亚哥学派”(San Diego School)和以雷科夫(G. Lakoff)、菲尔莫(G. Fillmore)以及凯(P. Kay)等为首的“伯克利学派”

(Berkeley School)。这两个学派中有几种不同的研究方法：菲尔莫的框架语义学(Frame Semantics)，兰厄克的认知语法(Cognitve Grammar)，雷科夫等人的认知语义学(Cognitive Semantics)，菲尔莫、雷科夫、凯以及奥康瑙尔(O'Connor)的构式语法(Construction Grammar)，福科尼耶(G. Fauconnier)的心理空间理论(Mental Space)。下面我们将分别介绍这几种主要研究方法。

1. 框架语义学

框架语义学是研究词义及句法结构意义的一种方法。自20世纪70年代中期以来，菲尔莫(G. Fillmore)就一直从事"语义框架"(semantic frame)的研究。由于语义框架这一概念在认知语言学的许多研究领域中起着重要的作用，因此，研究语义框架具有非常重要的意义。

菲尔莫(Fillmore，1975，1976)把计算机科学家明斯基(M. Minsky)的框架概念引入语言学，部分原因是针对意义的"清单理论"(the checklist theories)，即一个语言形式的意义是以能满足该形式能恰当使用的条件清单来表达的。然而，在框架语义学中，词义是用框架来描写的。框架是一种概念系统、经验空间(experience space)或认知结构，表达个人或言语社团总结出来的经验，并集中体现在具体的语言表达式上。一个语言表达式，例如词，将激活该词正常涉及的一整套经验。框架语义学认为，要理解词语的意义，就必须首先具备概念结构，即语义框架的知识。语义框架是词义存在及其使用的背景和动因。词语可以通过其所在的语言结构，按照一定的原则或方式选择和突出基本的语义框架的某些方面。因此，要解释词语的意义和功能，就可以按照这样的思路进行：首先描写词语的基本语义框架，然后对选择方式的特点加以详细刻画。

我们以"商业交易"框架为例。这一框架涉及的概念包括：领属、给予、交易、钱。基本框架元素包括：钱、商品、买方、卖方。外围元素还包括：价格、时间、找钱等。还可能有其他更外围的元素，如商品的真正主人、钱的真正主人以及他们跟参与交易的其他人之间的差别等。根据这些概念的组织原则，我们就可以对一系列词语的意义、用法及语法结构进行对比描写。例如英语中的 buy、sell、pay、spend、cost、charge、price、change、debt、credit、merchant、clerk、broker、shop、merchandise 等。如果我们把商业交易框架与其他框架进一步结合起来、那么所涉及的文本就会不断丰富，我们就可以进一步描述和解释像 tip、bribe、fee、honorarium、taxes、tuition 这样的词语。由此可见，框架是一个非常重要的认知结构。这一事实也间接地说明了词汇是以框架为基础的。在以框架为基础的词汇组织中，框架实际上为一个词的相关义项以及意义上相关的词提供了概念基础。

框架语义学中的"框架"概念是兰厄克的"认知域"(cognitive domain)和雷科夫的"理想化认知模型"(Idealized Cognitive Model，ICM)的基础。目前，框架语义学已被用于其他研究领域，特别是用于词典学的研究，并出现了框架语义学词典。2008 年，菲尔莫曾经告诉笔者，他与凯正在承担一个大型词典编纂项目，其理论基础就是框架语义学。遗憾的是，这颗巨星于 2014 年 2 月 13 日离开了我们。

2. 认知语法

认知语法是兰厄克的语言学理论，最初称为"空间语法"(Space Grammar)。该理论认为，词汇与语法形成一个连续统，其描写只包括符号结构，并且所有语法成分都是某种概念输入的结果，尽管这种概念输入可能是抽象的或多余的。一个符号成分，词汇的或语法的，通常是多义的，具有一个以典型为中心的相关意义的家族，其中一些意义与另外的意义具有图式相关性。

认知语法认为，意义是一种心理现象。心理经验的任何方面都具有一种潜力，它是一个语言表达式的意义的一部分，以这种方式起作用的概念被称为“认知域”。概念的范围可以从基本的时间、空间、颜色概念到更高级别的概念，如概念合成物，甚至是整个知识系统。认知域的范围也是从丰富而详细的概念形成过程到高度抽象的意象图式，这些意象图式是认知结构和认知发展的基础。某些复杂的概念也是基本的，它们存在于我们的经验中，在语言和认知中发挥着重要的作用，兰厄克把这种复杂概念称为“概念原型”(conceptual archetype)。

意象图式和概念原型对认知结构和语言结构来说都是必不可少的。兰厄克认为，意象图式反映天生的认知能力，是心理经验的基础；某些概念原型也可能有一个天生的基础，但它们是由经验形成的。此外，有的意象图式与概念原型之间具有特殊的关系，例如，与空间物理运动的概念原型相对应的是更抽象的心理扫描运动意象图式(Langacker, 1986)；与容器及其内容的概念原型相对应的是一个抽象的内包关系意象图式。从语言学的角度来看，意象图式和概念原型结合在一起就能够解释说明某些基本的语言概念的普遍性和重要性。意象图式为语言形式提供图式描写，而概念原型则用来描写典型的特征。例如，一个名词指示一个区域(region)或一个物体，这个区域是相互联系的实体的集合，其识解(construal)反映了概念具体化的意象图式能力；一个物体的原型概念提供范畴典型。又如，一个主语是典型的施事，是一个原型的意义角色，但如果所有主语有一个共同的特征，那么这个特征一定是高度抽象的。

根据认知语法(Langacker，2008，2013)，一个语言表达式的意义不但涉及概念的内容，而且还涉及识解(construe)那一内容的特殊方式。识解包括许多维度：情景描写的详细程度(level of specificity)；聚焦(focusing)；突显(prominence)；视角(perspective)，如视点(vantage point)，方位(orientation)，心理扫描的方向，辖域(scope)，即实际激活的一大批概念内容。一个结构的识解依靠另一结构提供背景，如隐喻、预设以及话语，各种突显(prominence)手段等。有两种突显对语法分析特别重要：第一，每个表达式在其辖域里勾画(即标示，designates)某个次结构的侧面(profile)。例如，英语名词“intermission”能激活一种行为的图式概念作为其基体(base)，在这个基体中它标示出一种按计划执行的“停顿”。一个表达式不是标示出一种东西，就是标示出一种关系，即决定其语法类的侧面的特征。因此，一个名词标示一种东西，而关系侧面则具有像动词、副词、形容词以及介词这类的特征。第二，关系表达式通常还具有另外一种突出：一个参与者为射体(trajector)，作为被勾画关系中的首要图形，另一个参与者为次要图形，称为“界标”(landmark)。例如，介词 above 与 below 的语义对比就在于射体指纵轴上较高的那个实体还是较低的那个实体。

3. 认知语义学

狭义的认知语义学主要是指雷科夫、约翰逊等人的语义学理论。而广义的认知语义学还包括杰拉茨(D. Geeraerts)、泰勒(J. Taylo)、塔尔米(L. Talmy)等人的理论。雷科夫(G. Lakoff)等认为，语义并不反映客观实体，它在本质上是主观的。此外，语义的描写还包含兰厄克(R. Langacker)所说的“约定俗成的意象”(conventional imagery)，这就意味着说话人对情景进行概念化的手段是语义表达形式的来源。说话人采用不同手段对情景进行概念化的能力实际上就是认知语义学的基础。认知语义学的思想可以概括为下列几点。

第一，概念在大脑中并不以孤立的原子单位出现，其理解要依赖由背景知识组成的语境，也就是兰厄克所说的“认知域”。雷科夫用“理想化认知模型”(Idealized Cognitive Model，ICM)来描写一些概念(如 bachelor 和 mother)的背景知识如何涉及理想的经验模型，因此，ICM 在强调一个语义域与外部经验之间的关系时，它与认知域具有同样的功能。

第二，心智中语义表征与经验世界之间的关系。认知语义学认为，心智在语义结构的建构过程中是一个积极的参与者，并且以某种方式对世界经验进行概念化。不同的说话人可以用不同的方式对相同的经验进行概念化，这样，语言的许多方面，特别是语法结构、词语以及语法的屈折变化等，就可以看成是对不同经验的概念化的编码。

第三，范畴结构的研究方法。认知语义学认为范畴有一个内部结构，通常称为“典型结构”，雷科夫称之为“放射范畴结构”（radial category structure），即是说，任何一个范畴都涉及范畴成员之间的关系，而范畴延伸的关系就是一个范畴中典型成员与边缘（非典型）成员之间的关系。

第四，隐喻和转喻在主流生成语言学中被看成是语言的偏离现象，常被忽视或不予研究。但在认知语义学中，隐喻和转喻却具有非常重要的地位，被认为是“我们对抽象范畴进行概念化的有力的认知工具”（Ungerer & Schmid，1996：114）。当代隐喻和转喻理论可以说是认知语义学研究的必然产物。

第五，认知语义学中最重要的语义结构是意象图式，它们是隐喻的基础，并与人类的经验紧密相关。雷科夫和约翰逊认为，像“容器”、“路径”、“系联”（LINK）这样的意象图式是最基本的意义载体，人们根据这些意象图式可以理解和认知更复杂的概念。例如，根据系联图式我们就可以理解各种复杂的社会人际关系概念，如在汉语中，我们往往把社会人际关系称为“纽带”，把靠妻女姊妹等亲属关系相互攀缘勾结以达到升官发财的目的这样的事情称为“裙带关系”，把自由叫做“解放”“解脱”“无拘无束”等。

4. 构式语法

构式语法是语法分析的一种方法，由于其研究中心最初在伯克利，因此也有人称之为“伯克利构式语法”（Berkeley Construction Grammar）。

在构式语法里，句法、语义以及语用信息是同等重要的，任何一方都不能独立于其他两方而起作用。正如菲尔莫(Fillmore，1988：54)所言："我们把语法构式(grammatical constructions)当做是彼此顺应、彼此强加条件、彼此继承特征的句法模式。语法构式限制具有某种特征的填充词(fillers)的位置，而那些位置上的填充词可以引入自己的构式，并能将自己的要求强加给包含它们的构式的位置。"这里，菲尔莫主要谈论的是句法连接。但在另一篇文章里，菲尔莫等人(Fillmore，et al.，1988：534)提出了一个更宽泛的观点："一个语言使用者的大部分能力是许多信息的贮藏所，这些信息同时包括形态句法模式、这些模式的语义解释原则，以及在许多情况下它们的语用功能。"

显然，构式语法采纳了传统语法的观点：语法是由形式和意义的规约对应组成的，即语法构式。构式语法的这种非模块特征，实际上是把形式和意义看成是同一个语法成分的一部分，而不是语法中彼此独立的成分。构式语法特别强调这样一个事实："语用信息"可能与特殊的语言形式具有规约的联系，从而组成语法构式。例如英语构式(1)～(5)把具体的语用力(pragmatic forces)或语用效应(pragmatic effects)与具体的形态-句法结构规约地联系起来。

(1) Sit down.

(2) Him help an enemy?

(3) Watch it not rain (now that I've bought an umbrella).

(4) What's it doing snowing in August?

(5) in her own right

构式(1)表达的是祈使力，(2)表达的是一种怀疑态度，(3)指命运是变幻莫测的，(4)传递的是不恰当的判断，(5)需要复杂的预设背景知识才能理解，如代词 her 的先行词等。从构式语法的观点来看，以上话语的语用效应是语言规约传递的结果，而不是会话推理过程的结果，因此，语法应对之作出解释。

由此可见，构式语法的主要研究目标就是要对语言中句子的形式和意义作出明确的解释，就是要弄清楚语法的能产部分与非能产部分之间的关系，以及构式是如何与投影在词汇上的语法部分相互作用的。目前，构式语法正在朝着这几个方向努力，并已取得了很大的进展，如美国普林斯顿大学的戈德伯格(A. E. Goldberg)教授就利用构式语法理论对论元结构(argument structure)进行了详尽的解释，并具有独到的见解。其认知构式语法产生了很大的影响。此外，构式语法也出现了各种分支，如William Croft 的"激进构式语法"(Radical Construction Grammar)、Benjamin Bergen 的"体验构式语法"(Embodied Construction Grammar)、Luc Steels 的"流变构式语法"(Fluid Construction Grammar)、Laura A. Michaelis 等人的"基于符号的构式语法"(Sign-based Construction Grammar)，其中的某些理论还为计算机科学所运用。

5. 心理空间理论

心理空间理论是研究自然语言意义的一种方法。该理论认为，要理解语言的组织结构就要研究人们谈话或听话时所建立起来的域(domain)，以及人们用成分(elements)、角色(roles)、策略(strategies)和关系(relations)建构的域，这些域就是心理空间，它们不是语言自身的一部分，也不是语法的一部分，而是一种概念结构。心理空间虽不是语言表征的隐藏层次，但语言离开了它们是无法表征的。

心理空间不同于语言结构，它们是根据语言表达式所提供的路线在话语中建立起来的心理构造物(constructs)。在一般情况下，句子所表达的思想处于现实空间(R)中。例如：

(6) 张三喜欢李四。

在空间 R 中有两个成分张三和李四，他们之间存在一种“喜欢”关系：喜欢(张三，李四)。

说话人当然可以建立其他心理空间，最简便的方法就是使用空间构造语(space-builders)，即那些可以建立新的空间或回指话语中已经介绍过的空间的语言表达式。例如：

(7) Max believes that Susan hates Harry.

(8) In that movie, Clint Eastwood is a villain.

这里的 Max believes 和 In that movie 都是空间构造语。常见的空间构造语有：介词短语，如 in Len's picture、in Mary's mind、in 1998、at the factory、from his point of view；副词，如 really、probably、possibly、theoretically；连词，如 if... then...、eihter...or...；主动结构，如 Max believes...、Mary hopes...、Gertrude claims...等。

此外，一个心理空间内还可以建立一个或多个心理空间，从而形成复杂的、内包的空间关系，前者称为“母空间”(用 M 表示)，后者称为“子空间”(用 D 表示)。例如：

(9) Max believes that in Len's picture, the flowers are yellow.

这里，空间建构语 Max believes 首先建立一个母空间 M，在这一母空间里，空间建构语 in Len's picture 又建立起一个子空间，从而形成一种内包关系，即 $M \supset D$。

心理空间理论认为，语言的解释不仅仅要参照外部世界、心理模型、语境等，还牵涉自身的建构。语言建立心理空间、空间之间的关系、空间中成分之间的关系。只要两个人从同样的语言和语用材料中建立起相似的空间构型，就可以交际；交际就是空间建构过程的一种可能的结果。

心理空间理论是一种很有潜力的语义理论，目前它已发展成为“概念整合理论”(conceptual integration theory)，或称“概念合成理论”(conceptual blending theory)、“合成理论”(blending theory)或“心理约束理论”(mental binding theory)。它对语言研究(例如隐喻、预设、非真实条件句等语言现象的研究)、人工智能研究、哲学探索等都很有启发意义。

当然，我们这里介绍的五种方法不一定十分全面。此外，认知语言学研究也不只是在美国，在欧洲，如德国、比利时、丹麦、荷兰等国家，认知语言学的研究也相当发达。可以毫不夸张地说，认知语言学在当代语言学中将占有非常重要的位置。

1.4 本书的结构

本书主要是在认知语言学的框架下对英语和汉语尤其是句法结构进行认知分析和研究。全书共十五章。

第 1 章为绪论，主要介绍认知科学和认知语言学的大致情况。

第 2 章主要探讨范畴和范畴化的重要意义，颜色范畴化的启示，范畴化的经典理论，范畴化的典型理论，典型理论对语义模糊的解释力，范畴化的层次问题，以及范畴化在写作中的应用。

第 3 章研究概念隐喻的系统性和连贯性问题，其中涉及概念隐喻的四个基本要素：始发域和目标域、经验基础和映射，常规隐喻，死隐喻，新隐喻，结构隐喻、方位隐喻和本题隐喻的系统性，同一目标域的两个概念隐喻之间的连贯以及多个概念隐喻之间的连贯等问题。

第 4 章主要研究概念转喻的分类及其认知理据。分析了概念转喻的邻近性，转喻的传统修辞学分类，转喻的认知语言学分类，整体 ICM 与部分的转喻关系及其认知理据，整体 ICM 中部分与部分的转喻关系及其认知理据。

第 5 章论述语义和认知识解。认知识解是认知语言学中的一个非常重要的概念。本章重点讨论语义的认知语言学涵义、识解及其维度，其中包括详细程度、视角、勾勒、心理扫描。

第 6 章分析语言中的图形和背景，探讨图形–背景论的基本思想及其语言学涵义，“语言空间”结构中的图形和背景，语言“时间事件”结构中的图形和背景。

第 7 章主要是研究词序中的象似性，其中包括图像序列原则、与说话人接近原则、邻近象似性原则、文化规约象似原则等问题。

第 8 章探讨词汇空缺的发现程序和认知理据，研究的重要内容有：词汇空缺的发现程序和语言表征，词汇空缺的认知理据，词汇空缺与语言演变。

第 9 章主要研究话题与话题构式。本章将对话题的性质以及话题化手段做详细的探讨。

第 10 章为焦点与焦点构式。主要论述焦点的性质，焦点的类型及其特点，焦点与重音、信息结构以及预设之间的关系，焦点化的手段等问题。

第 11 章探讨左移位构式，在认知语言学的框架下论述其特征、表现形式及其功能。

第 12 章研究双主语构式，主要分析其特点及其认知理据。

第 13 章论述汉语的关系小句，分析关系小句的限定性与非限定性问题、关系小句与中心语的语义关系、关系小句的句法特征、关系小句的功能等问题。

第 14 章主要分析句法中的移情问题。其中涉及功能句法学中的移情原则、移情原则给汉语研究的启示、移情原则的认知分析等。

第 15 章为余论，主要从本体论、认识论和方法论的角度论述了大数据时代的认知语言学研究。大数据会给认知语言学带来方便，但与此同时，也会带来一些困难和挑战，我们必须正视这一现实。

以上研究的最终目的，就是为了探索人类语言的认知基础，揭示隐藏在语言背后的认知规律以及人类认知的奥秘。

第 2 章　范畴与范畴化

2.1　范畴与范畴化研究的重要意义

范畴(categories)和范畴化(categorization)是两个重要的概念，是认知语言学研究的重要内容之一。人类在对其赖以生存的世界进行不断的认识和改造的过程中，范畴化作为基本的认知能力具有非常重要的作用。人们认识事物时首先会提出这样的问题："这是什么？"即我们将其归为哪个范畴的问题。这种将事物进行分类的心理过程就是我们通常所说的范畴化，范畴化的产物就是认知范畴(cognitive categories)或曰"概念范畴"(conceptual categories)。例如，颜色范畴"红""黄""绿""黑""白"等，语法范畴如名词、动词、形容词、副词等。美国著名学者尤金·奈达(Eugene A. Nida)在其《语际交流中的社会语言学》(1999：29-30)中说："语言在模拟世界方面也是很重要的，按照语言分类，我们很容易地就能为我们生存的环境建立起各种言语模式。我们把 cats 归入 felines(猫科)、mammals(哺乳类)、animals(动物)；把 dogs 归入 canines(犬科)、哺乳类、动物。我们还把生物按照种、属、科、目、门分别归入不同的层次。我们还可以做'二十个问题游戏'，在二十个问题的范围内，猜出人类经验中的几乎任何东西。这种游戏一般是从具有明显特征的类别开始发问——如 animal(动物)、vegetable(蔬菜)、mineral(矿物)等"。这实际上也是范畴与范畴化问题。

在社会中，我们也有社会范畴，如种族、国籍、地域、年龄、性别、阶级、职业、城市与乡村、性格、生活方式等。这里，我们要谈的是如何把别人范畴化的概念。根据我们的经验，为了某些目的，我们会把不同的人分为中国人、美国人、英国人等。范畴化是必要的，否则我们就很难与陌生人相处，也无法预料人们将有什么样的举止。要是我们不能预料人们在社会中的举止，我们自己也就不知道怎么做，该做什么。在美国，人们有不同颜色的头发，比如浅颜色的、淡黄色的、黑色的、红色的等。许多美国人就是根据发色对人作出不同的范畴化的。例如，他们认为，红头发的人感情易于冲动，性情暴躁，身体强健，有进取心，好争论等。虽然这些说法没有什么具体的证据，也可能不是事实，但是许多美国人仍然相信(佐伊基，1989：9)。

英语中的 category 一词有悠久的历史，可以追溯到拉丁语的 catēgoria 以及希腊语的 katēgoria，其最初的意思是“控告，罪名”(accusation，如 Murderer!)，后来为“断言”(assertion，如 You are a murderer)，然后成为“判断”(predication，如 He is a murderer)，最后在逻辑学、哲学、数学等领域中具有不同的特殊意义，用来指各种不同的特殊的类或者集合。亚里士多德从语法宾位关系的研究入手，认为范畴是词义中最高的种，或关于现实陈述的种，同时范畴又是存在规定性的最高的种。亚里士多德的范畴就是作谓语的词之最高的类或种，就是范畴，凡事物之属性、特性、属种(定义)就是亚里士多德所说的十大范畴之一。

从认知的角度看，范畴化是所有高级认知活动(如思维、感知、行为和言语等)的基础。范畴化无处不在，我们每时每刻都在进行范畴化，都在使用范畴。范畴化能力是人类最重要的认知能力之一，它在日常生活中起着非常重要的作用，“没有范畴化能力，我们根本不可能在外界或社会生活以及精神生活中发挥作用。理解我们是怎样范畴化的，对于理解我们是如何思维和怎样起作用具有重要意义，因此对理解是什么使我们成为人也具有重要的意义”(Lakoff，1987：6)。“在用以前的经验来指导解释新经验时，范畴化能力是必不可少的：没有范畴化，记忆实际上是无用的”（Jackendoff，1993：77）。

由于许多学科对范畴化的实验研究，范畴化已从背景走到了前台，成为研究的一个焦点，如在认知心理学中，由于罗施（E. Rosch，曾用名为 E. Heider，海德）的开拓工作，范畴化已成为主要的研究领域。人工智能中的模式识别（pattern recognition）实际上也是一种范畴化，模式识别的过程就是判断一个模式属于哪一类的过程，即归类过程。从认知的角度看，归类的前提就是模式分类（pattern classification），即把代表每个样本的特征向量分成若干类型，从而可以制定每个样本所对应的类别。而研究分类是研究认知的一个核心问题，或者说，识别就是再认知（re-cognition），要想弄清楚识别就必须先弄清认知的过程，其中包括人是如何在大脑中建立类别（范畴）系统的。认知语言学与范畴化更是紧密相关的，其总的研究策略都可用有关范畴化的问题来概括（文旭，2001a）。认知语言学认为，语言的功能和结构与非语言技能和知识之间存在密切的关系。因此，语言作为人类认知的产物以及为人类认知服务的工具，很可能在结构和功能方面反映了较为普遍的认知能力，而其中最重要的认知能力就是范畴化能力，即在不同中见到相似的能力。研究范畴化的过程对于深刻理解语言形式所表达的意义具有重要的价值。我们也有足够的理由认为，语言自身的结构范畴在许多方面与非语言世界中的范畴是类似的，即它们之间存在着象似性。

就语言学而言，它在两个层次上与范畴化相关：第一，像其他领域的研究者一样，语言学家也需要用范畴来描写研究的对象。例如，人们发出的声音可以分为语言的声音和非语言的声音；语音单位可以分为元音或辅音，口音或鼻音，塞音或擦音等；词可以分为名词、动词和形容词等；句子可以分为合乎语法的或不合乎语法的句子等；第二，语言学家所研究的对象，如音素、语素、词、短语、句子、语篇等，不但自身构成范畴，而且也代表范畴。例如，语音形式[bed]不但可以表示它是一个词，一个名词，一个由“辅音+元音+辅音”结构构成的音节，而且还表示现实世界中的一套区别特征，并且还把这套特征归于 bed 这一范畴；介词 in 表示实体之间的一种内外关系，介词 on 表示实体之间的接触关系。由此可见，语言学在方法论和本质上与范畴化密切相关。拉波夫(Labov，1973：342)指出：“如果要说语言学是什么的话，它就是研究范畴：研究语言如何通过把现实分成孤立的单位和单位的集合，从而把意义转变为语音。”对语言学家来说，有关范畴化研究的一些重要问题包括：范畴在现实世界中有没有基础，或者说它们是不是人类心智的结构？范畴的内部结构是什么？人们是怎样学习范畴的？人们如何把实体归于范畴？范畴之间存在什么关系？这些问题或假设虽然在认知科学，特别是认知心理学里得到了研究，但它们的研究已迫使语言学家不得不重新思考并阐明这些问题。

对认知语言学来说，范畴化的研究具有更深层的含义：认知语言学理论基础的一个重要来源就是对范畴化问题的重新思考，可以说这在很大程度上促成了这门新兴学科的诞生。雷科夫(G. Lakoff)曾经说过，认知科学家在范畴化问题上的新发现是促使他从生成学派向认知学派转变的一个重要原因。此外，对于语言学家来说，范畴化是一个非常重要的问题，因为词的用法和语言使用都是以范畴化为基础的。由此可见，认知语言学把范畴和范畴化问题作为自己研究的首要对象就不足为奇了。由于语言的理解和产生无疑会涉及认知过程，因此范畴化必然是发生在大脑中的事情，并且由范畴化而来的认知范畴可以被理解为贮存在大脑中的心理概念，这些概念一起组成了“心理词典”(mental lexicon)。但遗憾的是，我们无法直接接近认知现象，因此，有关心理词典中范畴的所有说法只能是假设的。这样的假设只能用哲学、生理学、心理学以及语言学等相关学科来研究、验证，而语言行为以及其他人类行为则是验证这些假设的重要证据。

2.2　颜色范畴化的启示

颜色词的划分是用来说明不同范畴化理论的一个最好的例子。颜色词在很多方面为范畴化理论提供了理想的试验场所。人类学家、语言学家以及其他领域的许多学者都曾普遍认为，范畴既没有现实世界的基础，也没有感知的基础。现实只不过是一个连续体，其范畴化最终是一个约定俗成的问题，即学习的问题。例如，人类学家利奇（Leach，1964：34）认为："我认为儿童的物质社会环境在感知上是一个连续体。它不包含任何真正独立的'东西'。在适当时候，儿童要被教会给这个环境强加一种鸽笼式的分类架，并用这一分类架把世界区别为是由许多不同的事物组成的各种物体，并且给每一个体贴上一个标签。这个世界是我们语言范畴的表征，而不是相反。由于我的母语是英语，因此 bushes（灌木）和 trees（树）是不同种类的事物，这似乎是不言而喻的。如果我不是那样教的，我就不会那样认为。"利奇的观点表明，范畴并不是客观地存在于世界之中，而是通过编码在语言中的范畴强加给我们的。如果范畴化依赖语言，那么不同的语言就会有不同的范畴化。这些观点的佐证就是颜色词的分类。据估计，人的眼睛可以区分 750 万种以上的颜色。这些颜色根据色彩、亮度和浓度组成一个三维连续体。由于每一个维度又组成一个连续体，因此不同颜色范畴的切分没有物质基础。但是，人们的确能识别离散的即不连续的范畴。因此，可以认为，这些范畴是学习经验的产物，更为具体地说是语言的产物。这一观点得到了颜色词分类的支持，因为不同语言中存在不同数量的颜色词，颜色词的外延范围也不尽相同。因此，不同语言中的颜色词并不完全对应。英语的 brown（棕色）在法语中就没有对等词，blue（蓝）在俄语中也没有对等词；汉语的"青"在英语中也没有对等词，因为"青"既相当于英语的 blue（蓝）或 green（绿），也相当于 black（黑）。印度语的 pilā 一词可以译成英语的 yellow，orange，甚至 brown。

语言学家也早已认识到颜色词的理论意义。例如，结构主义语言学家布龙菲尔德（Bloomfield，1933：140）指出："物理学家把光谱看成是不同长度的光波的连续阶程，即从 4/10000m.m.到 7.2/10000m.m.；可是许多语言却相当任意地划分了这个阶程的不同部分而且没有确切的界限。在像紫罗兰色（violet）、蓝色（blue）、绿色（green）、黄色（yellow）、橙色（orange）、红色（red）这样一些颜色名称的意义里以及在不同语言的颜色名称里并不包含相等的级差。"另一位结构主义语言学家格利森（Gleason，1955：4）也表达了同样的思想，他说："考虑一下彩虹或来自棱镜的光谱。从颜色的一端到另一端存在一个连续的层次。就是说，在任何一点上，比邻的颜色之间只存在小小的差别。但是美国人在描述颜色时，会列举出像红色、橙色、黄色、绿色、蓝色、紫色等这样的色彩来。颜色的这一连续层次在语言中是通过一系列的离散范畴表达的……。在光谱以及人类对光谱的感知中并不存在什么内在的东西迫使光谱按照这样的方法进行切分。切分的具体方法是英语结构的一部分。"布氏和格氏都认为，颜色的范畴化是任意的。

结构主义语言学对颜色词的研究表明：颜色是一个连续体，每种语言的颜色词是对这个连续体进行任意切分得来的；一个系统中的所有颜色词的地位相同；一个颜色词的所有指称对象地位相同；每个颜色词所涵盖范围的大小要受同一系统中其他颜色词的制约，与外部环境、人类感知及认知无关。

然而结构主义语言学所得出的这些结论却受到了语言学家及人类学家柏林和凯（B. Berlin & P. Kay）的挑战。在《基本颜色词》（1969）中，柏林和凯对 98 种语言进行了研究，总结出了基本颜色词的一些特征：（i）基本颜色词不包含在其他词语之下。例如，英语的 crimson（深红色）和

scarlet（猩红色）不是基本颜色词，因为它们只是 red 的变体；orange 是基本颜色词，因为它并不从属于其他颜色词。(ii) 基本颜色词的形态结构简单。例如，像 bluish（浅蓝色的）、bluish-green（浅蓝绿色的）、chocolate-coloured（巧克力色的）等这样的词就不是基本颜色词，因为它们的形态结构相对来说较复杂。(iii) 基本颜色词不受搭配的限制。例如，blond（金色的）只限于用来描写头发，故不是基本颜色词。(iv) 基本颜色词经常使用。像 puce（深褐色的）、xanthic（黄色的）这样的词在日常生活中很少使用，因而它们不是基本颜色词。

此外，柏林和凯还提出了两个特别有趣的观点。

第一，焦点色（focal colours）。不同语言中的基本颜色词，其所指的颜色中心区即焦点色是相似的，但其边界却有很大的差别。

第二，基本颜色词共有 11 个，它们构成一个蕴涵层级（implicational hierarchy）。如果一种语言只有两个颜色词，这两个词就是 black 和 white；如果有第三个颜色词，这个词就是 red；第四个词是 yellow 或 green，第五个词是 yellow 和 green 中的另一个；第六个词是 blue；第七个词是 brown；另外四种颜色 grey、orange、purple 和 pink 没有特殊的顺序。颜色词的这一蕴涵层级可用图 2.1 表示：

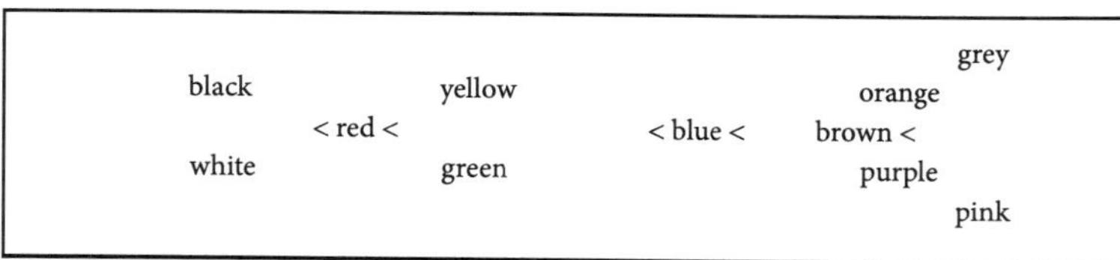

图 2.1　颜色词的蕴涵层级

图 2.1 表明，如果一种语言拥有箭头右边的范畴，就意味着拥有箭头左边的范畴；相反的情况却不一定成立。例如，如果某种语言有 blue 这一颜色词，那么该语言中就有 blue 左边的五个颜色词，即 yellow，green，red， white 和 black。

柏林和凯提出的这两个观点还得到了认知心理学家罗施(E. Rosch)的证实。罗施在 20 世纪 70 年代进行了一系列的实验，证明焦点色比非焦点色在跨语言中具有更强的稳定性，更容易识别，更容易学习，在感知和认知上更显著。对颜色词的大量研究对结构主义方法提出了有力的挑战，因为结构主义者在对颜色词的研究时忽视了一个重要因素，那就是“感知”，更概括地说就是人类的“认知”。

颜色词的两大特点显然与结构主义的假设大相径庭。

第一，颜色范畴有中心和边缘。这就意味着一个范畴的所有成员并不具有相等的地位，这一观点显然与结构主义原则是相反的。一个颜色词首先指示的是焦点色，然后通过扩展而获得自己的全部指称范围。如果某种语言相对说来只有几个颜色词，那么每个词在颜色空间里的指示范围相对说来就更大些。但是，颜色的中心区是不会改变的。

第二，由于焦点色有优先地位，颜色词不可能形成索绪尔所说的系统。一个颜色词，例如 red，其焦点色跟语言中有没有表示 yellow、orange 或 purple 等颜色的词没有关系，即是说，颜色词所指的中心区不会因其他颜色词数量的变化而变化，但边界区域却是模糊的，并在一定程度上受其他颜色词的制约。

颜色范畴化的这两种不同理论方法分别是结构主义语言学范式和认知语言学范式的具体体现，前者认为是语言系统自身把颜色切分为不同的范畴，后者认为非语言因素(如感知、认知和环境)在颜色范畴的建构中起着重要的作用。颜色范畴化的许多特征，特别是焦点指示的现象，也适应于其他实体的范畴化(例如图形、有机体、鸟等，参见 Ungerer & Schmid, 1996)，甚至语言结构自身的范畴化。可见，颜色范畴化的研究对语言范畴化具有重要的启示，就像结构主义语言学家所认为的那样，颜色词的任意性是语言范畴任意性的体现，但对认知语言学家来说，颜色词是语言范畴的典型结构的最佳范例。

柏林、凯、罗施等学者的研究充分说明，颜色词的任意性程度比结构主义者认为的那样要低得多。因此，用颜色词来说明语言范畴的任意性并不是一个理想的例子，相反，用它来说明感知–认知因素(甚至包括环境因素)会影响语言范畴的形成和所指，却是一个极好的例子。颜色范畴的上述两大特征的发现揭开了范畴化典型理论研究的序幕。

2.3　范畴化的经典理论

范畴化的经典理论(the classical theory)之所以经典，其原因有二：(i)它可以溯源到古希腊哲人亚里士多德；(ii)在 20 世纪的大部分时间它主宰了心理学、哲学和语言学，特别是自主语言学(autonomous linguistics)，如结构主义语言学和生成语言学。亚里士多德是古希腊哲学的集大成者，被称为古代最博学的人物。在《形而上学》中，他区别了事物的本质和偶然特征。本质就是使某一事物之所以成为该事物的那些东西；偶然特征在决定一个事物时不起任何作用。他举了一个例子来说明本质和偶然特征的区别："两脚的动物"是人的本质，但皮肤的颜色、文化的不同却是偶然特征，因为确定一个实体是不是人并不依赖皮肤的颜色和不同的文化。用现代的话说，说某个 X 是一种 Y，就是把 X 这个实体归于 Y 这个范畴。这就是亚里士多德关于范畴化的经典理论的一个基本假设(Taylor，1995：23-29)。

(i)范畴是由必要和充分特征联合定义的

亚里士多德的其他假设来自于他的矛盾律和排中律。矛盾律认为，在同一时间里，在同一个意义上，对同一个问题作的两个相反的判断不能都是真的。因此，一个事物不可能既是这样又不是这样，不可能既具有某一特征又不具有该特征，不可能既属于某个范畴又不属于这个范畴。

排中律则认为，在肯定和否定之间必须选择其一，非此即彼，不能都否定。因此，一个事物必须是要么是这样要么不是这样，要么具有某一特征要么不具有这一特征，要么属于某个范畴要么不属于这个范畴。这些就是范畴化的第二个假设来源：

(ii) 特征是二分的

可见，特征就是一个或有或无的问题。在定义一个范畴时，要么有某个特征，要么没有这个特征；一个实体要么具有这个特征，要么不具有这个特征。从假设(ii)又可派生出假设(iii)和(iv)：

(iii) 范畴有清晰的边界

(iv) 范畴内的所有成员地位相等

一个范畴一旦建立起来，它就把世界分为两组实体，一些实体是这个范畴的成员，其他实体则不是这个范畴的成员(例如，有了“狗”这个范畴，就有了不是狗的其他动物)。不可能存在某个实体在某种程度上属于这个范畴的情况。如果一个实体具有某个范畴的所有特征，那么它就是该范畴中的一个成员，否则，就不是该范畴的成员。一个范畴里不存在隶属度(degrees of membership)，也就是说，范畴里的成员没有优劣之分。

范畴化的亚里士多德理论在 20 世纪的主流语言学中产生了很大的影响。这一理论首先应用于音系学，后来又应用于句法学和语义学的研究中。各种区别特征被用来定义各种语言范畴。例如，在音系学中，可以根据某些区别特征来区分不同的元音和辅音。英语中的元音音素/i/就可以用特征描述为[元音性]、[高元音]和[前元音]，而/u/却被描述为[元音性]、[前元音]和[后元音]。许多音系学家在自己的研究成果基础上对范畴化的亚里士多德理论进行了丰富与完善，提出了更多有关区别特征的假设：

(v) 特征是最基本的

(vi) 特征是普遍的

(vii) 特征是抽象的

(viii) 特征是与生俱来的

特征是最基本的，就是指特征是音系学中的最终成分或原子成分，不能再被分割，例如特征[前元音]([FRONT])就不可再被分成更基本的成分。特征是普遍的，是指人类所有语言的音素范畴是用来自于一个普遍的特征总藏(feature inventory)中的特征定义的，这些特征适应于人类所有语言，例如[前元音]、[高元音]以及[后元音]等特征可以用来描写所有语言的元音音素。特征是抽象的，是指特征与语音的物理特性之间只存在间接的关系，这实际上是关于特征的本体地位问题。特征是与生俱来的，这与转换生成语法传统密切相关，因而成了争议最多的一个问题。

正是由于范畴化的经典理论在音系学中得到了广泛运用，取得了许多成就，这一理论在句法学和语义学中也受到了青睐。句法学中的词汇范畴，如词的分类，语义学中的语义范畴，如词义可以用语义特征来分析等，都是经典理论的具体运用。例如，奈达(Nida，1975)和利奇(Leech，1985)就采用了语义成分分析法(componential analysis)对词义进行分析。例如，bachelor 一词可以分析为[人]、[阳性]、[成年]以及[未婚]四个语义成分(semantic components)或语义特征(semantic features)；child 可以分析为[人]和[未成年]两个语义特征。利用特征分析法对范畴进行分析当然有其优点。

首先，我们可以利用这种方法来说明词语之间的命题关系。例如，bachelor 与 spinster，boy 与 girl，husband 与 wife 等成对词之间的关系就在于，一个具有特征[阳性]，另一个具有特征[阴性]。利用特征分析方法，我们就可以获得词语之间的各种关系，如意义内包关系(meaning inclusion)或上下义关系(hyponymy)，如 man 的意义具有特征[人]、[成年]和[阳性]，因此内包在 bachelor 的意义中，man 就是 bachelor 的上义词，bachelor

就是 man 的下义词。反义关系，如上面的 bachelor 与 spinster，boy 与 girl，husband 与 wife 就是三对关系反义词或称换位反义词（conversives），它们彼此对立，但又相互依存，这正是由特征[阳]与[阴]造成的结果。

其次，利用特征可以定义词语的自然类别。例如，我们可以利用特征[人]定义表示人一类的名词，可以利用特征[非动物]定义非动物类的名词。这样的自然类别在词语之间的搭配中就会构成一些选择限制。例如，并不是任何名词都可以作主语，英语中可以说 John admires me，但不可说 Sincerity admires me，因为 admire 这一动词需要具有[人]这一特征的名词作主语。形容词与名词的搭配亦如此，我们可以说 infant teacher（幼儿教师）以及 infant food（婴儿食物），但不能说 infant bachelor，因为 infant 具有特征[未成年]，而 bachelor 具有特征[成年]，这就彼此产生了矛盾。

再次，利用特征分析可以解释某些句义以及句子之间的语义关系。例如：

(1) a. This man is a bachelor.

b. This bachelor is a man.

c. This bachelor is my sister.

(1a) 属于综合性，(1b) 属于分析性，而 (1c) 却是矛盾的。(1a) 要真实，就要求 this man 在现实世界中所指称的那个人必须是一个单身汉；(1b) 的真实性不受现实世界中的事态的影响，因为单身汉就是一个 man，不会是一个 woman；(1c) 之所以是矛盾的，是因为 bachelor 的一个特征[阳性]与 sister 的一个特征[阴性]是彼此对立的、不相容的。此外，利用特征也可以解释句义之间的许多关系，如蕴涵关系（2a 蕴涵 2b）、矛盾关系（3a 与 3b 矛盾）以及同义关系（4a 与 4b 同义）等：

(2) a. John is a bachelor.

b. John is a man.

(3) a. John is a bachelor.

b. John is married.

(4) a. I am an orphan.

b. I am a child and have no father or mother.

由此可见，范畴化的经典理论并非完全错误，实际上我们经常就是那样进行范畴化的。但是，那毕竟是范畴化的一小部分。经典的范畴化理论虽然在语言学中产生过巨大的影响，取得了很大的成就，但仍然存在一些问题，例如，(i) 一个范畴内的所有成员是否都必须具备共同的一组充分必要特征；(ii) 词义能否简化为一套最基本的语言特征的组合；(iii) 区别一个人的语言知识与非语言知识是否有理可据；(iv) 人们能否不依赖对世界相关事物的认识而理解一个词的意义(即概念范畴)。这些问题已为许多学者所注意(见下文 2.4)，我们完全有理由可以认为，特征的数量可能会是无穷的，特征的分析也可能因人而异。此外，把一个人的语言知识与百科知识分开也是不现实的。克鲁斯(Cruse，1986：19)指出："任何试图在一个词的意义与关于该词的非语言所指的'百科'事实之间划一条接线都是相当任意的。"他还认为，词义的成分不一定有必要充分条件的地位。由此可见，范畴的经典理论所存在的这些问题都还有待于进一步深入研究。

2.4　范畴化的典型理论

范畴化的经典理论受到了认知科学的有力挑战。拉波夫(Labov)对 cup、mug、bowl 和 vase 等范畴的研究；罗施(E. Rosch)对 furniture、vehicle、bird 等范畴的研究，都证明经典理论有不妥之处。罗施还提出了"典型理论"(prototype theory)，认为大多数自然范畴不可能制定出必要和充分的标准，可以认为必要的标准往往不是充分的；范畴的成员之间的地位并不相同，典型成员具有特殊的地位，被视为该范畴的正式成员， 而非典型成员则根据其与典型成员的相似程度被赋予不同程度的非正式成员地位。例如，在“鸟”范畴内，“知更鸟”“麻雀”常被视为典型成员，而“企鹅”“驼鸟”等则为非典型成员；在“水果”范畴里，“橘子”“苹果”常被视为典型成员，而“芒果”“西葫芦”等则为非典型成员。当然，一个范畴的典型成员会因不同的人、文化、地理位置而有所不同，但一个范畴中总有典型的成员。

认知语言学认为，语义是一种心理现象和认知结构，它不存在于语言系统内部的聚合与组合关系之中，而是根植于说话人的知识与信仰系统里，必须最终按心理现象来描写。认知语言学关心的一个最重要的问题是范畴化的性质。然而，对词语的多义性及其模糊性的研究，范畴化的“经典理论”或称“亚里士多德理论”已无能为力。因为在经典理论中，一切特征都是二分的，范畴有明确的边界，范畴内的成员地位相等。显然，用该理论来分析丰富多彩的自然语言的语义是不切合实际的，它必然会遭到人们的摒弃。于是，卡西尔（E. Cassirer）、帕特南（H. Putnam）、罗施（E. Rosch）等学者提出了另一种解释语义的理论，即典型理论。他们认为，人们只有掌握了一个词的典型时，才算获得该词的意义。

典型理论有其哲学上的根源，那就是维特根斯坦的研究。他在《哲学研究》中指出，日常语言中的一些词如德语的“Spiel”（游戏、比赛、赌博……），并不能用一组共同的语义特征来包含所有的义项，并且其所指范围的边界也是不清楚的、模糊的。他还根据游戏活动提出了“家族相似性”（family resemblance）这一隐喻，用来研究上述日常语言中的现象。他说：“我想不出比‘家族相似性’更好的表达式来刻画这种相似关系：因为一个家族的成员之间的各种各样的相似之处：体形、相貌、眼睛的颜色、步姿、性情等，也以同样方式互相重叠和交叉。——所以我要说：'游戏'形成一个家族"（《哲学研究》中译本，1996：48）。他还推测，人们是从个别事例出发，再依据相似性的原则类推出其他事例而学会一个范畴的全部所指的。

如果维特根斯坦的看法是正确的，并且有普遍的意义，那么词义根本不可能通过必要条件和充分条件来定义，至多能找出典型意义(prototype meaning)。典型理论的代表人物之一是加利福尼亚大学的心理学家罗施(E. Rosch)。她(1975)认为，词的意义是不能完全用一组语义特征来说明的，词或概念是以典型(即最佳实例的形式)储存在人的头脑中的。人们在理解一个词或概念时，主要就是从典型开始。同属于一个范畴或一个概念的各个成员，其典型性有所不同：有的是典型，处于一个类的中心，我们用它来鉴别其他成员；其他成员则视其与典型的相似程度而处于从典型到最不典型的某个位置上。用模糊学的观点来说，成员与范畴之间的关系不是要么属于要么不属于的关系，而是一个渐进的隶属过程。例如，在思维活动中涉及"鸟"的概念时，我们可能最会想到robin(知更鸟)和sparrow(麻雀)，而不会想到ostrich(鸵鸟)和penguin(企鹅)。根据《牛津现代高级英语词典》，"鸟"的释义为：feathered creature with two legs and two wings, usu. able too fly(具有双腿双翼、有毛的动物，通常能飞)。或许是因为"鸵鸟""企鹅"不能飞，所以它们属边缘现象。这表明，"鸵鸟""企鹅"与"知更鸟"等不能在同等程度上表示鸟的概念。但毫无疑问，"鸵鸟"和"企鹅"是属于鸟类。因此，人们对一个概念的理解不仅包含着典型，而且也包含隶属度，罗施将后者称为"范畴隶属度"(degree of category membership)，它表明允许同类中的各个成员偏离典型的距离。罗施因此认为，概念就是由典型和范畴隶属度这两个因素构成的。它们紧密地结合在一起，而典型起着核心作用。典型理论是否成立，关键在于这种典型和范畴隶属度有多大的心理现实性。1975年，罗施在美国做了这样一个问卷调查，她给被试呈现属于不同语义概念的许多词语，让他们就其代表相应概念的程度，由高到低予以等级评定，以 1 为最高。结果她发现，在每个概念的范围内，不同词语在其代表相应概念的程度上有着不同的等级评定。如在“水果”概念内，部分成员的等级评定如表 2.1 所示：

表 2.1 “水果”概念内部成员的等级评定

水果	橙子	苹果	香蕉	桃子	梨	杏	梅	葡萄	草莓
等级	1	2	3	4	5	6.5	8	9	11

从此表可以看出，在美国人心目中，“橙子”有最高的等级评定，“草莓”的等级评定最低。这证明自然概念中确实存在着典型和范畴隶属度。此外，她还做了另一个实验，她让被试写一些包括有类名的句子，如关于“鸟”的句子如下：

(5) I heard a bird twittering outside my window.（我听见一只鸟在窗外叽喳叫。）

(6) Three birds sat on the branch of a tree.（三只鸟栖在树枝上。）

(7) A bird flew down and began eating.（一只鸟飞下来开始吃东西。）

然而，她用各种鸟的名称如 robin、penguin、ostrich、toucan 等去代替句中的 bird 一词，并要人们评定这些句子是否切合实际。如果用 robin 代替 bird，上面三个句子皆合情理；但如果代之以 chicken（鸡），则觉得句子很奇怪，不合情理了。但毫无疑问，“鸡”也属于鸟类，因为鸡的远祖“原鸡”就是一种鸟。《辞海》注：“鸡，鸟纲，雉科家禽。”《现代汉语词典》（第 5 版）（以下简称《现汉》，2006）中“鸟”词条注：“一般的鸟都会飞，也有的两翼退化，不能飞行。如燕、鹰、鸡、鸭、鸵鸟等都属于鸟类。”罗施的这一实验也间接地说明了一个范畴中的不同成员，其范畴隶属度是不同的。在另一次判断是非的实验中，罗施（Rosch，1975）

还发现被试在判断“A penguin is a bird”比判断“A sparrow is a bird”的时间要长。这也说明，某一范畴在心理上的特征，就是该范畴的典型加上范畴隶属度。

应当指出的是，在确定一个范畴的典型时，不同地区、时间、文化背景等方面的因素可能会造成一定的差异。克鲁斯（Cruse，1990：389）指出：“在认知发展过程中出现的范畴典型显然受熟悉程度和经验的影响：在南极长大的人对于鸟的典型的认识跟在亚马逊河流域或者在撒哈拉沙漠地区长大的人就不一样”。我国北方的人有可能视“苹果”为“水果”的典型，而南方人则可能视“橙子”为典型；巴西人最可能会视“足球运动”为“球类运动”的典型，而美国人则可能会视“篮球运动”或“棒球运动”为典型。但一般而论，一个范畴总会有其典型的。

2.5　典型理论对语义模糊的解释力

典型理论对认知科学最有价值的贡献在于它把注意力集中在范畴的内部结构上，集中在范畴具有“核心”和“边缘”这个事实上。该理论对于解决语言学中的诸多问题都有启示。目前，它已用于语音、句法、词义、语用、语言习得、失语症等方面的研究，并取得了可喜的成绩。

典型理论的提出为解释语义的模糊性提供了认知基础。赫德森（Hudson，1990：102）指出：“它（典型理论）考虑到概念应用中的创造灵活性，这是我们在日常生活中常常看到的问题——换句话说，它预告概念的界线正像其实际情况那样是模糊的。”杰拉茨（Geeraerts，1997：11）也指出，典型性（prototypicality）的特征之一就是“典型范畴的边界是模糊的”。“典型”和“范畴隶属度”的客观存在解释了不少概念所具有的模糊性，允许成员与典型之间可以没有明确的临界值，即概念的边界范围可以具有一定的弹性。这样，概念所包含的成员不完全确定，因而概念具有相对的模糊性。例如，在 vegetable（蔬菜）这个概念里，包括 pea（豌豆）、carrot（胡萝卜）、cauliflower（花椰菜）、onion（洋葱）、potato（马铃薯）、mushroom（蘑菇）等成员。罗施（Rosch，1975）的问卷调查表明，其中“豌豆”被美国人认为是蔬菜的最佳实例（中国人可能认为“白菜”、“油菜”最典型），而“胡萝卜”、“花椰菜”的范畴隶属度也比“洋葱”、“马铃薯”、“蘑菇”高（Aitchison，1987：55）。这说明“蔬菜”的语义是模糊的。

clothing（衣服的总称）这个范畴在英语中包括许多成员，如 pants（裤子）、coat（上衣）、shirt（衬衫）、dress（女服）、skirt（女裙）、pajama（睡衣）、slip（女装长衬衣）、bathing suit（游泳衣）、shoes（鞋）、stockings（长袜）、apron（围裙）、earmuffs（耳套）、boots（长筒靴）、hat（帽子）、gloves（手套）、tie（领带）等。根据罗施（Rosch，1975）的问卷调查，这些成员隶属于 clothing 的程度各不相同：其中裤子、上衣、衬衫、女服、女裙的隶属度最高，被认为是衣服的最佳实例；睡衣、游泳衣等的隶属度比鞋、长筒靴、领带、帽子、手套的隶属度高，而鞋、长筒靴等的隶属度又比围裙、耳套等的隶属度高（Aitchison，1987：53-55）。这充分说明，在 clothing 这个范畴中，各个成员的地位是有所不同的。在汉语中，“衣服”这个范畴似乎与英语有些不同。根据《现汉》，“衣服”的定义是：“穿在身上遮蔽身体和御寒的东西”，而“身体”又是指“一个人或一个动物的生理组织的整体，有时专指躯干和四肢。”但在日常生活中，手套、鞋、袜、帽子似乎不包括在衣服这个范畴内，因为我们有“衣服店”与“鞋帽店”之分。这表明，在“衣服”这个范畴内，英汉语中的成员是有区别的。此外，“裙裤”的存在，也模糊了“裙子”与“裤子”之间的界限。这说明，“衣服”这个概念的语义是模糊的。

同理，在 furniture（家具）这个范畴里，罗施（Rosch，1975）和泰勒（Taylor，1989）的研究表明，chair（椅子）和 sofa（沙发）的隶属度最高，是

“家具”的典型；couch（长沙发），table（饭桌），easy chair（安乐椅），dresser（[美]梳妆台，[英]碗橱）等的范畴隶属度次之；而 vase（花瓶），ashtray（烟灰缸），fan（电扇）和 telephone（电话）的范畴隶属度最低。在汉语中，“家具”的定义是：“家庭用具，主要指床、柜、桌、椅等”（《现汉》）。从这个定义看出，花瓶、烟灰缸、电扇、电话在汉语中似乎不应当作家具。花瓶只不过是一种装饰品，《现汉》给的定义是：“插花用的瓶子。放在室内，作装饰品”；烟灰缸只是一种烟具，属于摆设；电扇、电话只是一种装置，如《现汉》给它们的定义分别是“利用电动机带动叶片旋转，使空气流动的装置”和“利用电流使两地的人互相交谈的装置，主要由发话器、受话器和线路三部分组成”。这再次表明，“家具”在不同语言中所包含的成分是不同的，因此其语义是模糊的。

“虫”，《辞源》（第四卷，p.2785）：“昆虫的通称”。古人和今人对其理解是有所不同的。《尔雅 · 释虫》将“[illegible]”、“蜚”排在最前面，这说明古人有可能将“[illegible]”、“蜚”视为“虫”的最佳实例。此外，古人还有“虫”、“豸”之分，《尔雅 · 释虫》：“有足谓之虫，无足谓之豸”。“豸”，《辞海》注：“本指长脊兽，如猫、虎之类”。当然，古人的“虫”、“豸”之分是相对的，有时无足的爬虫（爬行动物的旧称）也可称为“虫”。如《释文》载：“此对文尔，散文则无足亦曰虫”（转引自《辞海》第四卷，p.2785）；《礼记 · 月令》道：“[孟春之月]其虫鳞。”郑注：“鳞，龙蛇之属”（转引自徐朝华，《尔雅今注》，p.305）。古人用“虫”来指无足的爬虫，如龙、蛇之类，民间对蛇的禁忌，谓之“长虫”，可能来源于此。更为有趣的是，古人还用“虫”来泛指动物，如《水浒传》和《张生煮海》以及现代汉语的某些方言中把虎叫做“大虫”；人也是动物，中国道家过去叫人为“倮虫”——不带毛的光光的虫，如《大戴礼记 · 曾子天圆》上说：“毛虫之精者曰麟，羽虫之精者曰凤，介虫之精者曰龟，鳞虫之精者曰龙，倮虫之精者曰圣人”（转引自《辞海》，p.1859），以及“禽为羽虫，兽为毛虫，龟为甲虫，鱼为鳞虫，人为倮虫”（转引自《辞海》第四卷，p.2785）。崔寔《政论》曰：“仆前为五原太守，土俗不知缉绩，冬积草，伏卧其中。若见吏，以草缠身，令人酸鼻。”顾炎武注：“今大同人多是如此，妇人出草则穿纸裤，真所谓‘倮虫’者也”（转引自顾炎武，1994，卷十，“纺织之利”）。仲长敖《核性赋》谓：“倮虫三百，人最为劣。爪牙皮毛，不足自卫；唯赖诈伪，迭相嚼啮。等而下之，至于台隶僮竖，唯盗唯窃”（转引自顾炎武，1994，卷十三，“名教”）。人号称万物之灵，这其实是自吹，也许在猪、牛、狗、鸡等动物看起来，人是万物最坏的，“专吃我们猪、牛、狗、鸡”，当然，这是立场的不同。拿生物学的思想，从另外一个观点来说，“倮虫”与其他生物是一样的，人之所以与其他生物不同，就是加上了人文文化。由此可见文化的可贵之处。

当然，现代人是不会把禽、兽、龟、鱼、人称为虫的。把人称为虫也只是在某些比喻性用法中，如“他是一个害人虫/小爬虫/可怜虫/寄生虫/懒虫”。“网虫”可谓当今一时髦词语，如“他心甘情愿做网虫”。例如：

(8) 辛楣道：“你这人没良心！方才我旁观者看得清清楚楚，孙小姐——唉！这女孩子刁滑得很，我带她；爱，上了大当——孙小姐就像那条鲸鱼，张开了口，你这**糊涂虫**就像送上门去的那条船。”（钱钟书：《围城》）

从这些分析可以看出，古人与今人对“虫”的范畴化是不同的。在古人的心目中，“虫”的模糊性相当大。

自然语言中的“否定”概念，其语义范畴(semantic category)也具有模糊性。英语中检验否定的两个最基本的标准是：与 any 共现；加肯定的附加问句(Frawley，1992)。请看下列实例：

(9) The senator did not take any bribes, did s/he?（该参议员没有受贿，是吗？）

然而，仔细观察英语时，我们会发现英语中的许多现象也符合这两个标准，虽然它们不完全相等，也不完全是“显现否定”(explicit negation)。例如：

(10) The senator seldom took any bribes, did/didn't he/she? (该参议员很少受贿，是吗？)

(11) The senator rarely took any bribes, did/didn't he/she? (该参议员很少受贿，是吗？)

这里的 seldom 和 rarely 都不是显现否定，但由于它们带有 any，其语义解释是否定的，相当于“not frequently”(不经常，很少)。更为有趣的是，它们既可跟肯定附加问句，也可跟否定附加问句(规定性语法只许跟肯定附加问句)，这更说明 seldom 和 rarely 在某种意义上是否定的，但它们不是全部否定，至少不像 not 一词。

下面三种情况更为复杂：

(12) Rather than take any bribes, the senator resigned. (该参议员宁愿辞职，也不受贿。)

(13) Before the senator took any bribes, s/he covered his/her tracks. (在受贿之前，该参议员就隐瞒其行踪。)

(14) Did the senator take any bribes? (该参议员受过贿吗？)

以上三句虽都带有 any，但从表层结构来看，它们是肯定的。然而，通过仔细分析我们会发现，rather 是一个“隐含否定”(implicit negation)，表示“so as not to”(为了不……)；before 也如此，表示一种“未实现的行为”(unrealized action)；第三句是带有 any 的一般问句，用来表示“不确定性”(uncertainty)，严格地说，也是一种否定形式。

这些实例表明，“否定”这个概念所表示的语义是模糊的。它的“中心否定”(focal negation)词是 not，因为它完全适合检验否定的两个标准；seldom 和 rarely 属于“弱化否定”(attenuated negation)，因为它们完全适合第一个标准，但对第二个标准却并非绝对符合；rather than、before 以及问句中的 any 是“不确定性”、“未实现”的标志，属于一种“微弱否定”(weak negation)，即不否认，但在表示期望这个平面上，它们具有否定涵义。

2.6 范畴化的层次问题

范畴可以出现在内包(inclusiveness)的不同层次上。例如：

(15) a. vehicle—**car**—hatchback

b. fruit—**apple**—Granny Smith

c. living thing—creature—animal—**cat**—Manx cat

d. object—implement—cutlery—**spoon**—teaspoon

上面的几个范畴中，似乎可以分出不同层次，黑体词被认为具有特殊的地位，被称之为基本层次(basic level)。对基本层次范畴(basic-level categories)的研究，通常可以追溯到布朗(Brown，1958，1965)。他说，范畴中存在着一个“第一层次”，在该层次上孩子学习事物的范畴，给事物命名。这一层次既不是最一般的层次，也不是最特殊的层次，它不仅是较短和使用较频繁的名称，而且具有区别作用。他把范畴化的这一层次看做是“自然的”，而把比这一层次高的范畴化和比这一层次较低的范畴化看成是“想象力的结果”。这种“想象力的结果”就是我们所说的“上位范畴”(superordinate categories)和“下位范畴”(subordinate categories)。前者更具有内包性，例如像 animal、furniture、cutlery、clothes 这样的上位范畴，在类型上是不同的，但它们比基本层次范畴具有更少的共同特征。后者是基本层次范畴的再分类，例如像 spaniel、collie、dachshund、alsatian 这样的下位范畴有一个高的范畴层次，但它们与邻近范畴的区别层次则相对较低。

既然基本层次如此重要，我们有必要了解它的一些特征。

第一，正是在这个层次上，才有行为互动的特征模式。例如，叫你描述如何与动物交流，如果你不知道所说的动物是鳄鱼或者是仓鼠（hamster），这就相当困难。同样，叫你描述家具，如果不知道具体是哪些家具，你也很难描述清楚。但是，如果这些涉及的是猫、狗、马、牛、老鼠，或者是椅子，那么该任务就相对容易些。

第二，正是在整个层次上，可以形成一个清晰的视觉意象。这与第一个特征在原则有些相似。例如，想象一下“餐具”或“交通工具”的样子，而不是指某种具体的类型，这肯定很难。但是，如果叫你想象一下“餐叉”（fork）或者是“卡车”（lorry）的样子，这就容易多了。

第三，基本层次上的词语，人们在日常生活中经常使用。说话人经常会觉得这些词语就是所指的“真实”名字。假设 A 和 B 两人都坐在家里，A 突然听到外面有声音，并说 What's that? B 向窗外看去，发现花园里有一只“德国牧羊犬”（alsatian）。B 如何回答呢？在下面三个选择中，通常会选 b，而其他两个则需要特殊的语境才可以。

（16）a. It's an animal.

b. It's a dog.

c. It's an alsatian .

第四，在基本层次上可以创造“最好”的范畴。好范畴能使下列特征最大化：（a）与邻近范畴的区别；（b）范畴内的相似；（c）信息性：也就是说，我们知道某个东西属于这个范畴时所获得的信息量。例如，如果我们把“动物”分为“雌”和“雄”两类，这将产生两个清晰的范畴，在某些语境中可能有用。但根据上面的标准，它们并不是好范畴，因为(a)与邻近范畴的区别只限于一个特征，(b)内部的同类性也同样受到限制：结果，与一头雌象相比，一只雌老鼠与雄老鼠更相似，尽管大象属于一个不同的范畴。根据上述标准，动物最好再分为像猫、狗、牛、狮子、长颈鹿等这样的范畴。

第五，基本层次范畴上的名字在形态上倾向于简单，并且是“原始的”，也就是说，它不是通过隐喻延伸从其他范畴派生来的。例如，英语的 spoon 是一个基本层词语，其他所有更具体的范畴有更复杂的名字，如 teaspoon、tablespoon、soup spoon、coffee spoon 等；chair 是一个基本层次词语，其他所有更具体的范畴有更复杂的名字，如 deckchair、armchair、wheelchair、high chair、rocking chair 等。

下面我们再看一些上位、下位和基本层次范畴的英语例子(见表 2.2)。

表 2.2　范畴化的三个层次

上位范畴	基本层次范畴	下位范畴	
乐器	Guitar	Folk guitar	Classical guitar
	Piano	Grand piano	Upright piano
	Drum	Kettle drum	Bass drum
水果	Apple	Delicious apple	Mackintosh apple
	Peach	Freestone peach	Cling peach
	Grapes	Concord grapes	Green seedless grapes
工具	Hammer	Ball-peen hammer	Claw hammer
	Saw	Hack handsaw	Cross-cutting handsaw
	Screwdriver	Phillips screwdriver	Regular screwdriver
衣服	Pants	Levi's	Double-knit pants
	Socks	Knee socks	Ankle socks
	Shirt	Dress shirt	Knit shirt
家具	Table	Kitchen table	Dining-room table
	Lamp	Floor lamp	Desk lamp
	Chair	Kitchen chair	Living-room chair
交通工具	Car	Sports car	Four-door sedan car
	Bus	City bus	Cross-country bus
	Truck	Pickup truck	Tractor-trailor truck

范畴化中的层次问题对英语写作具有很大的启示。词汇的选择是非常重要的。克鲁斯（Cruse，1977）指出，在话语中使用具体的特称词语表示说话人对某件东西或话题感兴趣，而使用抽象的统称词语则表示说话人对某件东西或话题不感兴趣。例如，如果一个人想告诉对方，Peter 昨天让他驾驶一辆新的小轿车，那么他至少可以用下面三种表达式：

(17) Peter let me drive his new Volvo yesterday.

(18) Peter let me drive his new *car* yesterday.

(19) Peter let me drive his new *vehicle* yesterday.

这三句话表达的命题基本相同，但含义却不完全一样。句（17）用了一个表示下位范畴的词语，明确说出了小轿车的牌子，其语用含义是说话人对这辆车很喜欢，对 Peter 能让他驾驶这样的车感到很高兴，同时也表明说话人对这个话题津津乐道，并很有可能把这个话题继续说下去。而句（19）用了一个笼统的表示上位范畴的词语 vehicle，其语用含义是指说话人并不喜欢那辆车，或对那个话题不感兴趣。也许说话人说这句话只是在简单地回答别人问他昨天到 Peter 那里去干什么了，而他自己并不想谈这件事。句（18）用了一个表示基本层次范畴的词语 car，因而这是一种一般的说法，没有像第一句和第二句那样的特殊含义。当然，这只是就词汇选择来说的，说话人在说句（18）的时候，可以通过语音语调来表达某种特定的含义，例如，如果句子的核心重音在 new car 上，那么就可以表达与第一句相似的含义。

我们再对比下面两段，第一段是用下位层次范畴的词语写的，第二段是用基本层次范畴的词语写的（Matlin，1989：218）：

(20) Samantha leaned back in her brocade-covered Queen Anne chair. She could feel the softness of her Pucci blouse on her body and could smell just a trace of the Je Reviens perfume that she had

dabbed on her earlobes. A few bites of Boeuf Perigoudine and Celery Root Remoulade lay untouched upon the gold-immed Limoges plate.

(21) The woman leaned back in her chair. She could feel the softness of her blouse on her body and could smell just a trace of the perfume that she had dabbed on her earlobes. A few bites of meat and vegetable lay untouched upon the plate.

罗施(Rosch，1978)认为，用下位范畴的词语去代替表示基本层次范畴的词语可以创造有趣的效果。在有些情况下，还可以用来表示势利(snobbery)或者是讽刺(satire)。

第 3 章　概念隐喻的系统性和连贯性

3.1　引　　言

认知语言学认为，隐喻是人类的基本认知方式之一，是人们谈论和思维抽象概念的认知工具。雷科夫和约翰逊（Lakoff & Johnson，1980：3）认为："隐喻渗透于日常生活，不但在语言里，也在思维和活动中。我们借以思维和行动的普通概念系统在本质上基本上是隐喻的"。这样的隐喻被雷科夫和约翰逊等认知语言学家称为概念隐喻（conceptual metaphor）。概念隐喻在英语中通常用大写字母表示，如 LIFE IS A JOURNEY 和 HAPPY IS UP。这里的 LIFE 和 HAPPY 称为目标域（target domain），JOURNEY 和 UP 称为始发域（source domain），IS 被看做是"经验集的简化，隐喻以它为基础，我们根据它理解隐喻"（Lakoff & Johnson，1980：20），即"经验基础"。因此，这三者之间的关系就是建立在经验基础之上的由始发域向目标域的映射。换言之，隐喻能使我们用较熟悉的、具体的概念去理解、思维和感知抽象的、难以直接理解的概念，其方式就是把始发域的结构映射到目标域上，这样的映射是在两个不同的认知域之间实现的，其基础就是经验。可见，一个概念隐喻要涉及四个方面，我们可称之为四个基本要素：始发域、目标域、经验基础和映射。这些解释似乎很明确，但问题也并非如此简单。譬如，始发域和目标域到底是什么？它们之间的差别究竟要达到何种程度？其经验基础是什么？不同隐喻间的经验基础有无异同？映射是怎样实现的，是否有规律可循？这些问题都需要我们在研究隐喻时，尤其是在运用概念隐喻的理论来研究汉语的隐喻系统时，有一个清醒的认识，才有可能避免主观上的"生搬硬套”。也就是说，只有首先弄清这四个基本要素的内涵系统，然后才能进一步去梳理单个概念隐喻的系统性以及概念隐喻之间的系统性和连贯性。本章将在这些方面做一些解释和探讨。

3.2 概念隐喻的四个基本要素

3.2.1 始发域和目标域

始发域和目标域是概念隐喻中最重要的两个基本要素，一般说来，始发域较具体，目标域较抽象。雷科夫(Lakoff，1987：276)指出：“一个域要充当隐喻的始发域，其理解必须独立于隐喻”。显然，要确定始发域和目标域，就需要区别两个概念：非隐喻概念和隐喻概念。如果一个概念是非隐喻的，那么这个概念就是由它本身建构的，并通过其自身被理解，而不是通过引入另一个完全不同的概念去建构它、理解它。例如，我们在认知狗的外形时，通常不是用另一个完全不同的概念域通过映射去认知它，因此我们对“狗”的部分概念化是非隐喻的，如狗有四条腿、会摇尾巴、伸舌头喘气。当然，我们也可以通过隐喻来认识这些非隐喻概念，如尾巴是狗的旗子，狗会摇旗向我们示意。但这并不能说明不通过非隐喻的手法我们就不能把狗的尾巴理解为狗尾巴，这是其一；其二，这样的理解也并非是常规化的、无意识的，“尾巴是旗”这个隐喻不是我们概念系统中对狗尾巴的常规隐喻概念。因此，从这个意义上说，狗尾巴的常规概念是非隐喻的。但是，当说狗“忠诚”时，我们是通过人的特征去认知狗的一个本能特征，是通过隐喻把狗的这个本能特征概念化为“忠诚”的。从这个意义上说，狗的部分概念是隐喻的。因此，一个概念在某些方面可能是通过隐喻来建构和理解的，而在另外的方面却不是。

那么，我们如何确定一个概念的哪些方面是隐喻的，哪些方面是非隐喻的，即一个概念在多大程度上是隐喻化的呢？对这个问题必须作出回答。虽然雷科夫本人并未讲得很清楚，但他认为确定始发域时以下几点可作参考：(i)空间概念，如“上/下”、“前/后”、“里/外”和“远/近”，比如“上”并不是一个单纯的动作，而是我们相对于地球引力的直立姿势的动作集合；(ii)具体的、直接的经验是非隐喻的，如树、石头、胳膊、腿；(iii)常规理解的、日常的、身体的和社会的经验概念，如离开、旅途、植物、火、睡觉、白天和黑夜、热和冷、财产、负担、地点，这些都可以充当隐喻的始发域。但我们觉得这些概念中有的似乎不是很特别具体，例如，旅途有多种多样，为什么雷科夫说它是具体的，并且能充当始发域呢？雷科夫和约翰逊(Lakoff & Johnson，1980：45)作了如下说明：“一般说来，隐喻概念不是用具体的意象(例如，飞、爬、走路等)来解释的，而是用属范畴来解释的(例如，经过)”。雷科夫(Lakoff，1987：46，271)详细区分了基本层次概念(basic-level concepts)、上层概念(superordinate)和下层概念(subordinate)。例如，走、跑、吃、喝是基本层次概念，移动、摄取食物是上层概念，而溜达、品尝、呷是下层概念。总之，把概念隐喻的工作机制定位在上位层次，是与以雷科夫为代表的一些认知语言学家们所秉承的“概括的承诺”和“认知的承诺”相互一致的(Lakoff，1992；文旭，2001a，2002)。

3.2.2 经验基础

经验也是认知语言学中的一个重要概念。既然人脑的概念结构在本质上是隐喻的，那么，隐喻的经验基础就是人的认知基础。这个认知基础就是动觉意象图式。我们是以这样的认知模式去认知世界的，这也是雷科夫和约翰逊的体验哲学观的重要基础。动觉意象图式有很多种，都是基于身体经验的。这些意象图式有容器图式、部分–整体图式、系联图式(link)、中心–边缘图式、起源–路径–目标图式、上–下图式、前–后图式、线型顺序图式、压力图式等(Johnson，1987：126；Lakoff，1987：271-275)。例如，范畴是以容器图式理解的，等级是以上–下图式理解的，关系是以系联图式理解的，使役式是以压力图式理解的。这里，我们以容器图式为例予以说明。容器图式的经验基础是我们把自己的身体看成是一个容器或置身于其他容器里(如在房间里)。身体这个容器有内、外和边缘。这样的隐喻称为"容器隐喻",如概念隐喻"视野是容器"(VISUAL FIELDS ARE CONTAINERS)在英、汉语中就有很多的语言隐喻或隐喻表达式：

The ship is coming into view.

I have him in sight.

He's out of sight now.

That's in the center of my field of vision.

她从我的视野中消失了。

他突然闯入了我的视线。

他在我的眼皮下跑掉了。

值得注意的是，以上提到的意象图式虽然都是以我们的身体和万有引力作用为基础的直接经验的结果，但这并不排除其中的文化因素。正如雷科夫和约翰逊(Lakoff & Johnson，1980：57)所说："每一种经验都是在一个大的文化预设背景下发生的……。更正确地说，所有的经验都完完全全是文化的，我们以这样的方式体验世界，以至于我们的文化已经在经验本身中体现出来了"。虽然每一种经验都涉及文化预设，但我们还是可以区分出身体经验与文化经验，它们之间的重要区别在于前者包含身体的成分较多，如"起立"，后者包含文化的成分较多，如"参加结婚仪式"。雷科夫在后来的研究中较少提及文化因素，大概就是基于以上论证。有的学者批评雷科夫的“体验哲学”不考虑文化因素，原因也许就在于未注意雷科夫最初对文化与经验的分析。

3.2.3　映射

概念隐喻是从始发域向目标域的系统的、部分的、不对称的结构映射。这种映射通常有三种对应关系（Lakoff，1992）。

(i) 本体对应（ontological correspondence）：映射是始发域与目标域实体间的一个固定的本体集对应。我们以概念隐喻“爱是旅程”为例：

“爱是旅程”映射：

· 相爱的人对应旅行者。

· 情爱对应交通工具。

· 相爱的共同目标对应旅行的共同目的。

· 相爱时遇到的困难对应旅行中的障碍。

(ii) 推理模式对应（inference pattern correspondence）：当 (i) 被激活时，映射能把始发域的推理模式投射到目标域的推理模式上。如上例，当旅途中出现障碍时，有以下几种选择：

· 旅行者可以努力去克服困难，越过障碍。

· 也可能留在原处，放弃旅行的目的地。

· 可能放弃交通工具。

当然也可能还有其他多种选择，例如当旅行的场景（scenario）映射到目标域上时，相爱者就会有如下的选择：

· 相爱的人可能努力去克服困难，越过障碍。

· 也可能他们的关系就此停滞，放弃共同的人生目的。

· 可能分手。

当然也可能还有多种选择，这就是我们理解“爱”的场景。

(iii) 推理模式间的开放性潜在对应(potential correspondence)：(i) 和 (ii) 是新隐喻产生和理解的基础，新隐喻是对常规隐喻的扩展应用，始发域中的本体和推理模式是开放性的，目标域也相应如此，因为概念隐喻有突出与掩盖的系统性(见下文)，一旦掩盖的被激活，新隐喻就产生了。

通过对许多概念隐喻的研究，雷科夫(Lakoff，1989)发现有四种映射形式。

(i) 复合图式映射：如在“争论即战争”这个概念隐喻中，一个经验域的复合图式(战争)映射到另一个经验域的对应图式中(争论)，每一种映射都涉及两个域中的多个实体(如战士)以及实体之间的关系。简言之，复合图式映射就是把有关始发域的知识映射到目标域上。

(ii) 意象图式映射：意象图式就是那些在本质上是动觉的拓扑结构和方位结构，它们有足够的内部结构来接纳推论，例如上面提到的图式等。大部分的常规隐喻是意象图式的映射。

(iii) 一次性纯意象映射(one-shot rich-image mapping)：比如 dunk 一词有两个意思：(a) 把(面包、饼等)在汤(饮料)中浸一浸；(b) 扣篮。在 (a) 中有一个常规的意象，即把食物越过茶杯边放进杯中，在 (b) 中是手越过篮框把球投入篮中。从 (a) 到 (b) 是一次性纯意象映射，因为这里没有概念间的系统映射。雷科夫在后来的研究中，把这种映射隐喻称为意象隐喻(Lakoff，1989，1992)。

(iv) 亚里士多德式的隐喻映射：这是古典隐喻文献(相对于认知理论)中引用最多的一类隐喻，如“亨利是猪”这种隐喻之所以产生，是因为始发域与目标域之间具有共同的特征。雷科夫认为这是一种最让人烦的隐喻，但他(Lakoff, 1989：195)对这种隐喻的映射作了令人信服的分析(见下文)。

当然这四种隐喻映射并非孤立地起作用，相反，它们的结合却是更常见的。但不管它们是孤立出现还是结合出现，都可以归入两大范畴，即概念映射和意象映射，并遵循恒定原则，即始发域的意象图式结构映射到目标域上，其结构与目标域固有的结构是一致的。

3.3　概念隐喻的系统性

概念隐喻的系统性可以从两个层次进行分析：语言层和概念层。所谓语言层上的系统性，就是指由一概念隐喻派生出来的多个隐喻表达式或语言隐喻是成系统的，这是因为经验具有完形感知结构，这个多维结构的整体(Lakoff & Johnson，1980：81)使得隐喻内的映射具有系统的对应关系。这里我们重点讨论概念层上的系统性。这一系统性也可分两种情况：概念隐喻内部的系统性和概念隐喻之间的系统性。为了行文的方便，我们首先对比隐喻研究中的几个重要概念，因为它们之间也存在抽象的理论系统，然后从结构隐喻、方位隐喻和本体隐喻出发，对隐喻的系统性进行具体的分析。

3.3.1　常规隐喻、死隐喻与新隐喻

雷科夫所说的概念隐喻通常只指常规隐喻(conventional metaphors)，而不是死隐喻(dead metaphors)和新隐喻(novel metaphors)。常规隐喻指那些建构我们文化的普遍概念系统，并且反映在日常语言中的隐喻，它们才是我们真正赖以生存的隐喻；死隐喻是指那些特有的、孤立的、无系统性的隐喻表达式，如“山脚”、“葱头”、“桌腿”和“河口”，它们虽是隐喻家族中的成员，但根本不与其他成员来往，更没有在我们的语言和思维中被系统地使用(虽然有的临时可以被激活)，因此，它们不是我们赖以生存的隐喻。在隐喻研究中，区别常规隐喻与死隐喻具有重要的意义。

新隐喻是雷科夫重点讨论的对象之一，雷科夫及其同事在他们的几

本重要文献中多有论述(Lakoff & Johnson，1980；Lakoff & Turner，1989；Lakoff，1992)。为什么呢？他们认为，新隐喻具有和常规隐喻一样的系统特征，如果一个新隐喻进入了我们的日常概念系统(有的也是一种必然趋势，正如胡壮麟先生(1997)指出："一代人的隐喻是另一代人的常规表达"。)，即成为了概念隐喻，它就会改变我们原有的概念系统及行动方式。因而新隐喻可以创造新现实，而不是一种对业已存在的现实进行概念化的又一方式。所以雷科夫和约翰逊(Lakoff & Johnson，1980：145)说："许多文化变迁归因于新隐喻概念的引进和旧隐喻概念的消亡"。并且，他们还举例说明，现在全世界范围的文化之所以西化，部分原因是由于"时间即金钱"这一概念隐喻的引进和推广。

3.3.2 结构隐喻的系统性

结构隐喻、方位隐喻和本体隐喻都是常规隐喻。结构隐喻是以一种概念的结构去构建另一种概念，其映射属于部分映射。

1. 隐喻蕴涵

(i) 概念隐喻之间可以通过蕴涵关系构成一个连贯的系统，例如：

时间即金钱(大系统)

时间即有限资源

时间即宝贵商品

(箭头表示蕴涵)

(ii) 一个概念隐喻因为其始发域所具有的蕴涵，例如"争论是旅途"(AN ARGUMENT IS A JOURNEY)这一概念隐喻中，始发域"旅途"的蕴涵有道路，而道路就有(路)面，所以，目标域"争论"也同样蕴涵道路、

(路)面，该隐喻的语言表达式也因之构成一个连贯的系统，并从几个侧面对该隐喻概念进行阐述。这一系统性在结构隐喻、方位隐喻以及本体隐喻中都存在，概念隐喻的这种系统性国内已多有介绍(束定芳，2000)，下面不再赘述。

2. 突出与掩盖

结构隐喻是从始发域到目标域的部分映射，因此我们在通过始发域来理解目标域时，必然会突出某个方面，而掩盖另外的方面。例如，在理解“争论是战争”这一概念隐喻时，当我们把注意力集中于激烈的争论时，就只会注意如何进攻对方，维护自己的观点，而忽视理智合作、战略战术等方面。又如，在英语中，关于语言的管道隐喻就有以下几种结构：

IDEAS (OR MEANINGS) ARE OBJECTS. (思想或意义是物体。)

LINGUISTIC EXPRESSIONS ARE CONTAINERS. (语言表达式是容器。)

COMMUNICATION IS SENDING. (交际是传送。)

说话人是将观点/物体放在词语/容器中，把它传送(通过管道)给听话人，听话人把观点/物体从词语/容器中提取出来。

从概念隐喻本身以及隐喻表达式上，我们几乎很难发现掩盖了什么，但当考察每个概念隐喻的蕴涵时，我们就会发现“思想或意义是物体”以及“语言表达式是容器”这样的概念隐喻都蕴涵着：词与句子本身有意义，不依赖语境和说话人。相反，关于语言的管道隐喻就突出了词与句子本身，而掩盖了语境的作用。

概念隐喻同时具有突出与掩盖这一系统特征，使得隐喻在政治、经济、道德、军事等宣传方面具有特别重要的价值。

3.3.3 方位隐喻的系统性

方位隐喻是以一个概念(空间方位)完整的系统去建构和组织另一个概

念。这些空间方位概念有上–下、里–外、前–后、深–浅、中心–边缘等，英语中的 on-off 在汉语中没有对应的词来翻译。如英语中的 HAPPY IS UP（高兴是上）、SAD IS DOWN（悲哀是下）；MORE IS UP（多是上）、LESS IS DOWN（少是下）等，它们都是基于我们的身体经验，也受文化经验的影响。

由于方位隐喻是以空间方位来建构的，同一个始发域如 UP 是表示向上姿势的一个完整的图式，其中的向上方式、程度、位置等千差万别，所以，以 UP 为始发域的方位隐喻也多种多样，在几个或多个方位隐喻之间就可以构成连贯的系统，例如 GOOD IS UP（好是上）、HAPPY IS UP（高兴是上）、HEALTH IS UP（健康是上）、ALIVE IS UP（活着是上）、CONTROL IS UP（控制是上）等就构成了一个系统，因为它们从不同的角度表现出了人类积极的和好的方面；反之，以 DOWN 为始发域的隐喻，也有一个系统描述人类消极的、不好的一面，例如 BAD IS DOWN（坏是下）、SAD IS DOWN（悲哀是下）、SICKNESS AND DEATH ARE DOWN（病和死是下）、BEING SUBJECT TO CONTROL OR FORCE IS DOWN（受到控制或承受力量是下）等。

方位隐喻是雷科夫等人的重要发现，认知语言学的体验哲学思想（王寅，2002；文旭，2002）以及雷科夫后来的研究大多是以空间方位的身体经验为出发点的。后来雷科夫（Lakoff，1992）干脆以 SPACE（空间）这样一个概念作为最基本的始发域，来解释包括一些结构隐喻、本体隐喻等概念隐喻的映射原理。例如：

A PURPOSEFUL LIFE IS A JOURNEY（有目的的生活是旅程）

目标域：生活

始发域：空间

事件结构隐喻（The Event Structure Metaphor）

目标域：事件

始发域：空间

当然，这样的解释是否具有普遍性，还有待于用不同的语言加以验证。

3.3.4 本体隐喻的系统性

把事件、活动、情感、思想等具有连续性质的、抽象的经验看做是不连续的、有统一形体的实体或物质的隐喻方式就是本体隐喻，如上文提到的容器隐喻就属本体隐喻。本体隐喻除具有上面结构隐喻的蕴涵、突出与掩盖等系统性之外，还表现在通过使用本体隐喻，我们能够对抽象的、连续性的经验实现指称、量化、识辨、调整目标和促起行动等多种多样的目的。例如：

INFLATION IS AN ENTITY（通货膨胀是实体）

Inflation is lowering our standard of living.（inflation 具有指称功能）

We need to combat inflation.（调整目标，促起行动）

Inflation is backing us into a corner.（识辨原因）

If there is much more inflation, we'll never survive.（inflation 被量化）

如果进一步扩展，把上面本体隐喻中的实体理解为人，使之具有人所具有的动机、特征、目的等，这样的隐喻方式就是拟人化。拟人化本体隐喻的一个重要系统特征就是突出。例如，我们把上例拟人化后，就会有隐喻“通货膨胀是敌手”，这样就特别突出了通货膨胀能进攻我们、伤害我们等反动的一面，因而我们就会在政治、经济活动中采取相应的措施，如“发动一场反对通货膨胀的战争”、“改善供需矛盾”等。在英语中，这样的隐喻表达式很多（Lakoff & Johnson，1980：33）：

INFLATION IS AN ADVERSARY（通货膨胀是敌手）

Inflation has attacked the foundation of our economy.

Inflation has pinned us to the wall.

Our biggest enemy right now is inflation.

The dollar has been destroyed by inflation.

3.4 概念隐喻的连贯性

概念隐喻的连贯性是指几个概念隐喻，通过它们共享的隐喻蕴涵，不但使这几个概念隐喻具有连贯性，也使它们的隐喻表达式具有连贯性。下面分两种连贯性。

3.4.1 同一目标域的两个概念隐喻之间的连贯

下面举例两个概念隐喻。①“争论是容器”（AN ARGUMENT IS A CONTAINER）；②“争论是旅途”（AN ARGUMENT IS A JOURNEY）（在以下的讨论中我们用①②③④等表示概念隐喻）。在理想的情况下，容器的表面越大，容器中的内容就越多，映射到目标域上就是：随着争论的进展，争论面会越来越广，因而①的隐喻蕴涵就有“当我们争论时，争论面会越来越广”；同样，在理想的状况下，随着旅途的进展，我们走过的路面也会越来越多，映射到目标域上就是：随着争论的进展，争论面会越来越广。因而可以得出②具有和①相同的隐喻蕴涵，如图 3.1（参见 Lakoff & Johnson，1980：94）所示：

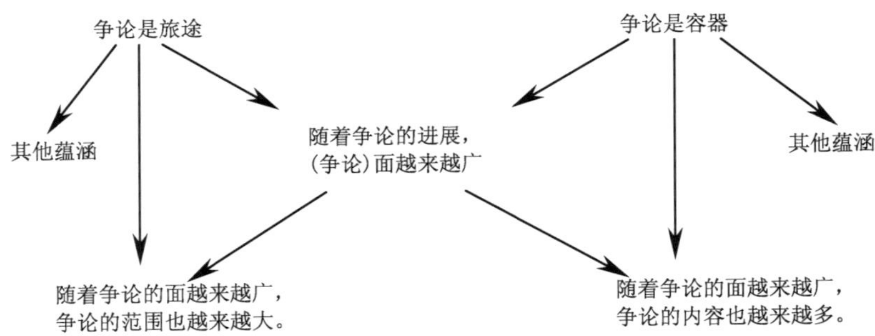

图 3.1 两个概念域之间的连贯

上述两个隐喻有不同的目的，容器隐喻主要突出所争论的内容，而旅途隐喻突出的是目标和进展。但正是由于共享的隐喻蕴涵，这两个具有不同服务目的的概念隐喻构成了一个连贯的系统。体现在语言中，我们既有单独使用其中一个隐喻的句子，也有这两个概念隐喻重叠出现在同一个隐喻的句子，例如英语中有如下语句（Lakoff & Johnson，1980：90）：

At this point our argument doesn't have *much content.*

In what we've done *so far*, we have provided the *core* of our argument.

If we keep *going the way we're going*, we'll *fit all the facts in.*

3.4.2　多个概念隐喻之间的连贯

1. 同一目标域的概念隐喻之间的连贯

上节中①②共享的隐喻蕴涵，也可以称为“规定内容的面”（content-defining surfaces），因为争论的面越广，内容就越多。这个蕴涵在概念隐喻③“争论是建筑物”（AN ARGUMENT IS A BUILDING）中同样存在，但有一点与我们平常理解不同的是：用于隐喻的建筑物的内容不是在建筑物内，而是在其外部构造和根基上。例如英语中有如下语句：

The *foundation* of your argument doesn't have *enough content* to support your claims.

The *framework* of your argument does not have *enough substance* to withstand criticism.

当然，同一目标域的几个概念隐喻共享的隐喻蕴涵可能还会有其他方面，如“规定深度的面”（depth-defining surfaces）等。那么，为什么它们会有共享的蕴涵呢？这其中最根本的原因就是：虽然它们的侧重点不同，突出的角度也不一样，但它们有共同的使用目的：更好、更全面地理解目标域。

2. 不同概念隐喻之间的连贯

上面的概念隐喻②③与④“理解是看见”(UNDERSTANDING IS SEEING)是否连贯呢？回答是肯定的。当我们旅行时，随着旅途的进展，我们看到的就会逐渐增多，映射到目标域上就有：随着争论的进展，我们理解的越来越多。这就是②与④的连贯。例如：

We have just *observed* that Aquinas used certain Platonic notions.

Having come this far, we can now *see* how Hegel went wrong.

当我们看清了一个建筑物的形状、轮廓后，就弄清了“争论”的要点，这就说明③与④也是连贯的。例如：

We can now *see* the outline of the argument.

If we *look* carefully at the *structure* of the argument…

当透过表面现象看清了实际内容后，我们就明白了“争论”的实质，这就说明①与④也具有连贯性。例如：

That is a remarkably *transparent* argument.

I didn’t *see* that point *in* your argument.

Your argument has no *content* at all—I can *see right through* it.

以上讨论的是①②③与④之间的连贯性，但其中的连贯方式是不同的，因为每两者之间共享的隐喻蕴涵不同。下面我们讨论另一个概念隐喻⑤“更多是更好”(MORE IS BETTER)与①②③之间的连贯：争论的质量好坏，包括内容、力量、清楚与否，是通过争论的数量多少来理解的，即它们共享的蕴涵就是概念隐喻⑤本身，因而在表达式中就会与⑤重叠出现。例如：

That’s *not much of an argument.*

Your argument *doesn’t have any content.*

It’s not a very good argument, since it *covers hardly any ground* at all.

This argument won't do—it's just not *clear enough.*

Your argument is *too weak* to support your claims.

关于“争论”的概念隐喻还很多，如“争论是战争”等，我们目前还不能穷尽关于“争论”这一概念的隐喻系统，因此也不能穷尽其中的连贯性。但通过以上的讨论，我们会得到一个重要的启示：原来似乎是任意的隐喻之间，其实是有规律可循的，这些有规可循的概念隐喻共同构成了我们对“争论”进行概念化的一部分。

3.5　结　束　语

由于概念隐喻具有系统性和连贯性，因而它具有很大的解释力。我们可以用它来解释词语新意义的产生、一些句法规则、语音语调和语篇现象等。例如，为什么介词 with 后既可接表示伴随的名词，也可接表示工具的名词呢？这并非是偶然现象，也不是任意的约定俗成，而是由于在我们的概念系统中有一个概念隐喻“工具是同伴”（INSTRUMENT IS AN COMPANION），因此在英语中可以说：

I went to the movies with Sally.

I sliced the salami with a knife.

据此，雷科夫和约翰逊（Lakoff & Johnson，1980：135）甚至认为有这样一条适用于所有语言的普遍性原则：指示伴随的词或语法结构也可指示工具。

如果人类的概念系统就像雷科夫等认知语言学家所认为的那样本质上是隐喻的，那么，对概念隐喻的系统性与连贯性的研究就具有非常重要的意义，因为正是由于隐喻的这两个特征，才使人类的概念系统具有完整性；否则的话，即使人类的概念系统是隐喻的，那也只能是杂乱无章的。

第 4 章 概念转喻的分类及认知理据

4.1 引　　言

转喻研究与隐喻研究相比，无论是从文献数量上还是从理论建构上，都一直处于相对次要的地位。早期的学者在研究隐喻和转喻时，往往倾向于以隐喻理论来涵盖转喻，如亚里士多德在定义隐喻时说，隐喻是或借属作种，或借种作属，或借种作种，或借用类比，其中只有类比一项被现代语言学家看成是隐喻，其他三种其实都是指转喻(Mahon，1999)。后来的学者研究转喻也大体是罗列出更多的表达式，如昂格雷尔和施密德(Ungerer & Schmid，1996：116)归纳了传统的九种转喻式。在认知语言学初期，转喻的这种从属地位依然未改变。如雷科夫和约翰逊(Lakoff & Johnson)在其 *Metaphors We Live By* (1980)一书中列出一章来讨论转喻，并且沿袭了修辞学家所认为的转喻只有指称功能的观点。雷科夫(Lakoff，1987)也只是肯定了转喻的认知模式，而未对转喻的类型做出全面的分析。直到转喻的研究被欧洲学者作为重点以后(林书武，2002)，这种状况才有所改变。认知语言学家在经过大量的研究后发现，转喻在一定程度上比隐喻更为基本(Panther & Radden，1999；Koch，1999)。本章将对转喻的类型及转喻使用的认知理据做一些探讨。

4.2 转喻的邻近性

转喻是基于邻近性(contiguity)的，传统的修辞学与认知语言学都承认这一点。但什么是邻近性，二者的分歧却很大。传统修辞观认为邻近关系可以发生在语言之间，如 雅各布森（Jakobson， 参见 Koch，1999）认为邻近性存在于语言符号之间。厄尔曼（Ullmann，1962：218）认为邻近关系是指两个词之间的意义邻近，转喻发生在两个已经互相联系的词之间。他认为转喻是基于三种邻近性：空间邻近性、时间邻近性和因果邻近性。邻近性的认知观首先是由雷科夫和约翰逊（Lakoff & Johnson，1980：39）提出来的，他们认为“转喻概念的基础涉及物理的或因果的联系”，这一界定较宽泛，它包括语言、现实和概念三者内部的和三者之间的邻近关系。雷科夫（Lakoff，1987）提出了理想化认知模型（Idealized Cognitive Model，ICM）这一工作概念，其特点有：(i) 人类是通过 ICM 来组织知识结构的，每个 ICM 都是复杂的结构整体，具有格式塔结构。(ii) ICM 并不一定如实地反映现实，它是对一些背景假设的高度简化。(iii) ICM 不仅包括某个特定领域的百科知识，也包括该领域所处的文化、习俗等。以此为基础，我们认为转喻的邻近性就有两种情况：一是整体 ICM 与其部分之间；二是一个 ICM 中部分与部分之间。如图 4.1 和图 4.2 所示：

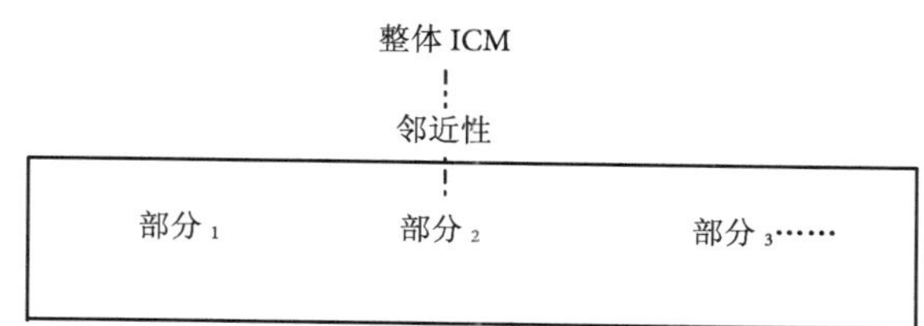

图 4.1　整体与部分的邻近关系

整体 ICM

邻近性　邻近性

部分 1 —·—·—　部分 2 —·——·　部分 3……

图 4.2　部分与部分的邻近关系

在 ICM 中，邻近性不是语言结构内部的相邻关系，而是指概念间的邻近性。以这两种邻近关系为基础，我们就可以发现转喻的产生有两大综合性构型（configuration）：整体转部分或部分转整体，以及部分转部分。这两大综合性构型可以概括所有的转喻关系，我们将在 4.4 节中详细讨论。

4.3 传统修辞学对转喻的分类

传统修辞学的分类是尽可能地归纳出转喻的各种表达式，昂格雷尔和施密德（Ungerer & Schmid，1996：116）列出了以下九种类型：

部分转喻整体：*all hands* at desk

整体转喻部分：to fill up *the car*

容器转喻内容：I'll have *a glass*

材料转喻物体：*a glass, an iron*

生产者转喻产品：buy *a Ford*

地点转喻机构：talk between *Beijing* and *Washington*

地点转喻事件：*Watergate* changed our politics

受控转喻控制人/物：*the buses* are on strike

原因转喻结果：his *native tongue* is German

虽然这九种转喻类型（当然可以更多，例如文军编著的《英语修辞格词典》中就列举了 12 种）都是综合了大量的语言表达式之后归纳得出的，具有一定的概括性，但这种分类法的缺点就是缺乏系统性。

厄尔曼（Ullmann，1962）基于他对邻近性的三分法，对转喻作了相应的三种分类。但是这种方法也有问题，因为有的转喻并非是基于这些邻近性，如 A WHOLE AND ITS PARTS、AN ACTIVITY AND RELATED PHENOMENA、KINSHIP RELATIONS。厄尔曼自己也注意到了这些问题，因此他就把这些例外情况另外列了出来。毫无疑问，随着研究的深入和扩大，这样的例外会越来越多，其分类就大打折扣了。

4.4　转喻的认知语言学分类

沃伦(Warren，1999)区分了五种邻近性：合成(composition)，使役(causation)，领属(possession)，方位(location)，表征(representation)。每种邻近性都包含大量的次类。唯一的例外是体–属性(aspect –attribute)，她把它与转喻作了区分，认为该例属于“蕴涵”(implication)。布兰克(Blank，1999)以框架理论和图景(scenario)理论为基础，把转喻的邻近性概括为两种：同现性(co-presence)和连续性(succession)。依布兰克看，这两种邻近性与人类概念化的两个基本模式(“共时”和“历时”模式)相对应，因此，他毫无例外地把所有可能的转喻情形都概括了进去。

拉登和克韦奇斯(Radden & Kövecses，1999)以及克韦奇斯(Kövecses，2002)以 ICM 为理论基础，对转喻作了全面的分析。他们认为转喻不只具有指称功能，它在本质上是一种概念现象，也是认知加工过程。在一个 ICM 中，一个概念体(喻体)为另一个概念体(本体)提供心理通道的认知过程就是转喻。在雷科夫(Lakoff，1987)的基础上，他们对 ICM 做了进一步的阐释，认为 ICM 不仅可以分别存在于现实世界、概念世界、语言(形式)世界之中，也可以发生在这三者之间。这样看来，转喻的出现就要比隐喻复杂得多。转喻的这一复杂性，我们可以用图 4.3 表示：

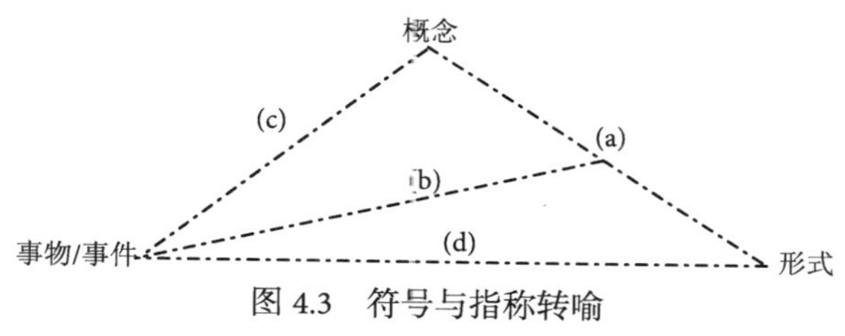

图 4.3　符号与指称转喻

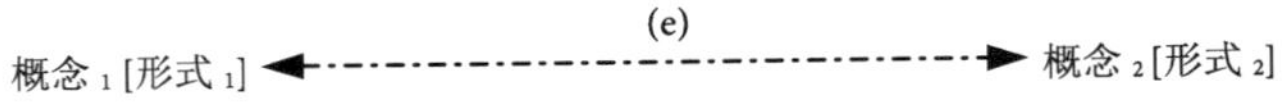

图 4.4 概念转喻

如图 4.3 和图 4.4 所示，理想化认知模型有：符号 ICM，指称 ICM，概念 ICM，前两种 ICM 可生成四种转喻关系(a)~(d)，第三种 ICM 也可生成四种转喻关系(e)：(5)~(8)。现分述如下：

(1)形式转喻概念

book for "book"（"书"这个词转喻"书"这个概念）

dollar for "money"（"美元"这个词转喻"钱"这个概念）

转喻式(1)是对语言本质的揭示，拉登和克韦奇斯认为语言在本质上就是基于这类转喻的，因为我们没有其他的更简捷的方式来表述和交流我们的概念。人类也正是因为具有这一转喻思维方式，才创造了语言来表达大脑中的知识，因而语言在本质上就是转喻的。也正是因为这一点，我们才注意不到语言的转喻本质。从这个意义上来讲，语言起源于人类的转喻思维，应当说我们赖以生存的是转喻而不是隐喻。

(2)符号(形式—概念)转喻事物/事件

word *rose* for a certain real rose("玫瑰"这个词转喻一朵真的玫瑰花)

(3)概念转喻事物/事件

concept "cow" for a real cow("牛"这个概念转喻现实中的一头牛)

(4)形式转喻事物/事件

John for the bearer of this name("约翰"这个名字转喻叫这个名字的人)

(5)形式$_1$—概念$_1$转喻形式$_2$—概念$_2$

The *buses are on strike.*（"公交车"转喻"公交车司机"）

(6)形式$_1$—概念$_1$转喻概念$_2$

mother for "housewife mother"(形式$_1$—概念$_1$"mother"转喻其中的一个子范畴概念$_2$"housewife mother")

(7) 形式$_1$—概念$_1$转喻形式$_1$—概念$_2$

White House—"place" for White House—"institution"(一个地点概念形式是"White House"，它可以用来转喻一个同形式的机构概念"White House")

(8) 形式$_1$—概念$_1$转喻形式$_2$—概念$_1$

UN for United Nations

上述八种转喻关系及其示例可以揭示两个问题：第一，这些转喻表达式都是我们在日常生活中经常使用的、常规的表达方式，我们几乎不认为它们都是转喻；第二，我们在使用转喻时，一般以容易辨认的、可直接获取的形式或概念作为喻体，去理解较难辨识的、不能直接获取的概念或现实。所以我们对喻体的选择有这样一种倾向，可以表述为如下的优先关系：

$$形式 > 形式_a概念_a > 概念_b > 现实$$

接下来我们将讨论转喻的具体化，也就是转喻认知的具体类型及其使用理据。按照 ICM 理论，转喻的具体化可以发生在上文所述的两大构型中，对转喻使用理据的分析，我们是从两个方面展开的：人类经验和人体感知显著性(Radden & Kövecses，1999；沈家煊，1999c)。

4.4.1　整体 ICM 与部分的转喻关系及其认知理据

整体与部分的转喻关系是以事物及其部分之间的关系来实现的。认知语言学认为，不论是物理的或是心理的事物，都具有格式塔结构，表现为边界清楚，内部由部分组成。能够产生整体与部分转喻关系的 ICM 有：事物模型，构造(constitution)模型，等级(scale)模型，复杂事件模型，范畴-属性(category-attribute)模型，等等。其具体的转喻形式有：

(i) 事物模型

(9) a. 整体事物转喻事物的部分

Last year, he went to *America*.（“美洲”转喻“美国”）

He hit my arm.（“他”转喻“他的拳头”）

b. 事物的部分转喻整体事物

England is a developed country.（“英格兰”转喻“英国”）

以整体事物转喻事物的部分这种思维方式，之所以能够被人们准确地理解，是因为人们能够找出其中的活跃区（Langacker，1993），如上例，“美洲”的活跃区是“美国”，“他”的活跃区是“他的拳头”。这样使用转喻，符合人们在认知世界和传递信息时，可以用最小的认知努力获取最大的认知效应，如果不用转喻，就不能达到这样的目的。

以部分转喻整体事物在传统上被看做是提喻（synecdoche），但根据塞托（Seto，1999）的观点，提喻只是指属和种的关系，例如，He has to earn his *bread* by himself. I have a *temperature* again.“面包”只是食品的一种，所以前例是以种代属的关系；体温有冷、热、正常等情况，发烧只是其中的一种，所以后例是以属代种的关系。为了保存提喻这种修辞格我们采取了塞托的观点，把范畴–成员模型排除在转喻之外。拉登和克韦奇斯（Radden & Kövecses，1999）认为也可以把种属关系隐喻化为整体与部分的关系，那么上层范畴（属）就可被隐喻化为一个整体，而下层范畴（种）则是其部分。

(ii) 构造模型

构造模型是对由物质材料等构造而成的事物或实体的认知概括。该模型可以产生以下两种转喻关系。

(10) a. 实体转喻组成物质/材料

I *smell skunk*.（臭鼬转喻其气味）

b. 组成物质/材料转喻实体

Whose *woods* these are I think I know.（“树木”转喻“树林”）

实际上，(抽象)物质的典型特征是无边界的，而且是不可数的，但人们通过转喻思维可以将它感知为有边界的、可数的，如(10a)；反之，有边界的实物也可被人们感知为无边界，被识解为集体名词，如(10b)。因此，我们可以说，实体与其组成物质/材料的这种关系与其在语法上表现为可数名词或集体名词是相对应的。

(iii)等级模型

等级模型是对由层级单位构成的事物的认知概括。通常，整个等级与其上位构成单位可以产生互为转喻的关系。

(11) a. 整个等级转喻上端/位

Henry is *speeding* again.（“速度”转喻“超速”）

b. 上端/位转喻整个等级

How *old* are you?（“年龄大”转喻整个年龄）

值得注意的是，(11)是我们在日常生活中常常使用的，可以说是一种默认的、无标记的思维方式。但(11b)还有另外一种情况，即如果我们用下端/位转喻整个等级，那就是我们在有意制造特殊的交际效果、修辞效果或言外之力，如讽刺、反语、幽默等，例如，How young are you?语言学中称(11b)为无标记(unmarked)，How young are you?为有标记(marked)。

(iv)复杂事件模型

因为事件的发生必然伴随着时间的推移，所以复杂事件中的分事件可以依次发生，也可能同时发生。但把事件看作是由部分组成的整体是一种隐喻方式，而发生在整体与部分之间的关系是转喻关系。复杂事件可以产生两个大的转喻以及六个扩展转喻。

(12) a. 整个事件转喻分事件

Bill smoked a cigar.

b. 分事件转喻整个事件

Joey speaks French.

(12a) 中的“吸烟”这一事件，包括一系列先后发生的分事件，例如，点烟、吸入、吐出等。但“吸入”被认为是吸烟整个事件的中心环节，因此在该例中，整个吸烟事件转喻吸入烟。(12b) 中的分事件包括听、说、读、写等多种技能，所有这些都以典型的“说”来转喻，这种情况多用在同现分事件转喻整个事件中，因此 (12b) 可以进一步精确为转喻 (13a)。较为复杂的情况是像 (12a) 一样的先后发生的序列事件，该情况有三种转喻关系，如 (13b)。

(13) a. 同现分事件转喻整个复杂事件

Joey speaks French.

b. 序列分事件转喻整个复杂事件

They stood at the altar.（开始转喻整个事件）

Mother is cooking potatoes.（中间转喻整个事件）

I have to grade hundreds of papers.（末尾转喻整个事件）

我们先来讨论 (13b)。站在婚礼台上是整个婚礼事件的最初阶段，然后才是牧师问话、新人宣誓、拥吻、完成仪式等。母亲做土豆包括洗、削皮 (准备阶段)、切、入锅、炒、加调料 (制作阶段)、出锅、入盘等 (做好阶段)，因此 (13b) 中的例 2 是用中间阶段来转喻整个事件过程。给卷子打分包括阅读、检查、评分等过程，所以 (13b) 中的例 3 是用末尾阶段来转喻整个事件过程。

再看 (13a)。通常习惯性的动作发生在过去、现在和将来，但我们在表述它的时候却用的是一般现在时态。从语法上讲，这是以现在时来转喻习惯性动作整个事件，因此该转喻可以解释我们为什么能用现在时来表达将来概念（实际上，以现在时转喻将来时也可以看作是以整个事件作为背景的一种部分与部分的转喻关系），这两种情况可以进一步精确为两种转喻式：

（14）a. 现在事件转喻习惯性事件

Joey speaks French.

I like movies.

b. 现在事件转喻将来事件

I am coming.（转喻“我马上来”）

如果进一步分析，我们就会发现用现在事件不但可以转喻将来，而且还可以转喻存在于将来的潜势，这是一种无标记转喻现象，如（15a）。反之以潜势转喻现实，如（15b），则是一种有标记现象，人们之所以要这么说，是为了一定的交际目的或是表达一定的态度。

（15）a. 现实转喻潜势

Mr. Geller is an angry man.（转喻“甘勒先生易发怒”）

b. 潜势转喻现实

I can see your point.（转喻“我懂你的意思了”）

（v）范畴–属性模型

如果一个范畴可以被定义为一组属性，那么，这组属性就可以被看做是该范畴的组成部分。值得注意的是，该模型中产生的转喻式，一般是发生在典型属性或定义属性与整个范畴之间。例如：

（16）a. 范畴转喻定义属性

jerk for “stupidity”

b. 定义属性转喻范畴

blacks for “black people”

然而，根据雷科夫(Lakoff，1987)的观点，转喻模型常常发生在范畴与其突显属性之间，而不是范畴与定义属性之间，如在ICM中，理想的丈夫的突显属性是“忠实”。也有一些范畴具有规约性的转喻意义，如Juda转喻“背叛”，乔姆斯基(Chomsky)转喻“语言天才”，等等。突显属性与整个范畴的转喻关系可以解释很多的语言现象，如(17a)中的同义反复，至于如何确定其突显属性则需要参考语境以及其他认知模型等。

(17) a. 范畴转喻突显属性

Hotels are hotels.(转喻“旅馆总是脏的”，或“旅馆总是很贵的”等)

b. 突显属性转喻范畴

How do I find *Mr. Right*?(转喻“如意郎君”)

以上所讨论的是发生在整个ICM与其部分之间的转喻关系，当然，能够产生整体与部分转喻关系的认知模型不仅仅是这些。上面列出的几种是典型的、日常生活中最常见的。接下来我们将讨论发生在同一ICM中部分与部分的转喻关系。

4.4.2 整体ICM中部分与部分的转喻关系及其认知理据

部分与部分的转喻关系是以整个ICM为背景的，它可以发生在这样一些认知模型中：行为模型，感知模型，使役模型，产品模型，控制模型，领属模型，容器模型，地点模型，修饰(modification)模型，等等。

(vi)行为模型

由于行为模型包括不同的参与者、实体、动作、工具、结果等，因此其中的部分与部分的转喻关系较为繁杂。例如：

(18) a. 工具转喻动作

to *shampoo* one's hair

b. 动作转喻工具

pencil sharpener; screwdriver

(19) a. 施事转喻行为

to *author* a new book; to *butcher* the cow

b. 行为转喻施事

writer; driver

(20) a. 行为中的实体转喻行为

to *blanket* the road; to *dust* the room

b. 行为转喻行为中的实体

Give me one *bite*.

(21) a. 结果转喻行为

to *landscape* the garden

b. 行为转喻结果

the product

(22) 工具转喻施事

Mark Twain was regarded as one of the *best pens* of his time.(pen 转喻“作家”)

(23) 方式转喻行为

He *tiptoed* to her bed.

(24) 途径转喻行为

He *sneezed* the tissue off the table.

(25) 持续期转喻行为

They *summered* at a beach resort in France.

(26) 目的转喻动作

to *porch* the newspaper

(27) 动作的时间转喻动作实体

The 8:30 just arrived.

以上例子中，除(22)和(27)外，其他都有如下特征：词形相同，而词类不同，通常施事变成了动词，谓词名词化了。于是就出现了这种情形：原词是描述喻体的，经过形态再范畴化之后，却描述本体。其原因是在我们的行为转喻认知模型中，喻体与本体融为一体了，如 *tiptoe* 既包括行为的方式“踮脚”，也包括行为本身“踮脚走”。

(vii)感知模型

感知模型在我们的认知中起着非常重要的作用，它涉及人体的感知系统/机能以及被感知的事物，因此，感知模型会与行为模型相互交叉，相互联系，并产生这样的转喻式：感知方式转喻感知。在感知模型中，转喻的关系通常有：

(28) a. 被感知事物转喻感知

There goes my *knee*.(转喻“膝盖的疼痛”)

b. 感知转喻被感知的事物

the *sight* of London(转喻“眼睛看到的景物”)

该例说明，人们通常是以具体的、直观的身体部位去描述抽象的身体经验。

(viii)使役模型

使役模型中的因果关系是转喻形成的要素，因此，因与果之间的转喻关系最为典型。

(29) a. 原因转喻结果

healthy complexion

b. 结果转喻原因

sad book(“伤心”的原因是由于“读书”)

与原因相比而言，结果往往是具体的，形象的，容易描述，容易被感知，显著度高，因此(29b)的使用比(29a)要广泛得多，它可以产生四个更具体的转喻式：

(30)状态/事件转喻引发该状态/事件的事件/人/状态

She was my ruin//She was a success/ He was failure.

(31)情感转喻引发该情感的原因

She is my *joy*.(转喻“她使我高兴”)

(32)心理/物理状态转喻引发该心理/物理状态的人/物

He is a *pain* in the neck.(转喻“他使我痛苦”)

(33)声音转喻引发该声音的事件

The train *whistled* into the station.

(ix)产品模型

产品模型涉及参与者、实体、工具、产地、产品等因素，因此它可产生以下转喻情况：

(34)制造者转喻产品

I've got a *Ford*.

(35)a. 工具转喻产品

Did you hear the *whistle*?(“哨子”转喻“哨声”)

b. 产品转喻工具

Can you turn up the *heat*?(“暖气”转喻“暖气设备”)

(36)产地转喻产于该地的产品

china, mocha, java

(x)控制模型

控制模型包括控制人、受控人或物等，它可以产生以下两种转喻：

(37) a. 控制人转喻受控人/物

Schwartzkopf defeated Iraq.(*Schwartzkopf* 转喻"美国军队")

b. 受控人/物转喻控制人

The *Mercedes* has arrived.(*Mercedes* 转喻"开奔驰的人")

(xi) 领属模型

(38) a. 领属者转喻领属物

I am parked over there.("我"转喻"我的车")

b. 领属物转喻领属者

She married *money*.("钱"转喻"有钱人")

(xii) 容器模型

容器与容器内容之间的意象图式关系是人的概念系统中固有的(Johnson, 1987; Lakoff, 1987),它们之间的转喻关系通常是以容器转喻容器内容。

(39) a. 容器转喻容器内容

Give me another *glass*.("杯子"转喻"酒")

b. 容器内容转喻容器

The *milk* tipped over.("牛奶"转喻"牛奶瓶")

在通常情况下,容器的显著度要高于内容,因而(39a)是常规的转喻运用,而(39b)在特定的情况下人们会使用,如在交谈双方已经知道容器而重点是关心内容的时候(沈家煊,1999)。容器模型更广泛地以隐喻的方式拓展、使用(Johnson, 1987),但也可以产生以隐喻为基础的转喻,其方式是方位概念通常先被隐喻化为容器,再被转喻化为处于该容器内的人或物,如"全镇都欢迎他的讲演"。"镇"首先被隐喻化一个有边界的容器,这样就可以被"全"限定,然后该"容器"又转喻位于其内的人。

(xiii) 地点模型

地点模型涉及居住在该地点的人、位于该地点的机构、发生在该地点的事件、产于该地点的产品等，因此，这样的转喻关系有：

(40) a. 地点转喻居民

The whole town showed up.（“全镇”转喻“全镇的人”）

b. 居民转喻地点

The French hosted the World Cup Soccer Game.（“法国人”转喻“法国”）

(41) a. 地点转喻机构

Cambridge won't publish the book.（“剑桥”转喻“剑桥大学出版社”）

b. 机构转喻地点

I live close to the *University*.（“大学”转喻大学所在地）

(42) a. 地点转喻事件

John met his *Waterloo.*

b. 事件转喻地点

Battle

(xiv) 修饰模型

修饰模型主要指语法上的替换关系。例如：

(43) 替换形式转喻原形式

You want to marry me? Yes, I *do*.（*do* 转喻 *want*）

4.5　结　束　语

本章应用 ICM 理论，对转喻认知进行了较为系统的分类探索，这样的分类有助于我们全面理解和把握转喻的本质、工作原理及其功能，有助于我们在语言研究中对转喻现象做出深入的剖析。本章也从两个方面就人们使用转喻语言时的认知理据做了初步的探讨。这两个认知理据就是人类经验和感知显著性。当然，这两个认知理据并非孤立地起作用，在更多的情况下，它们是互动结合，共同起作用。Dirven & Vespoor(1998: 2)指出，人类在描述事件时，总是把人放在优先的地位。的确，人类的基本经验来自人与世界的互动，而我们在认识世界时都要或多或少地打上人类主观的烙印，自我的印记(沈家煊，2001)。这种带主观色彩的经验观表现在转喻思维方式上，就是我们倾向于以有生命的、具体的、与人有互动联系的、具有使用功能的事或物去理解无生命的、抽象的、与人无互动联系的、没有使用功能的事或物。感知显著性表现为我们的感知器官倾向于、也易于感知那些直接(观)的、现实(在)的、大的、有格式塔结构的、边界清晰的、特定的、能引起注意的事或物。因此，具有上述特征的事或物就会成为我们常规的、典型的、默认的喻体，这些喻体就是我们的心理通道，由此我们就可以感知、理解、谈论那些间接的、次要的、无边界的事或物，即本体。

第 5 章　认知识解及其维度

5.1　引　　言

语言是人类认知能力的一种体现，语义是认知语言学研究的焦点，这已成为认知语言学家的共识。虽然在结构主义语言学时期，语义的研究相当薄弱，语义学因此被戏称为语言学中“可怜的小兄弟”、“困难户”或句法学的“垃圾箱”，但在认知语言学里，语义的研究已受到足够的青睐，语义学也因此成了语言学中的“灰姑娘”。

认知语言学的一个中心议题是，语言表达式体现约定俗成的意象（conventional imagery），而意象是人类认知的基本成分之一，是头脑构思情景的不同方式。这就意味着说话人对情景进行概念化的多种方式是语义表达形式的来源。说话人采用不同方式对情景进行概念化的能力实际上就是认知语义学的基础。本章运用认知语言学的有关理论，首先论述认知语言学中语义的涵义，然后从识解（construal）或称认知识解（cognitive construal）的角度探讨和分析一些词语及句法结构的语义问题。

5.2　认知语言学中的语义涵义

在语义学的发展史上，语义学曾表现出两个重要的方面：一方面，作为语言学的一部分，语义学关心的是词义及其演变；另一方面，作为哲学的一个分支，语义学关心的是符号的指称问题。这两个方面实际上形成了语义学发展的三个重要阶段：历史语义学、结构主义语义学和形式语义学。历史语义学主要研究词义及其演变，结构主义语义学主要关注语义之间的关系，而形式语义学则把焦点放在语义的逻辑和数理问题上。20 世纪 30 年代，在新实证主义运动和语言学的发展中，哲学语义学成了逻辑学中的一部分，专门研究符号与命题所指之间的关系，而不考虑词源、文化和心理因素。尽管语义学在形式逻辑中获得了较大成功，但其代价是放弃认知方面研究。可以说，20 世纪 30 年代以后相当长的时期内，语义学的一个重要发展趋势就是把语言与认知割裂开来，其结果就是把语义的认知理论简化为语义的逻辑或纯语言理论，这一现象在当代哲学尤其是分析哲学中可以找到许多证据。20 世纪末，认知科学对语言学、逻辑学以及人工智能的研究都有很大的影响。所有这些研究不但需要微积分方面的知识，而且需要知道“人类心智的工作模型”(model of the workings of the human mind)。因此，学者们又提出了这样的问题：在语言分析中为什么心智是必要的？(Langacker，2000)。语言学和人工智能对言语行为、推理等问题的研究，促成了各种形式语义学之间的比较，这使得语言学对语义的认知方面的研究产生了兴趣。

认知语义学就正是在反对形式语义学的基础上建立起来的。其最初主要是研究常规(stereotype)、自然语言的范畴化等问题(Putnam，1975；Rosch, 1978)。例如勒布纳(Löbner，2002：171)就认为，认知方法集中研究意义本身。它是要对词义提供一个积极的描写，并因此而解释词为什么并如何指称它们所指称的东西。如果用一个符号三角形来解释的话，认知语义学对意义的研究焦点是三角形的底边，即意义以及意义是如何决定外延的，见图 5.1。

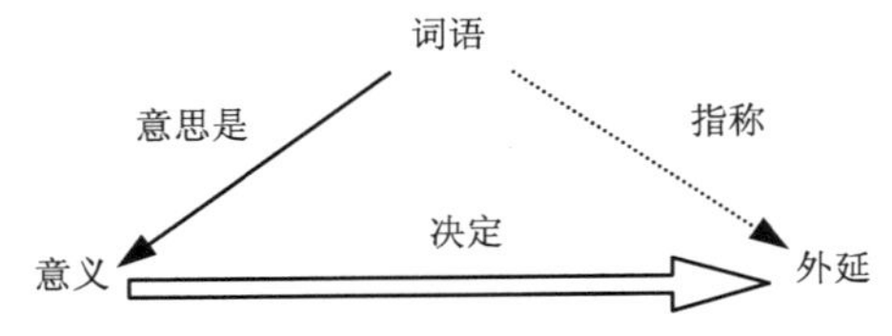

图 5.1　认知语义学的焦点(Löbner，2002：172)

不过，随着人工智能研究者对自然语言分析越来越感兴趣，认知语义学的研究范围更加扩大了。其研究内容还包括：自然语言范畴化的结构特征，如典型性、认知模型、多义性、意向图式、概念隐喻和概念转喻等；语言组织的功能特征，如象似性、自然性；句法与语义的接面问题；语言与思维的关系等。

在认知语言学里，语义是一种心理现象和认知结构，它并不反映客观实体，而是等同于概念化（conceptualization），也就等同于心理经验的各种结构和认知过程，而不是可能世界中的真值条件：一个语言表达式的语义就是在说话人或听话人的大脑里激活的概念，具体地说，语义存在于人类对世界的识解中，它在本质上具有主体性，体现了以人类为宇宙中心的思想，反映了主导的文化内涵、具体文化的交往方式以及世界的特征。一般说来，我们只有在其他认知结构中才能理解一个语言形式的意义。例如，在英语中，“星期一”这个形式至少需要“星期”这样一个概念才能得到理解。心理经验的任何方面都具有潜力作为一个语言表达式的语义的一部分，以这种方式起作用的概念称为“认知域”（cognitive domain）。要描写一个词的语义时需要涉及多个认知域。例如，描写“母亲”和“父亲”的语义，所需涉及的认知域就不同。前者需包括：遗传域，生殖域，哺育域，谱系域，婚姻域；而后者需包括：遗传域，责任域，权威域，谱系域，婚姻域。显然，“母亲”与“父亲”在语义上的差别不仅仅是性别的不同。因此，语义学的任务就是描写概念结构或认知结构，而概念结构是认知过程的产物，故语义学的最终目的是阐明具体的认知过程（文旭，1999：36）。概念的范围可以从基本的空间、时间、温度、颜色、味觉概念到更高级别的概念，如概念合成物，甚至是整个知识系统。认知域的范围也是从具体而详细的概念化到高度抽象的意象图式（image schemas）。这些意象图式是认知结构和认知发展的基础。某些复杂的概念也是基本的，它们存在于我们的经验中，在语言和认知中发挥着重要的作用，兰厄克(R. Langacker)把这种复杂概念称为“概念原型”(conceptual archetype)，如一个人的脸、身体，单独的物体，典型的及物事件，面对面的言语交际，用一物体去影响另一物体等，这些事物或事件的概念就是概念原型。

对认知结构和语言结构来说，意象图式和概念原型都非常重要。兰厄克(R. Langacker)认为，意象图式反映天生的认知能力，是心理经验的基础；某些概念原型也有天生的基础，但它们是由经验形成的。此外，某些意象图式与概念原型彼此具有特殊的关系。例如，与空间物理运动的概念原型相对应的是更抽象的心理扫描运动(Langacker，1986)；与容器及其内容的概念原型相对应的是一个抽象的内包关系意象图式。从语言学的角度来看，意象图式和概念原型结合在一起，能解释某些基本的语言概念的普遍性和重要性。意象图式为语言形式提供图式描写，而概念原型则是用来描写典型的特征。例如，一个名词指示一个区域(region)或一个物体，这个区域是相互联系的实体的集合，其识解反映了概念具体化的意象图式能力。一个物体的原型概念则提供范畴的典型。又如，一个主语是典型的施事，是一个原型的语义角色，但如果所有主语有一个共同的特征，那么这个特征一定是高度抽象的。在认知语法中，语法结构是用语义概念来定义的，而语义概念本身是用认知能力来描写的。基本语法范畴(如名词、动词、主语等)以及句法结构都是用认知语义来描写的，这样就不需要抽象的句法特征和表征这样的概念。

要用语义概念定义语法概念，就必须考虑“识解”因素。因此，一个语言表达式的语义不但牵涉概念的“内容”，而且涉及识解那一内容的特殊方式。“识解”是指说话人心理形成和建构一个表达式的语义内容的方式，兰厄克(Langacker，1987：487-488)将其定义为“说话人(或听话人)与其所概念化和描绘的情景之间的关系”。这充分表明，语言使用者在组织和构建其世界过程中发挥了更积极的作用。传统上被认为“无意义”（即缺乏稳定语义内容）的许多语法差别，相反却证明是识解中的细微差别的标记。例如，主语与宾语的差别就是“图形–背景”(figure-ground)这一认知结构在语言中的反映，如“我（主语/图形）在学英语（宾语/背景）”。“相同句子”的主动式或被动式因此并不意味着表达相同的意义，即使它们有同样的真值条件，它们的区别就在图形/背景的位置调换了，如 The dog（图形）bit him（背景）与 He（图形）was bitten by the dog（背景）。在主动句中，dog 为图形，him 为背景，但在被动句中 dog 变成了背景，he 成了图形。有关图形–背景理论，请见第 6 章。

5.3　识解及其维度

长期以来，语言学中有一个传统观点，认为语言的作用就是把外部世界的成分映射到语言形式上。根据这种观点，情景可以分解为许多成分，每个成分都可以与语言的某个成分对应，因此从外部世界向语言的映射是直接的。大体上讲，情景的成分向语言的映射涉及一对一的编码，而这一过程是由语法的形式规则来支配的。相反，认知语言学家则认为，语言与情景之间并不存在直接的映射。一个情景可以用不同的方式“识解”，并且编码情景的方式构成了不同的概念化。例如：

(1) Peter gave the book to Mary.

(2) Peter gave Mary the book.

传统观点认为，这两个句子表达的是相同的意义，即句法结构的不同在语义上没有对应物。如转换生成语法所认为：这两个句子是由相同的深成结构派生而来的，就属于这种观点。就是说，句子的不同仅仅是形式上的，而不是本质上的。但是，许多证据表明，这种观点是不正确的。其中的一个证据就是，在某些情况下，只有其中的一个结构是自然的。例如，虽然像 John gave the fence a new coat of paint 这样的句子不太明显，但如果说 John gave a new coat of paint to the fence 这样的句子，就显得很不自然（Langacker，1990：14）。同样，He brought the wine to the table 这个句子没有问题，但句子 He brought the table the wine 就显得很怪。这些差别表明，例（1）和（2）中的句式涉及对同一情景进行不同的识解方式，并且在某些情况下，只有其中的一种方式是适当的或自然的。

识解有不同的维度，但不同学者有不同的观点。兰厄克（Langacker，2008，2013）认为识解的维度有：选择（selection）、详细程度（level of specificity），图形–背景（figure-ground）、视角（perspective）、突显（prominence）、指示（deixis）、主观性与客观性（subjectivity/objectivity）、心理扫描（mental scanning）、实体与相互联系（entity/interconnection）、勾勒（profiling）等；后来，他（Langacker，2008，2013）把识解的维度主要概括为四大类：详细程度、聚焦（focusing）、突显（prominence）和视角（perspective）；雷科夫和约翰逊（Lakoff & Johnson，1980）还提到了隐喻；塔尔米（L. Talmy）提到的识解维度有：结构图式化（structural schematization）、注意力的发展（development of attention）、注意力的分布（distribution of attention）和语力动能（force dynamics）。克罗夫特和克鲁斯（Croft & Cruse，2004：46）把识解的维度分为四大类，每一类下包含一些小类：

1）注意/突出

A. 选择（包括“转喻”）

B. 等级调节（抽象化）

C. 图式化

D. 结果扫描/序列扫描

E. 勾勒

2）判断/比较

A. 图形–背景

B. 隐喻

C. 范畴化

3）处所/视角

A. 视点（视点和方所）

B. 指示

C. 共同背景和移情

D. 主观化/客观化

4）组织/完形

A. 实体/相互联系

B. 结构图式化（有界、分布等）

C. 语力动能（动力、阻力等）

下面我们将集中讨论详细程度、视角、勾勒和心理扫描。

5.3.1 详细程度

情景描写的详细程度（或称具体程度）是指说话人可以用不同的细节对同一情景进行描写。例如，我们可以把一个物体描写为是"红色的"，或者更详细些，如"鲜红色的"或"粉红色的"；或者是更不具体，只说成是"有色的"。我们可以说一个人在"跑步"，或者更精确地描写他的行为，如他在"缓慢而稳健地前进"，或者是他在"快速奔跑"。又如：

(3) a. That player is tall.

b. That defensive player is over 6' tall.

c. That linebacker is about 6'5" tall.

d. That middle linebacker is precisely 6'5" tall.

这里，从（3a）句到（3d）句的详细程度递增。

词汇中也有类似情况，详细程度由词汇层级（lexical hierarchy）来表示，例如(4)。

(4) a. thing→ creature→ insect→ fly→ fruit fly

b. thing→ creature→ bird→ bird of prey→ hawk→ red-tailed hawk

详细程度的不同可以表现出不同的逻辑特征。例如，在适当的语境中，单向蕴涵(我们用符号→表示)就是一个主要的逻辑特征，见下例：

(5) a. It's a dog. → b. It's an animal.

(6) a. It's not an animal. → b. It's not a dog.

例(5)和(6)中的 a 句蕴涵 b 句，但 b 句不能蕴涵 a 句。我们也注意到，dogs and other animals 这样的表达式是正常的，但 animals and other dogs 就有问题，难以接受。从这些实例可以看出，dog 这个词比 animal 这个词更具体、更详细；换言之，animal 比 dog 更概括、更一般。同理，woman、scarlet、slap 分别比 person、red、hit 更具体、更详细。这些例子表明，更概括、更一般的词所指示的空间范围比更具体、更详细的词所指示的空间范围大。从认知的角度来看，语言的这种差别就像是从不同的距离观看事物一样：距离越小，事物就看得越具体、越详细；距离越大，事物就看得越不清楚、越不详细。例如，从非常遥远的距离观看一条"狗"，"狗"看起来就会像是某个物体；距离近一点，我们可以看清它是一个动物，但不知道是一个什么样的动物；再近一点，"狗"就会变得更清晰，但不一定看得清楚是什么样的狗；如果距离很近，是什么样的狗就一目了然。

当然，在对情景的语言识解中，有时，情景的许多方面被忽略了，这是因为我们只会把焦点放在引起我们注意的那些部分上。

5.3.2 视角

兰厄克(Langacker，1987)认为，视角主要包括视点(viewpoint)和焦点(focus)。视角这一概念反映认知语言学家强调观察者在情景中的重要作用：尤其是观察者如何选择视点以及所注意的焦点成分。例如，我可以把同一个人叫做是“张三的妻子”、“李四的女儿”、“小张的妈妈”。在每一个情景中，我都是用某人的重要社会关系来指称另一个人。这里，叫出名字的人是共知的，是参照点和出发点，社会关系是“范畴”的选择（“妻子”、“女儿”、“妈妈”），也是实体的范畴化方式，在某种程度上反映了说话人所采用的视角。例如，葛优没名气时，人们说“葛存壮的儿子”；等葛优名气大了，谈起葛存壮时，就说“葛优的爸爸”。所以，视角不是随选的。

视点是说话人在表达情景时所采用的“心理路线”(mental route)。我们可以用英语介词around的两种解释来说明一个容器的内部视点与外部视点之间选择的区别(Saeed，1997：328)，见下例：

(7) The children ran around the house.

这里的房子相当于一个容器，如果我们选择房子的外部视点，那么这个句子所描写的是：孩子是在房子的外部跑；但是，如果我们选择内部视点，那孩子就是在房子的里面跑。

又如：

(8) a. The roof slopes steeply upward.

b. The roof slopes steeply downward.

(9) a. The hill rises gently from the bank of the river.

b. The hill falls gently to the bank of the river.

例(8)和(9)里的a、b句所描写的是同义现象，表达相同的命题内容，但它们采用了不同的视点。在a句中，说话人观察情景时似乎是从下到上的，而在b句中，却是从上到下的。此外，这些句中的运动都是抽象运动，是说话人心中的主观运动。

焦点在语言中的体现突出地表现在“图形/背景”或“射体/界标”(trajector/landmark)这一认知结构中。在运动事件中，相对于静止的环境来说，运动的实体倾向于作为图形。把焦点集中在一个情景中的图形上还是背景上，就会造成用词上的不同。例如，英语中动词 emanate 和 emit 之间的选择：

(10) a. The light emanated from the beacon.

b. The beacon emitted light.

动词 emanate 需要图形作主语，而 emit 需要背景作主语。因此，选择 a 句，说明焦点是在图形上，而选择后者，焦点则是在背景上。

“图形/背景”这一认知结构在空间关系中表现得最为明显，如 the picture above the sofa 和 the sofa below the picture 的真值条件是相等的，但它们之间存在差别：前者是参照沙发(背景)确定图画(图形)的方位，而后者所表达的关系正好相反。

“图形/背景”这一认知结构也体现在时间事件结构里。例如：

(11) a. He dreamt while he slept.

b. *He slept while he dreamt. (注：*表示句子不可接受，下同)

由此我们可以得出“时间事件”结构中图形与背景的认知原则：

A. 较大的、在时间上可包容的事件作为背景(通常出现在从句里)；

B. 较小的、在时间上被包容的事件作为图形(通常出现在主句里)。

所以，(11b)句是不可接受的。

有时，焦点的选择不但涉及单个动词，还涉及同一动词的论元结构(argument structure)。论元结构是指词项及其所属的子语类所构成的介于词汇语义及句法之间的一种结构关系。人们讨论的最多的是作谓语的动词与论元之间的结构关系。例如：

(12) a. The bees swarmed in the field.

b. The field swarmed with bees.

(13) a. The ice glistened in the moonlight.

b. The moonlight glistened on the ice.

5.3.3　勾勒

勾勒是一种突显方式，是突显某一情景中的某个或某些成分。在言语事件中，说话人的任务就是要建立一个视点(vantage point)，决定哪些实体是参与者以及识别这些实体之间的互动形式。兰厄克认为，一个典型的及物事件图式应该如图 5.2 所示：

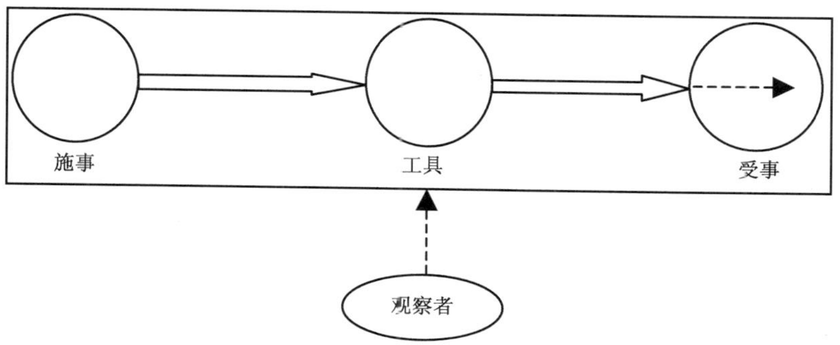

图 5.2　典型的事件图式(Langacker，1990：209)

在该图式中，观察者在情景之外，因此不是一个参与者，这样所进行的描写就好像是一个第三人称报道。观察者识解一个行为链(action chain)中有三个成分：能量从一个实体传递到第二个实体，然后到第三个实体这样一种不对称关系。这里，能量传递用双箭头符号表示，受事中的虚线箭头表示该实体中由互动所引起的状态变化。这个图式描写的是一个典型情况。其中，能量来源于施事，并通过中间实体“工具”结束于受事。在该行为链中，说话人可以选择勾勒任何一部分，这至少有三种可能性，如图 5.3(Langacker，1990：333)所示：

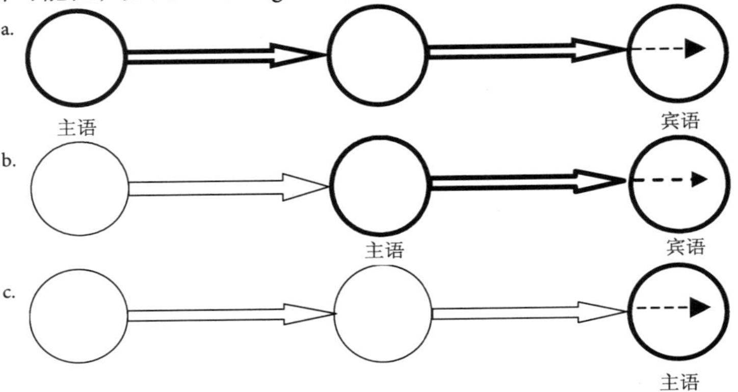

图 5.3　行为链中的勾勒

这里，我们可以用英语句子予以说明上述 a、b、c 三种可能性。被勾勒的 a 链对应于 a 句，b 链对应于 b 句，c 链对应于 c 句：

(14) a. Floyd broke the glass with a hammer.

b. The hammer broke the glass.

c. The glass broke.

(15) a. Mary dried her hair with the blower.

b. The blower dried her hair.

c. Her hair dried.

(16) a. The thief opened the window with a crowbar.

b. A crowbar opened the window.

c. The windowed opened.

(17) a. My son woke me up with an explosion.

b. An explosion woke me up.

c. I woke up.

英语中的许多动词都允许把施事、工具或受事作为自己的主语，如上面的 a、b、c 句。由此我们可以发现，映射层次与题元角色、语法关系以及句法结构是相当的。兰厄克根据行为链提出了一个普遍的主语层次（universal subject hierarchies）：主语与行为链中被勾勒部分的中心是一致的，也就是说，是能量流中最上游的那个参与者。相比之下，宾语是行为链中被勾勒部分的“尾部”（tail），即能量流中最下游的那个参与者。

5.3.4　心理扫描

心理扫描也是一种认知过程，是说话人为了描写事件而采用的一种构建情景的方式。兰厄克（Langacker，1987：248）区分了两种扫描：序列扫描（sequential scanning）和概括扫描（summary scanning）。它们是说话人识解一个情景所使用的不同方式。序列扫描就是把一个过程看成是许多事件成分的一个序列；概括扫描就是把一个过程看成是一个完整的单位，其中所有事件成分被看成是一个整合的整体。它们之间的差别体现在语法的许多方面，其中包括说话人在描写一个事件时是决定用名词还是用动词。例如，某人进入一个房间，我们既可以根据序列扫描的方式用动词进行描写，也可以根据概括扫描的方式用名词进行描写：

（18）a. Peter entered the room.

b. Peter's entrance into the room

同理，我们可以用这两种不同的扫描方式描写某人掉下悬崖这一情景：

（19）a. Wheeler fell of the cliff.

b. Wheeler's fall from the cliff

由此可见，序列扫描就好像是观看一个运动图像序列，而概括扫描就好像是观看一幅静止的照片；动词在此所勾勒的是一个过程，而名词所勾勒的是一件东西或事物。

这两种扫描的差别也体现在英语的-ing 形式和不定式中。例如，同一个事件，我们既可以根据序列扫描的方式用-ing 形式进行描写，也可以根据概括扫描的方式用不定式形式进行描写：

(20) a. I saw him beating his wife.
b. I saw him beat his wife.

5.4 结 束 语

本章在认知语言学的框架下，分析了语义的认知语言学涵义，并在此基础上对识解及其维度进行了探讨。从所举实例可以看出，认知语言学家特别重视在决定语义时说话人对情景进行识解的作用。这实际上就是语言学中的主体性问题。因此，从这个意义上来讲，语言学不是对语言内部特征的一种自主的解释，而是揭示和解释人类认知的一种有力的工具。

第 6 章　语言中的图形–背景

6.1　引　　言

语言与人类心智之间的关系问题无疑是当代语言学研究的一个基本问题。在语言学中，语言研究的方法多种多样，其中与该问题相关的至少有三种：形式方法、心理方法以及概念方法。概念方法所关心的一个主要问题就是概念内容在语言中的组织过程和模式，也就是说，语言是如何组织概念内容的。毫无疑问，当代认知语言学是这一方法的代表。认知语言学有一个基本假设或组织原则：语言结构是非自主的。人类基本的认知能力和来源于经验的认知模型在语言中有广泛的体现，因此，语言结构为研究基本的认知现象提供了重要线索。认知语言学在研究语言时主要采取三种观点：经验观(experiential view)、注意观(attentional view)和突显观(prominence view)。经验观认为，人们对事物的描写不只局限于客观描写，还会对它们的意义提供更丰富、更自然的描写，其中包括隐喻；注意观认为，我们的注意力有限，在观察中，往往更容易注意事件的某些部分，而忽视另外一些部分，我们用语言表达出来的实际上只反映了事件中引起我们注意的那些部分；突显观认为，语言结构中信息的选择与安排是由信息的突显程度决定的，例如，要描写一辆车撞在一棵树上这一情景，句子 The car crashed into the tree 就比 The tree was hit by the car 更自然，因为在整个情景中，运动的车是最突显的部分，故我们倾向于把车放在句首。

图形–背景论(Figure-Ground theory)是以突显原则为基础的一种理论。“图形–背景分离原则”不但是空间组织的一个基本认知原则，也是语言组织概念内容的一个基本认知原则。本章将从图形–背景论的基本思想出发，探讨“图形–背景”这一认知结构在“语言空间”结构和“时间事件”结构中的现实化，以拓宽这一理论的应用领域。

6.2 图形–背景论的基本思想及其语言学涵义

图形–背景论是约一个世纪前由丹麦心理学家鲁宾(Rubin)首先提出来的(Ungerer & Schmid，1996：157)，后由格式塔心理学家借鉴来研究知觉(主要是视觉和听觉)及描写空间组织的方式。当我们观看周围环境中的某个物体时，通常会把这个物体作为知觉上突显的图形，把环境作为背景，这就是突显原则。譬如，在视觉场中，当观看拳击比赛时，我们的目光将会集中在两个拳击手身上，而不会停留在拳台或拳台护栏上；在听觉场中，当听钢琴演奏曲时，我们会很容易地把钢琴演奏的那部分音乐选出来作为更突显的部分，把管弦乐队的伴奏音乐作为背景部分。格式塔心理学家非常关注视觉和听觉输入是如何根据突显原则来组织的。他们认为，知觉场总是被分成图形和背景两部分。图形这部分具有高度的结构，是人们所注意的部分，而背景则是与图形相对的、细节模糊的、未分化的部分。人们观看某一客体时，总是在未分化的背景中看到图形。图形和背景的感知是人类体验的直接结果，这是因为在日常生活中人们总是会用一个物体或概念作为认知参照点去说明或解释另一个物体或概念，这里的“背景”就是“图形”的认知参照点(Langacker，1993)。

鲁宾著名的“脸/花瓶幻觉”证明了图画中的确存在着“知觉突显”(见图 6.1)。

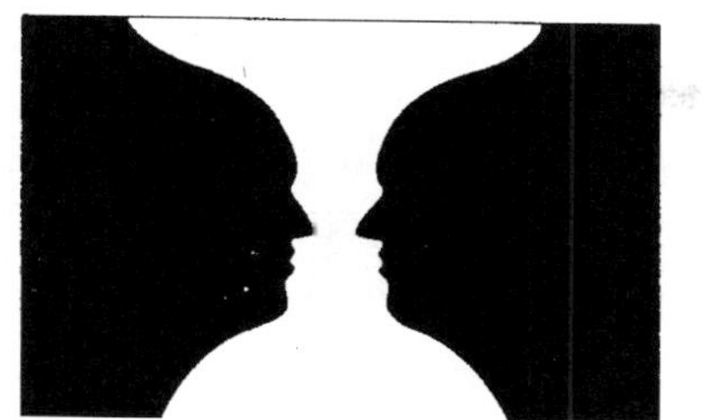

图 6.1 脸/花瓶幻觉

人们不可能同时识别脸和花瓶，只能要么把脸作为图形，要么把花瓶作为图形。这一事实启发我们不得不问这样一个问题：是什么因素支配人们对图形的选择呢？当然，这里的“脸/花瓶幻觉”只是一个特殊的例子，因为它允许图形与背景相互转换。但在日常生活中，大多数视觉情景是图形-背景分离现象。例如，当我们看到墙上有幅画这样的情景时，“画”通常会被认为是图形，墙是背景，而不是相反。根据完形心理学家的观点，图形的确定应遵循“普雷格郎茨原则”(Principle of Prägnanz)，即通常是将具有完形特征的物体(不可分割的整体)、小的物体、容易移动或运动的物体用作图形。例如，当描述桌子上有一本书这样的情景时，我们总是会把书当做图形，把桌子当做参照点即背景，因为相对于桌子来说，书的体积要小些，正因为如此，在英语中只会说 The book is on the table 或 There is a book on the table，而不会或很少说 The table is under the book。如果我们说 The table is under the book，table 就成了图形，book 却成了背景，这显然违背了“普雷格郎茨原则”。这个例子告诉我们，table 与 book 之间存在一种具体的方位关系，也就是说，图形与背景之间的关系可以看成是由介词 under 表达的一种方位关系，或者说，方位介词的意义可以理解为是一种图形-背景关系。正是由于图形-背景分离原则可以用来解释像介词这样的语言表达式，它才引起了认知语言学家的极大关注。

从语言学的角度看，研究图形–背景的选择及其之间的关系在词语及语言结构中是如何表征的，是很有价值且非常有趣的事情。自塔尔米(Talmy，1978)率先把图形–背景论用于语言研究以来，认知语言学家就把图形–背景分离原则看成是语言组织信息的一个基本认知原则。兰厄克(Langacker，1987：120)根据感知突显的程度对图形和背景进行了这样的论述："从印象上来看，一个情景中的图形是一个次结构，它在感知上比其余部分(背景)要'显眼'些，并且作为一个中心实体具有特殊的突显，情景围绕它组织起来，并为它提供一个环境"。他还揭示了图形与背景区别的一种自然体现："与环境形成鲜明对比的一个相对密集的区域，具有被选作图形的强烈倾向"(Langacker, 1987：120)。兰厄克的这番话实际上道出了一个实质性的问题，那就是"内包"这一概念：图形必须恰当地包含在背景之中，因此它比背景小。

当然，语言中的图形和背景与视觉场中的图形和背景是不太一样的。视觉场中的图形和背景往往是具体的实体，而语言中的图形和背景既可以是空间中运动事件或方位事件中两个彼此相关的实体，也可以是在时间上、因果关系上或其他情况中彼此相关的两个事件。我们在研究语言中的图形和背景时，最关键的问题就是如何确定它们。根据"普雷格郎茨原则"，下列句子中的图形和背景是很容易判定的：

(1) The diamond is in the box.

(2) 河上有条小船。

显然，diamond 和"船"是图形，box 和"河"是背景。这里的图形和背景之间的关系是不对称关系，即我们一般不能反过来说 The box is outside the diamond 或"小船下面有条河"。但是，我们有时会遇到下列这样表示方位的句子：

(3) a. 行车在房子附近。

b. 房子在自行车附近。

从对称关系来看，这两个句子似乎表达的是相同的命题，但事实上，它们却不具有相同的意义，因为名词“自行车”和“房子”在描写可变点和参照点的语义功能时有所不同，(3a) 把房子当做固定的位置（背景），是确定自行车（图形）方位的参照点，而 (3b) 则正好相反。但是，如果根据“普雷格郎茨原则”，(3b) 是不可接受的，因为相对说来，房子要比自行车大。但是，(3b) 在特定的语境中并非不可接受，例如在这样的语境中：那辆自行车是我们学校一个很知名的人骑的，并且经常放在一个固定的位置，我的一位新朋友也知道这一位置，我告诉这位新朋友，说我家所住那幢房子就在那辆自行车附近。在这样的语境中，(3b) 是可以接受的。此外，我们还会遇到这样的句子：

(4) a. Peter is near Mary.

b. Mary is near Peter.

显然，这两个句子完全可以接受，但它们表达的意思不一样，因为 (4a) 是把 Mary 作为参照点即背景去确定 Peter 的方位，而 (4b) 正好相反。如果我们只根据“普雷格郎茨原则”，那是没法解释的。此外，要解释像下列这样表示“时间事件”结构句子中的图形和背景，“普雷格郎茨原则”也无能为力：

(5) a. He dreamt while he slept.

b. *He slept while he dreamt.

由此可见，要解决语言中的图形和背景，我们必须首先确定图形和背景的基本特征。有了这些基本特征，我们事实上就找到了支配人们选择图形和背景的因素。

塔尔米 (Talmy，2000：315-316) 给语言中的图形和背景分别列举了定义特征和联想特征。笔者在其基础上进行了修改和补充(见表 6.1)。图形没有已知的空间或时间特征可确定；背景具有已知的空间或时间特征，可以作为参照点用来描写和确定图形的未知特征。这就是图形和背景的定义特征。联想特征可以从不同的维度进行描写，如空间大小、时间长短、动态性、可及性、依赖性、突显性、关联性以及预料性等。

表 6.1　图形和背景的特征

特　征		图　形	背　景
定义特征		没有已知空间(或时间)特征可确定	作为参照点，具有描述图形的未知方面的已知特征
联想特征	空间大小	面积或体积较小	面积或体积较大
	时间长短	时间较短	时间较长
	动态性	运动的或在概念上可移动	位置较固定，不易移动
	突显性	突显程度高	突显程度低
	关联性	更关联；在情景或意识中更近	不太关联
	可及性	不可立即被感知	更能立即被感知
	复杂性	几何图形较简单(通常像个点)	几何图形较复杂
	依赖性	较依赖	较独立
	熟悉程度	不太熟悉	较熟悉
	预料性	不易预料	更易预料

定义特征在确定图形和背景时起着决定性的作用，而联想特征只起辅助作用。当用它们来确定图形和背景时，如发生冲突，联想特征应服从于定义特征。正是由于定义特征在确定图形和背景时起着决定性的作用，因此，像(3b)那样的句子即使违背了许多联想特征，它在特定的语境中也并不是不可接受。此外，在确定图形和背景时，也许有几个联想特征同时在起作用。根据上表中的这些特征，我们就可以解释语言中图形和背景的许多现象。下面我们将探讨“语言空间”结构和“时间事件”

结构中的图形和背景。

6.3 “语言空间”结构中的图形和背景

空间是人类生存的基本条件之一，也是一个基本的认知域。由于空间位于概念化的中心，而心理概念是认知语言学的基本语义单位，因此，空间也就位于认知语言学的中心，是认知语言学研究的重要内容。空间是一种关系，其理解必须以朴素的概念为背景。如果我们把牛顿的空间概念——空间是一个连续的、固定的三维容器，即是一个立方体——看成是这个关系的理想化形式，那么，我们就可以为一个几何图形确定八个空间方位：上、下、前、后、里、外、旁边和附着。在这八个方位中，“里”、“外”和“附着”属于拓扑性质的空间方位，即是说它们不随观察者视角的变化而变化，其他五个空间方位属投影性质的空间方位，即它们会随观察者视角的变化而变化。空间的这八个方位是人类对空间感知的结果，自然也会反映到语言中来。既然“图形-背景分离原则”是空间组织的一个基本认知原则，那么，空间结构的语言表征（或“语言空间”）必然会打上这一认知原则的烙印。下面我们将分两个部分讨论“语言空间”结构中的图形和背景问题。

6.3.1 拓扑空间方位中的图形和背景

拓扑空间方位中的图形与背景的关系是不对称的，其中一个物体只能用作图形，另一个物体只能用作背景，而不是相反。拓扑空间方位中图形和背景的选择通常是根据定义特征以及空间大小、突显性、复杂性、依赖性和预料性等联想特征决定的。

空间方位“里”可以用汉语的“（在）……里/中/内/间”等来表示，英语可用 in 或 inside 等来表示，这是典型的内包关系，形状小的必须作图形，大的必须作背景。例如：

(6) 笔在文具盒里。

(7) He is in the car.

在这里，“文具盒”和 car 是背景，“笔”和 he 是图形。图形与背景之间的方位关系是不会随背景形状的变化或观察者视角的变化而改变的。如(6)，无论文具盒是什么样的形状，无论你从什么角度去看，笔总是在文具盒里。图形与背景的关系也是不对称的，如我们不能反过来说“文具盒在笔外”。

(8) 湖中有个小岛。

这是一个存现结构，其中“湖”是参照点即背景，“小岛”是图形。我们之所以把“小岛”作为图形，其原因主要有二：小岛相对于湖来说，空间范围要小些；小岛依赖湖而存在。我们可不可以说“小岛周围是湖”呢？从句法上来看，这个句子显然没有问题，但从语义的角度来看，这个句子实际上是羡余的，因为“小岛”就预设了其周围肯定是水：湖、海或洋，也就是说，在这里“小岛”是依赖湖而存在的，但湖却不依赖小岛而存在。因此，说“湖中有小岛”比说“小岛周围是湖”就更自然，这正是图形–背景这一认知结构在语言中的体现。

空间方位“外”可用汉语的“(在)……外”表示，英语中用 outside 等表示。介词短语中的名词通常为背景，而另一个名词则为图形。图形与背景的关系也是不对称关系。例如：

(9) 村外有一个尼姑庵，最后的一个尼姑死于前年。(余秋雨：《牌坊》)

(10) A car was standing outside the house.

这里的“村”和 house 为背景，“尼姑庵”和 car 为图形。图形和背景的选择主要是根据定义特征来确定的，这在(10)中表现得最为明显，house

前用的是定冠词，而 car 前用的是不定冠词。

有时，一些特殊结构也暗含着“外”这样的空间方位：

(11) 一枝红杏出墙来。(叶绍翁：《游园不值》)

这个句子虽然没有用“(在)……外”这样的结构来表示，但其涵义却能使我们领悟到“红杏”在墙之外。这个句子突出的是“一枝红杏”。它在句中被用作图形，主要有几个原因：体积或面积小、几何图形较简单(像个点)、不易预料以及突显程度高。正是由于这些因素，所以在唐人吴融《途中见杏花》中有“一枝红杏出墙头，墙外行人正独愁。”陆游的《马上作》中也有“杨柳不遮春色断，一枝红杏出墙头。”这里的“红杏”都是图形，“墙”是背景。

“附着”这一拓扑空间方位在汉语中通常用“(在)……上”表示，而英语则用 on 等表示。在这种方位关系中，图形始终是附着在背景上的，不随观察者视角的变化而变化。图形和背景的选择主要是根据复杂性、依赖性、动态性以及预料性等因素来确定的。例如：

(12) 瞧，她脸上长了颗美人痣。

(13) A fly is walking on the ceiling.

这里，无论你从什么角度看，“美人痣”都附着在她的脸上，苍蝇总是附着在天花板上。就复杂性而言，“美人痣”和 fly 的几何图形更像是一个点，而“脸”和“天花板”相当于一个面；就依赖性而言，前者都依赖后者；就动态性而言，前者较后者更易移动，从预料性的角度看，美人痣并非人人都有，天花板上也并非时时都有苍蝇，因此它们是不易预料的。所有这些因素都确定“美人痣”和“苍蝇”必须用作图形，而“脸”和“天花板”须用作背景。

有时，汉语的“名+前”和“名+后”结构，英语的介词 behind 和 in 也可以表示“附着”这一拓扑空间方位。例如：

(14) 她胸前戴着一朵大红花。

(15) There is a peg behind the door.

(16) There was a nail in the wall.

无论你从什么角度看，大红花都附着在她的胸前，peg（衣帽钉）都附着在门的背面。在这三个例子中，小的东西作图形，大的东西作背景。

6.3.2 投影空间方位中的图形和背景

投影空间方位有五个：上、下、前、后和旁边。其中，“旁边”包括“左”、“右”和“间”三个方位。投影空间会随观察者视角的变化而变化，具有相对性，参照点不同，空间方位就会变化。例如，你站在二楼梯口，我从一楼看，你在我的上面，但如我从三楼看，你就在我的下面。投影空间方位中图形和背景的选择往往是根据定义特征以及空间大小、熟悉程度、动态性等联想特征决定的。

“上”和“下”这对投影空间方位可以分别用汉语的“（在）……上（面/方/边）”和“（在）……下（面/方/边）”等表示，英语则分别用 above/over 和 under/below 等表示。例如：

(17) 桌下有一支笔。

(18) a. The TV antenna was above the house.

b. ?The house was below the TV antenna.（注：?表示该句的可接受性值得怀疑）

笔的体积比桌子小，因此“笔”作图形，“桌子”为背景，这是最自然的。如果把图形与背景交换，即说“桌子在笔上”，就很不自然，因此也就难以接受。(18b)之所以有问题，显然是因为电视天线要比房子小得多，较容易移动，因此相对于房子来说，电视天线应作为图形，不宜作为背景。

“前”和“后”这对拓扑空间方位在汉语中通常分别用“（在）……

前(方/面/边/头)”和“(在)……后(方/面/边/头)”等来表示，英语则通常用 before/ in (the) front of 和 after/ behind 等表示。例如：

(19) 小王坐在小李的后边，你怎么没有看见。

(20) A dog was lying asleep in front of the fire.

在这两个例子中，确定图形和背景的因素主要是定义特征。在(19)中，对于说话人和听话人来说，小李的位置都是已知的，但小王的位置只有说话人才知道，因此说话人以小李的位置为参照点即背景来确定小王的位置，即把小王作为图形，这就显得非常自然。如果把(19)改成“小李坐在小王的后边，你怎么没有看见”，其话语意义就相差甚大，因为句中的图形和背景发生了变化。(20)的分析也可如法炮制，fire 显然是已知的，dog 是未知的，因为 fire 前是一个定冠词，而 dog 前是一个不定冠词，把已知的当做背景，未知的当做图形，这符合图形和背景的定义特征。

现在我们来分析“旁边”这一投影空间方位。在汉语中可以用“(在)……旁(边)/附近”等表示，英语中可以用 besides、nearby、by 等表示。例如：

(21) a. 我家在峨眉山附近。
　　b. 峨眉山在我家附近。

(21)中图形和背景的选择是以定义特征和熟悉程度来定的。就(21a)来说，说话人和听话人都熟知峨眉山，因此说话人“我”以峨眉山为背景来说明我家的方位，这既符合图形背景的定义特征，也符合图形背景的联想特征之一“熟悉程度”。但在(21b)中，图形与背景正好交换了位置，说话人以“我家”为背景，这说明听话人熟知我家，但对峨眉山还不熟悉，因此，说话人以“我家”为背景来说明峨眉山的位置，这也是完全可以接受的。但是，(21a)和(21b)的意思是不一样的，因为突显的成分不同。

(22) a. 坐在你的旁边深感荣幸。

b. 你坐在我的旁边应该感到荣幸。

(22a) 是以“你”为背景的，图形是说话人“我”(句中没有表达出来)。图形和背景的确定是以依赖性为根据的。图形依赖背景，所以深感荣幸的是说话人“我”，这个句子移情于听话人“你”，故有抬高对方的意思。(22b) 则是以说话人“我”为背景的，听话人“你”是图形，图形依赖背景，所以应该感到荣幸的是图形“你”，这个句子显然是以自我为中心，故有抬高自己的意思。

以上我们所举的例子都是一些与物理情景相关的空间事件。实际上，图形背景分离原则也可用于一些非物理情景的空间事件，例如一些抽象的概念：

(23) Love is in the air.

这里的 love 是图形，air 背景，其中 love 是抽象概念。

6.4 语言“时间事件”结构中的图形和背景

虽然图形-背景论最初是用来研究人类对二维和三维意象的感知，但它也可用来解释一维时间轴上的事件。前面我们曾提到“内包”这一概念，它实际上是把事件中的图形与背景区别开来的一个最重要特征。“内包”实质上蕴涵着“有界”(boundedness)：图形倾向于构成一个有界的封闭物，它越封闭，其作为图形的突出程度就越高。例如，在一个二维的意象中，图形就可能是一个维度有限的区域，其可感知的轮廓是一个封闭的曲线。对于一维的时间轴来说，有界性这一特征可能是由一个点来实现的，或者由一个包括起点和终点的时段来实现的。缺乏有界性的东西倾向于作为背景，因此，在时间轴上，无限度的时间最有可能作为背景。了解了图形的有界性这一特征后，我们前面所谈到的图形与背景的联想特征之一“时间长短”就不难理解了。

根据图形和背景的这一特征，我们就可以讨论概念范畴中图形与背景的区别是如何反映在语言的“时间事件”结构中的。这种内包关系很清楚地体现在复句的对比中，如前面的例(5)，这里用(24)表示：

(24) a. He dreamt while he slept.

b. *He slept while he dreamt.

做梦是在睡觉期间，因此在时间上应该包含在睡觉里，并且是后者的图形。此外，在 while 分句组成的复句里，只有当有界的、像图形一样的表达式出现在主句的位置时，这个复句才是可以接受的，因此(24a)是可以接受的句子，而(24b)是不可接受的。因此，我们可以说，从句具有背景的功能，主句具有图形的功能。也就是说，图形与背景区别的重要性也反映在复句表达的事件结构层次上。图形与背景的区别与语言中“时间事件”结构之间的对应关系可以抽象出一个基本的认知原则：

“时间事件”结构中图形与背景的认知原则

A. 较大的、在时间上可包容的事件作为背景(通常出现在从句中)；

B. 较小的、在时间上被包容的事件作为图形(通常出现在主句中)。

根据这一认知原则，我们基本上就可以判断下列这样的句子的可接受性问题：

(25) a. 我正在专心看书时，突然听到门外一声巨响。

b. ?我突然听到门外一声巨响时，正在专心看书。

这里,“看书”是一个长时间的过程,因此把它用作背景放在从句中,而“一声巨响”是一个短暂的行为,故放在主句里作图形。(25b)正好违背上述“时间事件”结构中图形与背景的认知原则,因此其可接受性值得怀疑。

除了主从复句外,英语中的伴随动词(converbs)也表现出了这种倾向。例如:

(26) a. Walking along the street, I came across a strange group of musicians.

b. #Coming across a strange group of musicians, I walked along the street.(注:#表示在缺乏具体的语境条件下,句子不可接受,下同)

(27) a. Attending the lecture on logic, he fell asleep.

b. #Falling asleep, he attended the lecture on logic.

(28) a. Studying in U.S. for one year, I fell in love with an American girl.

b. #Falling in love with an American girl, I studied in U.S. for one year.

直观上看,它们的区别来自于动词的时、体特征:一个是进行体,一个是过去时。与 walk、attend 和 study 相比,come across、fall asleep 和 fall in love 所描写的是有界限的事件。正如我们前面提到的,“有界性”是图形的一个特征,图形倾向于适当地被包含在背景中,所以有界限的事件容易用作图形。因此,(26)至(28)中 come across 之类的谓语动词最可能与图形相联系,而 walk 之类的动词则与背景相联系。值得注意的是,只有当有界的、像图形一样的表达式出现在主句中时,这样的句子才可接受。这与上述“时间事件”结构中图形与背景的认知原则是一致的。

上面这些例子说明“时间事件”结构中图形与背景的认知原则可以

用来解释英语中的伴随动词。但是，这是不是就意味着可以用它去解释任何一对分句，其中一个分句注定要只作主句，另一个分句只能是用作 -ing 形式伴随动词。答案应该是否定的。例如(29)和(30)中的 a 和 b 都是可以接受的：

(29) a. Thinking about Jane, he offered a prayer.

b. Offering a prayer, he thought about Jane.

(30) a. Singing an aria, her costume ripped open.

b. Her costume ripping open, she sang an aria.

句子(29a)的可接受性说明，thinking 这一伴随动词所描写的事件是背景，它在时间上一定内包主句所描写的事件。但(29a)中的图形和背景在(29b)中正好相反，offering 这一伴随动词在时间上内包主句所描写的事件。如果 thinking 事件和 offering 事件在两种情况中都是相同的话，那么，(29a)与(29b)就产生了矛盾，因为内包关系是不对称的。因此，根据上述“时间事件”结构中图形与背景的认知原则进行分析，我们就会得出这样的结论：由于(29a)和(29b)都可接受，因此在它们之间一定存在意义上的差别。只要仔细分析，我们就会发现它们之间的意义的确有些差别：(29a)中的 thinking 分句描写的是一个正在进行的活动，而(29b)中的主句描写的却是 think 过程的开始。例(30)也可进行同样的分析，(30a)中的 ripped 事件表示一种或多或少的突然性，而(30b)所描写的 ripping 事件却是一种渐进性。

这些例子说明，决定图形和背景组合的因素并不是动词本身，而是兰厄克所说的事件的识解(construal)方式，如认知域、视角和显著度的变化等。图形–背景分离原则会导致一种克罗夫特(Croft, 1991)所说的“强制手段”(coercion)。强制手段是一种解释策略，来源于概念化的内在灵活性：一个语言表达式，如其“缺省意义”(default meaning)不相容时，就会被迫采纳另外一种解释去满足当前情景的迫切需要。克罗夫特认为，强制手段是一种语义操作，它会改变语义。例如：

(31) a. Max is dying.（对比 Max died.）
b. And then I suddenly knew!（对比 I knew the answer.）
c. The light is flashing.（对比 The light flashed.）

在这里，(31a) 和 (31c) 中的现在进行体以及 (32b) 中的 suddenly 一词“强制”动词 die、know 和 flash 要采取另外的解释。我们可以看到，这些表达式在识解方面经历了三种转移。在 (31a) 中，die 用一般过去时形式，通常是指一个短暂的事件(像一个点)，但用进行体时，则是指“由于身体的自然功能逐渐衰退，生命终止了”(Vlach，1981：589-590)。这种识解方式的变化称为“视角转移”(perspective shift)。视角转移可以用一个视觉隐喻来说明：如果一个人的视角离物体非常遥远，那一物体就可能像是一个点，而一个视角离同一物体非常近，该物体就可能具有很大的甚至不确定的范围。在 (31a) 中，进行体强迫读者必须放大视角。(31b) 描写的是一种“侧面转移”(profile shift)，因为动词的体侧面发生了改变。状态动词 know 与副词 suddenly 是不相容的，所以该动词表示一种开始的行为，即进入“知道”的心理状态。在 (31c) 中，动词 flash 的意义经历了“复杂转移”(plexity shift)，所以动词具有一种“重复”的解释。这种强制手段自然会影响图形和背景的识别。可见，图形–背景分离原则与建立在以语义转移为基础上的识解方式，可以用来解释伴随动词结构之间的意义差异。由于强制手段在这里起着关键性的作用，因此，我们可以说，决定图形背景分离的因素不是动词本身，而是事件描写的识解方式。很显然，这与认知语言学的语义观是一致的，即意义并不是客观编码的东西，而是等同于概念化，也就是概念化的产物。

6.5 结 束 语

本章从图形–背景论的基本思想出发，论述了图形和背景的一些基本特征，探讨了“图形–背景”这一认知结构在“语言空间”结构和“时间事件”结构中的现实化。“图形–背景分离原则”不但是空间组织的一个基本认知原则，也是语言组织概念内容的一个基本认知原则。从本章所分析的实例来看，“语言空间”结构和“时间事件”结构在很大程度上的确是根据这一认知原则来组织的。当然，我们的分析还是初步的，仍需要进一步研究和探索。

第 7 章　词序的象似性

7.1　引　　言

英语为何说“up and down”而不说“down and up”呢？英语为何说“right and left”（右左），而汉语却说“左右”呢？这一不言自明的词序问题一加追问，反而变得难以回答了。人类对词序规则的迷恋并不是一件新鲜事，根据库珀和罗斯（Cooper & Ross，1975）的记载，约在公元前500年印度语法学家帕尼尼（Panini）就意识到了语言中词序的重要性。格林伯格（Greenberg，1963）、莱曼（Lehmann，1973）、韦恩曼和哈洛（Vennemann & Harlow，1977）、马林森和布莱克（Mallinson & Blake，1981）、霍金斯（Hawkins，1983）、尼科尔斯（Nichols，1986）以及德赖尔（Dryer，1988）等对词序的研究都各有建树。词序的研究可从不同的角度切入，如佩恩（D. L. Payne）的《词序灵活性语用学》（1992）就是从认知语用的角度进行探讨的。近年来，语言符号的象似性（iconicity，又译为拟象性）研究在西方已成为形态学、句法学、语言类型学以及认知语言学中的热点，词序的象似性研究也纳入了议事日程。词序的象似结构反映了人的认知结构，韦尔（Weil，1887）指出：“思想彼此间的关系会明显影响句中词语的安排。”因此，探讨词序的象似性可以揭示人类认知的奥秘。

象似性是指语言结构与人的经验结构或概念结构的相似。克罗夫特（Croft，1990：164）就认为：“语言结构反映经验结构，即世界结构，包括说话人强加给世界的观点。”词序在很大程度上可以从象似性的角度来解释。本章将在海曼（J. Haiman）、吉汶（T. Givón）、兰兹伯格（M. E.

Landsberg)、兰根登克(Langendonck)等学者的观点的基础上，探讨英语词序尤其是英语中凝固词(freezes)的词序问题，并提出词序主要受四个原则的支配：(i)图象序列原则；(ii)与说话人接近原则；(iii)邻近象似原则；(iv)文化规约象似原则。

7.2　图象序列原则

图象序列原则是指语言成分的排列顺序与事件范畴序列之间的相似关系。格林伯格(Greenberg，1966：103)就认为："语言成分的次序是与物质经验次序或知识次序相对应的。"这一原则可进一步分为如下两个次原则。

1. 线性序列语义原则

即连贯话语中分句的顺序与所描写的事件发生的时间顺序相一致。例如恺撒的名句"Veni，vidi，vici"(我来了，我见到了，我征服了)就是一个经典例子，其中三个组成部分的顺序与历史事件的次序全吻合。and 的图象用法也是这一原则的重要佐证。海曼(Haiman，1980)曾指出，and 的多种意义事实上都应归于"增加"或"连接"这种一般概念的图象用法。如下例中(1a)只是两个分句的简单并置，而(2a)却并非如此。

(1) a. John eats apples and pears.

　　b. John eats pears and apples.

(2) a. He jumped onto his horse and rode out into the sunset.

　　b. *He rode out into the sunset and jumped onto his horse.

(1a)所传递的意义并不会因分句顺序的改变而变化，故(1b)可接受；但(2a)却迥然不同，一旦变换了分句的顺序，整个句子就极为荒唐。就句法规则而言，(2b)并没问题，但由于它违背了线性序列语义原则，故不可接受。(1a)属 and 的对称用法，(2a)属非对称用法。非对称用法的存在正好说明了 and 具有象似用法。

线性序列语义原则还体现在因果句和条件结果句中：

(3) a. 可能：He shot and killed her. 不可能：*He killed and shot her.

b. 经常：She shot him, and he died. 不经常：He died. She *had* shot her.

c. 经常：*If* he comes, we'll do it. 不经常：We'll do it if he comes.

吉汶(Givón，1994)认为，线性序列语义原则有其认知基础，那就是"联想记忆"(associative memory)、"扩展激活"(spreading activation)以及"启动"(priming)的需要。

2. 线性序列语用原则

线性序列语用原则主要是针对信息的重要性或可及性(accessibility)而言的，即较重要或较紧急的信息趋向于放在首要位置；不可及的或不易预测的信息趋向于放在首要位置。从认知的角度来讲，这主要是因为：重要的、不易预测的信息发生的频率低、具有标记性，并且是需要注意的图形(attention demanding figure)。此外，心理语言学的研究表明，居于首要位置的成分容易引起更多的注意并易记忆。线性序列语用原则主要反映在主题对比句、分裂句、左移位句以及 WH-问句中(Payne，1992；Givón，1988，1994)。

(4) a. 主题对比句：He milks the cow, but the *Goat* he wouldn't milk.

b. 分裂句：It's the *Goat* that John milked.

c. 左移位句：The *goat*, John milked it.

d. WH-问句：*What* did John milk?

7.3　与说话人接近原则

与说话人接近原则是指在不受其他因素干扰的情况下，与说话人最接近(字面义或隐喻义)的就最先提及，特别是在无连接词的并列结构或凝固词中。该原则可从以下三个方面予以讨论。

1. 时空接近

就字面义而言，与说话人接近的现象主要表现在有连接词的凝固词中，这是一个非常普遍的语言现象。如英语中的凝固词：here and there、this and that、these and those、now and then、soon or late、sooner or later等，汉语中的“早晚”、“这里和那里”、“这些与那些”等。把 here、now等置于首位，这显然是由说话人的视点决定的，即前面的词在时空上与说话人更接近。

2. 与典型说话人接近

这是就接近的隐喻义而言的。典型说话人(prototypical speaker)这一概念是由迈耶塔勒(Mayerthaler，1980)提出来的，它是指具有典型生理、心理，尤其是具有典型感知的说话人。他(Mayerthaler，1980：13)还提出了“感知可及性原则”(principle of perceptual accessibility)，即感知上较近的词就更应位于凝固词的左边，也就是说凝固词的第一个成分常是范畴的典型。埃德蒙森(Edmondson，1985：124)也认为，凝固词中第一个成分“为无标记的或典型的成分”。显然，具有[+人类]这一语义特征的成员最具典型性，因为他与典型说话人最接近。因此，在英语中我们只说“a man or a mouse”，而不说“* a mouse or a man”；汉语中常说“人与自然”，而较少说“自然与人”。[+人类]这个特征的典型性也可以用来解释在英语中为什么不带介词的间接宾语位于直接宾语之前，这是因为间接宾语有[+人类]这个特征，而直接宾语却无。

(5) I gave her a book. *I gave a book her.

为什么凝固词中的第一个成员要用典型的或无标记的呢？我们认为最好的解释莫过于库珀和罗斯(Cooper & Ross, 1975：67)的“我为第一”原则(“me-first” principle)或 Lyons(1979：638)的“自我中心”原则(“egocentric” principle)。早在1725年，意大利哲人维柯(G. Vico)在其《新科学》第二卷里所定下的一些大原则中，其中第一条就是：“由于人心的不明确性，每逢它落到无知里，人就把他自己变成衡量一切事物的尺度。”莱昂斯(Lyons，1979：690)也审慎地观察到，在人类世界里，人自以为是万物的尺度，位于宇宙的中心。正因为人类自以为是“宇宙的中心”、“万物的尺度”，所以总是以自身的标准来审视世界。人在自然界中看起来是如此渺小，却喜欢自感伟大，因此，当“人”张开双臂时，就成了一个“大”字，意指伟大、高大。人类感知自己是在地球表面上直立行走的动物，故常以垂直性为基本维度。莱昂斯(Lyons，1979：690)指出：“垂直维度的方向性——上下的区别，是由我们对万有引力的感知建立起来的，通常是由天空在上、地面在下这一事实以及身体垂直维度的非对称性建立起来的。”兰兹伯格(Landsberg，1987：240)也指出“头上第一，脚下第二”(head up first/feet down second)这一感知强烈支配着我们语言结构的词序。如在英语中，above 与 below, on 与 under, up 与 down，总是前者在先，后者居尾。汉语也如此，我们只说“上下”“一上一下”“七上八下”，而不说“下上”“一下一上”。

在横向维度上，人表现出前后的非对称性和左右的对称性两个方面。由于前后的非对称性(即人的视觉方向总是朝前的)，所以我们一般总想到或说道“前在先”，如英语中的序列是：in front of-behind、before-after、front-back 等；汉语也只说“前后”“一前一后”“前前后后”等。在左右对称性方面，人的方向感不太强烈，左右维度并不突显，因此受文化影响较大。例如英语中说“right and left”，而汉语却说“左右”，就可能是受文化的影响。关于这一问题，我们将在 7.5 节予以详细讨论。

根据“我为第一”原则或“自我中心”原则，“我”是一个成年男子，具有[+人类]、[+成年]、[+男性]三个主要语义特征，须以我的特征为中心，所以就必然会产生一些限制词序的语义规则，其中主要有：

(6) a. 有生命先于无生命：man-machine；person，place or thing；life or death；live or die；人与社会；人类与文化等；

b. 人类先于动物：man or beast；beauty and beast；人与动物等；

c. 阳性先于阴性：Mr. and Mrs.；father and mother；papa and mama；brother and sister；men，women and children；husband and wife；boys and girls；king and queen；Adam and Eve；男男女女；男尊女卑；男盗女娼；男耕女织；夫唱妇随；夫荣妻贵等；

d. 成年先于未成年：man and boy；father and son；扶老携幼；父慈子孝等；

当然，我们也说：mom and dad；bride and groom；aunts and uncles；ladies and gentlemen；horse and rider。这可能是库珀和罗斯（Cooper & Ross，1975：105）所称的“礼貌规约”（politeness convention）的原因，或是由于受强烈音系规则的支配所致。因为音系规则要求：高元音先于前元音；短元音先于长元音；前元音先于后元音；展元音先于圆唇元音；词首辅音少的先于辅音多的；音节少的词先于音节多的词等。例如在 horse and rider 中，horse 先于 rider，就可能是受“音节少的词先于音节多的词”这一音系规则支配的原因。

3. 内部接近层次

与说话人接近还有层次之分。一般来讲，凝固词的词序排列是从最不抽象到最抽象，因此，越抽象就意味着越具有标记性或不典型。具体地说，时间接近就比空间接近更抽象，隐喻意义上与典型说话人接近就比字面意义上与典型说话人接近更抽象。例如，并列词组中地点词就先于时间词，如英语的 here and now。

7.4 邻近象似原则

邻近象似与说话人无关，它是一种概念、语义关系，并且是从隐喻意义上来讲的。早在 1746 年，孔迪亚克(Condillac)就论述了语言形式距离与概念距离相对应这一原则。叶斯波森(Otto Jespersen，1949：56)提出过类似于该原则的衔接原则："紧密相连的观点趋向于放在一起。" 海曼(Haiman，1985：118)也认为，词语之间的语言距离反映概念距离，概念距离随语言距离的变化而变化，即语言距离越小，概念距离就越小。例如：

(7) a. We can do it *quickly*, and we can do it *well*.

b. We can do it *quickly* and *well*.

(8) a. *John Smith* and *Mary Smith* are employees of the CDC Corporation.

b. *John* and *Mary* Smith are employees of the CDC Corporation.

(7a)表明斜体部分所表达的概念是在不同的场合里实现；而(7b)却表明它们的概念是在同一场合实现。这说明(7b)中的概念距离比(7a)中的概念距离近。维茨毕克(Wierzbicka，1980)指出(8b)强烈暗示着 Smith

和 Mary 是紧密相关的，即他们是同一家庭的成员。

拜比(Bybee，1985)在研究邻近象似时还引入了“关联”(relevance)概念，它是指一个单位的语义受另一个单位的语义影响或限制的程度。她认为，关联程度是词汇化(lexicalization)概率的标志，两个意义单位彼此越关联，它们就越可能被编码成为一个形式单位。例如 to walk with an injured leg 和 to walk with an injured arm，前者可以词汇化为 to limp，而后者却不能。拜比解释说，受伤了的腿与运动的方式高度关联，因为它直接影响走路的行为；而受伤的臂与步行完全不关联，所以这种概念距离阻止这两个语义单位(walk 和 arm)合并为一个形式单位。

邻近象似反映词序接近，可从以下三个次原则进行讨论。

1. 简单邻近原则(principle of simple adjacency)

这个原则与依存语法(Dependency Grammar 或称配价语法，Valency Grammar)关系紧密。依存语法是从句子成分的相互依存或从属的角度说明成分之间的关系，其创始人之一为法国语言学家特尼埃尔(L. X. Tesniere)，他在其《结构句法基础》一书中提出了概括结构句法的三个核心概念：联结(connexion)，接合(junction)和转换(translation)。其中联结为句法关系，它使词与词相互联系而成为句子，并使它们处于一种相互依存的层级体系中，其中支配词可以支配或控制多个从属词。该理论声称，这类句法关系是普遍存在的，并且是由动词的中心作用和它支配其他成分(称为“配价”valency)的方式决定着此种关系。例如英语动词 blush (She blushes)为一价动词，give (The sales girl gave Jane the parcel)为三价动词。显然，依存语法事实上是阐述了一个简单的邻近原则。这种原则认为，修饰词或从属词应尽可能接近其支配词或中心词，这是因为名词或动词的意义相对稳定，而形容词或副词的意义具有较大的可变性。例如，road 就是 road，不管它是平的、弯曲的，还是泥泞的；但 flat 与 tyre、 voice 或 road 搭配却有不同的意思。显然，该原则是象似性的，因为它要求内容在一起的词在线性序列上也应放在一起。比如，宾语应和它所依存的动词在一起；形容词或限定词应和它们的支配词在一起。

2. 相对邻近原则（principle of relative adjacency）

当一个中心词或支配词有多个修饰语时，修饰语的位置一般有三种情况：所有修饰语在中心词之前；所有修饰语在中心词之后；一部分在前，一部分在后。当第一或第二种情况出现时，我们就有另一种词序象似性，即相对邻近，它有两个特征：内容上最靠近中心词的词一般应放在最靠中心词的位置上；相似的成分要放在一起。例如：

（9）the three nice little white wooden dolls

（10）the famous delicious Italian pepperoni pizza

在（9）中，不但修饰语彼此邻近，而且性质形容词比数量修饰语更靠近名词中心词。在（10）中，pepperoni 是 pizza 这种烤馅饼的内在成分，故必须直接放在中心词 pizza 之前；Italian 表明了这种焰饼的产地，应紧靠 pepperoni 之前；而表示 pizza 特点的形容词 delicious 以及对其评价的词 famous 则应远离名词中心词。

3. 关系词原则（relator principle）

世界上一般以 SVO 句型的语言居多，如现代英语和汉语就属 SVO 型语言。在这样的语言中，动词在主语所指和宾语所指之间创造了一种特殊的关系，即主语所指以动词所表明的方式去影响宾语所指。例如：

（11）He hit me.

在这里，me 是受事，受施事 he 的影响。动词 hit 可以看成是以一种具体方式连接两个相关词（relata）的关系词（relator）。从象似性的观点来说，把关系词置于中间是有道理的，因为它起着一种特殊的连接作用。迪克（Dik，1983）早就提出过关系词概念，并认为像介词和连词这样的功能词可充当关系词。例如：

（12）Tea for you.

（13）This or that.

虽然关系词不一定是中心词，如 he and she 中的 and，但中心词与关系词通常是一致的，如及物动词和介词就是它们宾语的中心词。此外，在相关词之间，关系词至少在语义上可产生一种特殊的关系。

7.5　文化规约象似原则

文化规约象似性是指词语的顺序与文化规约性之间的相似关系，这种关系在凝固词中表现得最为明显。例如，英语说“right and left”，而汉语为何说“左右”呢？这显然是受文化规约性的影响，这也是一种象似原则。

“右”在“左”之前，除了来源于人们惯于使用右手外，还主要是因为“右尊左卑”这一文化习俗。例如日本学者祖父江孝男说：“和日本、欧美的各国一样，在波利内西亚，类似‘右手是神圣的，左手是不吉祥的’，这样的信仰非常强烈”（转引自杨琳，1996：92）。非洲东部的查加人也认为身体的左边是不吉祥的：“使左手的人不得从军，走道的时候左脚的脚趾绊了一下，是给你一个警告，最好还是回家去”（罗伯特·路威，1986：220）。在世界上的许多语言中，“右”往往表示“好”的意思，而“左”表示“不好”的意思。例如，英语中的 right 一般有“好”、“正确”的意思，而 left 则有“不好”的含义。例如，the Right Honorable（对高级官员的尊称，相当于汉语的“右座”）；Mr./Miss Right（很相配的丈夫/

妻子)；have two left hands(非常笨拙)；a left-hand marriage (门户不相当的婚姻)； left-handed wife(小老婆，与汉语的“左媵”相当)。此外，“右”在“左”前，还与“东西”这一方位有关。英语定义“left”和“right”(参见《牛津现代高级英语词典》)时，是以人面朝北为基准的，这样“东”就与“right”相对应，西与“left”相对应；东方是太阳的诞生地，是给人类送来光明和温暖、带给大地春天和生机的地方。罗常培在《语言与文化》(1989：12-13)中谈论初民的方位时说：“他们往往拿日头的出没做标准。因此对于东方，昆明近郊的倮倮叫做‘日出地’，福贡的栗粟叫做‘日出洞’，对于西方，昆明近郊的倮倮叫做‘日落地’，福贡的栗粟叫做‘日落洞’。汉字的‘东’字从‘日在木中’会意，‘西’象‘鸟栖巢上’之形，英语的 orient 的本义也是‘日出’，实际上全是从这共同的出发点来的。”太阳每天从东方升起，又从西方落下，将这尽人皆知的自然现象来说明东西两个方向，这是自然明确不过的。不难想象，对绝大多数原始民族来说，四方中最先产生的方位概念应该是“东”和“西”，而确定东西的标准就是太阳的升起和落下。因此，“东”在“西”之前是模仿自然现象的结果，如英汉语都说“东西”(east and west)，英语有“East or west, home is best”(东好西好不如家好)这样的谚语；有英国文学家 Rudyard Kipling 的名句“East is East and West is West and never the twain shall meet”(东是东，西是西，一对永不遇)。汉语有“东……西……”这样的固定结构，如“东张西望”、“东涂西抹”等。正因为上述原因，所以英语以“right”为先。

但为何汉语以左为先呢？这显然与汉文化有密切的关系。在中华民族的悠久历史中，曾经有过“右尊左卑”和“左尊右卑”两种传统。让我们先看看“右尊左卑”这一现象。《礼记・王制》书：“殷人养国老于右学，养庶老于左学。”右学为大学，左学乃小学，国老尊于庶老，可知右学尊于左学。“右尊左卑”在官职上表现得非常明显。《史记・廉颇蔺相如列传》:“相如功大，拜为上卿，位在廉颇之右。廉颇曰：‘我为赵将，有攻城野战之大功，而相如徒以口舌为劳，而位居我上。’”正因如此，古代将升官称为“右移”，把贬官称为“左迁”、“左降”、“左转”、“左退”、“左削”、“左黜”、“左授”、“左宦”等。白居易《江州司马厅记》有诗为证：“凡内外文武官左迁右移者第居之。”从“右尊左卑”的观念出发，左右就引申出一些相互对立的义项，“右”有崇尚、亲近、中正等义；“左”则有疏远、卑下等义。《左传》襄公十年：“夫子所右，寡君亦右之，所左，亦左之。”孔颖达疏：“人有左右，右便而左不便，故以所助者为右，不助者为左。”左右这种相反的引申方向完全是由“右尊左卑”的民族心理所决定的。

与“右尊左卑”相对的是“左尊右卑”，这一文化现象也根深蒂固。《老子》31 章：“君子居(平时)则贵左，用兵则贵右。”又：“吉事尚左，凶事尚右。偏将军居左，上将军居右，言以丧礼处之。”这就是说在平时或吉事上左尊右卑，凶事上才是右尊左卑。下面这段记载是符合“吉事尚左，凶事尚右”这一说法的。《礼记·檀弓上》:“孔子与门人立，拱而尚右，二三子亦皆尚右。孔子曰：‘二三子之嗜学也。我则有姊之丧故也。’二三子皆尚左。”为何“吉事尚左、凶事尚右”呢？郑玄解释说：“丧尚右，右，阴也。吉尚左，左，阳也。”事实上，左阳右阴这种观念在父系氏族社会就已存在。大汶口墓地上经鉴定的四座男女合葬墓，均为男左女右的姿势。野店墓地上的十座男女合葬墓，“从保存较好的人骨鉴定结果看，均以男左女右位置陈放”(高广仁，1989)。这是左阳右阴观念在我国葬俗中的具体表现。

汉文化中的“左尊右卑”与“右尊左卑”看似矛盾，但在同一时期的同一地方是不会产生矛盾的。钱大昕《十驾斋养新录》卷十“左右”条云：“唐宋左右仆射、左右丞相、左右丞，皆以左为上，元左右丞相、左右丞，则以右为上。科场蒙古色目人称右榜，汉人南人称左榜，亦右为上也。明六部左右侍郎、左右御史、左右给事中、左右布政使，仍以左为上。”既然，汉语中有尊左或尊右的文化习惯，但为何只说“左右”而不说“右左”呢？这其中最重要的原因恐怕是与汉语四方文化有关。在汉文化中，左右前后与东西南北是相对应的。《礼记·曲礼上》曰：“前朱鸟而后玄武，左青龙而右白虎。”孔颖达疏：“前南后北，左东右西。”张清常先生（1990：89）也说：“在北京街巷名称中，在全国地图中，东西南北与左右前后是一个意思，而且互相对应。在我国的兄弟民族地区往往更习惯于用左右前后表示东西南北。”“这种东西南北与左右前后的一致对应无疑来自坐北朝南的居住习惯，在这种居住形势下，房屋正前方就是南，房屋背后就是北，人既以南为前，左边自然就是东，右边自然就是西”（杨琳，1996：65）。正因如此，所以汉语定义“左”和“右”是以人面朝南为基准的（参见《现汉》）。“东”先于“西”，故汉语中与“东”相对应的“左”永远先于“右”。如汉语中还有“左右逢源”、“左右袒”、“左支右绌”等以及“左……右……”这样的强调同类行为反复的结构，如“左思右想”、“左说右说”等。由此看来，像“左右”这样的凝固词具有文化规约象似性。

7.6 结 束 语

词序的研究在语言类型学中占有重要的地位。本章从象似性的角度讨论了词序问题，并认为词序在很大程度上受四个原则的支配：图象序列原则、与说话人接近原则、邻近象似原则和文化规约象似原则。词序象似性的揭示是对索绪尔开创的结构主义语言学中任意性原则的反动。“这场‘反对任意性的斗争’似乎已经激发人们去反思语言的具体特征和语言学的未来发展”（Simone，1994：ix）。

第 8 章　词汇空缺的发现程序和认知理据

8.1 引　　言

语言学中的“认知转向”使语言学家在认知科学的框架里对自然语言的许多方面进行了重新审视。譬如，就词汇而言，目前已卓有成效的工作恐怕就是对范畴化的研究或者通过隐喻对范畴化进行的研究(Taylor，1995；Lakoff & Johnson，1980；Lakoff & Turner，1989)。虽然词汇和语义演变的研究还没有广泛开展，但一些个案研究已经得出了重要的结论，如柏林和凯(Berlin & Kay，1969)对颜色词的研究，就预测了颜色词的演变；威廉斯(Williams，1976)对通感形容词(synaesthetic adjectives)的研究揭示了其语义演变的规律；Geeraets (1997)对典型性的特征的研究，揭示了四种类型的语义演变；昂格雷尔和施密德(Ungerer & Schmid，1996)提出并描写了典型(prototype)的发展过程。但是，作为一种普遍存在的语言现象——词汇空缺(lexical gap)，至今还没有引起认知语言学家的足够重视。

本章将在认知语言学的框架下对“词汇空缺”进行研究。首先，我们将探讨词汇空缺在语言结构中的表征及其发现程序，然后分析词汇空缺产生的认知理据以及词汇空缺与语言演变之间的关系。

8.2 词汇空缺的发现程序和语言表征

所谓词汇空缺就是指在一种语言的某一词汇场内，某一结构位置上缺少一个词项，或者说，当一种语言的词汇结构表明某个概念可能或应该被词汇化(用词汇表达出来)但却没有，这时就出现了词汇空缺。显然，要确定这种词汇空缺，就必须要有一种关于词汇结构的理论和定位的方法。就词汇结构而言，词汇空缺主要来自像上下义关系、反义关系、同义关系以及部分整体关系等。虽然这些词义关系的研究具有悠久的历史，但只在近二三十年里才得到了系统的研究，如莱昂斯(Lyons，1977)和克鲁斯(Cruse，1986)等。在这些研究中，人们对词义关系的类型及其特点有了许多共识。根据克鲁斯的观点，由词义关系联系起来的一组词称为“词汇构型”(lexical configurations)。此外，词义关系不只是语言理论化的产物，因为心理语言学研究表明，词义关系在本族人的元语言知识中还有其认知基础(Aitchison，1994)。下面我们将根据克鲁斯提出的三种词义关系，即“比例系列”(proportional series)、“层次结构”(hierarchies)以及“对立词”(opposites)，对语言系统中的词汇空缺进行研究，从而弄清词汇空缺的发现程序。

比例系列是由四个或四个以上的词汇组成的，这些词汇通过类比联系起来，用克鲁斯本人的话说，就是“比例性”(proportionality)。有的比例系列是开放的，有的则是封闭的。比例系列里沿着同一轴线的词汇之间的关系可能是同一的，也可能是不一致的。克鲁斯(Cruse，1986：118-119)认为：最简单的比例系列是由一个“单元”(cell)组成的，这个单元有四个成分，见图 8.1。

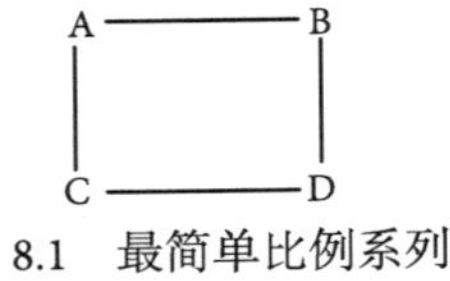

图 8.1　最简单比例系列

它们之间的关系必须是：一旦其中的三个成分是已知的，就可以确定第四个成分。因此，这种组合的结构具有下列比例性关系：

· A 与 B 的关系就像 C 与 D 的关系
· B 与 A 的关系就像 D 与 C 的关系
· A 与 C 的关系就像 B 与 D 的关系
· C 与 A 的关系就像 D 与 B 的关系

从这个单元出发，比例系列(特别是开放的比例系列)就可以同时沿着两个轴扩展。根据这种方法，一个基本的单元就可以扩展为一个更大的、开放的比例系列。

这里，我们可以用乔姆斯基(Chomsky，1965：169，231-232)的一个著名例子来说明比例系列。乔姆斯基在讨论词汇的“偶然空缺”(accidental gaps)时也提出了比例系列的最小单元，他认为：“作为‘偶然空缺’，我们可以指向不存在的动词 X，X 以表示动物的词语作为直接宾语，在其他方面有跟及物动词‘grow’相同的意义，这样‘he X's dogs’在意义上跟‘he grows corn’平行；或不存在的某个词：它跟植物的关系，就是‘corpse’跟动物的关系”(Chomsky，1965：232)。乔氏的这个例子可以表示为：

(1) animal　　corpse
　　plant　　?

此例中只有三个成分。根据克鲁斯的标准，它并不是一个完整的最小单元，并且这个例子本身(the *corpse* of an *animal*)也值得怀疑，因为这个系列可以进一步扩展：

(2) human　　corpse
　　animal　　carcass
　　plant　　?

此例中，human、corpse、animal 和 carcass 组成了一个完整的最小单元，并且其扩展形式 plant 揭示了一个表达“死的植物”(dead plant)

的词汇空缺。当然，与其他词汇空缺一样，这只是结构上的空缺，而不是功能上的空缺，因为如果在交际中特别需要的话，我们完全可以用“dead plant”来表达这一概念。因此，“词汇空缺”这一术语只是表示在某一词汇组合中的一个结构点(structure point)上缺少一个词汇化的形式。

克鲁斯(Cruse，1986：118-129)举的许多有关比例系列的表示动物的词语为我们研究某些语言问题提供了一个好的例子。

(3)

类指(单数)	成年雄性	成年雌性	幼崽
horse	stallion	mare	foal
sheep	ram	ewe	lamb
pig	boar	sow	piglet
?	bull	cow	calf
?chicken	cock/rooster	hen	chick/chicken
goose	gander	goose	gosling
dog	dog	bitch	puppy
bear	bear	bear	(bear) cub
lion	lion	lioness	(lion) cub
cat	tom-cat	tabby-cat	kitten
goat	billy-goat	many-goat	kid
etc.			

这个例子至少说明了以下几个问题。

第一，词汇组合不应该仅仅局限于简单的词汇，即只有一个词根的词汇。这里不仅有由派生词缀组成的词汇组合(如-ess 表示雌性，-let 或-ling 表示幼小)，还有由合成词组成的词汇组合(如 tabby-cat 和 tom-cat)。

从语义学的角度来看，只要它们产生词汇化的形式，是不会影响一个组合的。

第二，这个系列是一个相当开放的词汇组合。纵向看，它是开放的，因为我们还可以列举许多动物名称来；横向看，我们还可以增加许多维度，如动物的“肉”（horsemeat、mutton、pork、beef 等），但这种维度是有限的。

第三，这个组合还说明了几个次要区别。例如，bear 不但可以用来作为一个类指词(generic term)，也可以用来表示雄性和雌性；当 cub 前面有修饰语的时候，可以用来表示几种动物的幼崽。但我们不能把次要区别的例子与词汇空缺混为一谈：次要区别是指一个词在使用时具有两种或更多的词义，即是说，不同的词在同一词汇组合中所用来表达的意思；而词汇空缺是指某个意义没有词汇表达。因此，以上这个比例系列揭示了两个词汇空缺(一个很确定，一个不太确定，它们都用问号标出)。显然，在英语中没有表示 cow 和 bull 的一个类指词，chicken 用作 hen 和 cock/rooster 的类指词也不很确定。我们认为，chicken 在这里的类指意义是一种边缘词语。

下面让我们看看表示亲属词语的比例系列。

(4)

类指（单数）	阳性	阴性
parent	father	mother
child	son	daughter
?sibling	brother	sister
?	uncle	aunt
?	nephew	niece
cousin	cousin	cousin

这里，与 uncle/aunt 和 nephew/niece 分别对应的类指词存在着词汇空缺；parent 和 sibling 作为类指词也属于边缘现象，所有其他词语都是英语中的核心词汇，但这两个词语（特别是 sibling）是正式的，也许是书面语，而不是口语词汇。如果我们把 parent 和 sibling 看成是边缘现象，那么就产生了另外两个词汇空缺。

下面一个比例系列引自齐格勒（Ziegler，1978：67）。

(5) 有知觉或机能（动词）	无知觉或机能（形容词）
see	blind
hear	deaf
smell	?
taste	?
feel	?numb
speak	dumb/mute
walk	lame

这个比例系列表现出了不一致的问题，这对词汇空缺问题的研究有某种影响。克鲁斯（Cruse，1986：122）指出了动物系列与下面这个系列的区别。

(6) a. 高地	b. 水域
mountain	inland sea
hill	lake
hillock	pond
mound	puddle

系列（6a）和（6b）是一致的，因为纵轴上各成分之间的关系是相同的：根据山的大小和高低，可以从 mountain 和 hill 推测 hillock；同理，从 inland sea 和 lake 可以预测 pond。然而，例(1)~(5)在这方面却不是一致的。例如，在(5)中，人类的五官(耳、目、口、鼻、舌)似乎是一个有限的系列。但说话和走路也是人类的机能，并且动词 speak 和 walk 在右栏中有对应的形容词，即 dumb/mute 和 lame。此外，吃饭和呼吸也是人类的基本机能，为什么我们不继续列举呢？它们是否有相对应的形容词？这显然是一个悬而未决的问题。在此，我们没法讨论这一问题。不过，我们想附带说一下，不一致性为我们研究比例系列提出了一个重要的理论和实际问题。

现在我们来看层次结构。层次结构可以是分类结构(taxonomies)或者部分–整体结构(meronymies)，但这里我们只打算谈谈层次结构的分类问题。分类结构中的词义关系是一种上下义关系。分类结构的上下结点之间存在着上下义关系，兄弟结点之间存在着排斥关系。下义词与上义词之间存在某种关系，因此，spaniel 是一种 dog，dog 是一种 animal，animal 又是一种 creature，等等。克鲁斯(Cruse，1986：146)认为："在一个理想的层次中，所有分支在每个层次上都有一个节点"，但他也承认："在这一方面，自然(或者：通俗)的分类(与科学的分类相比)并不理想"。因此，(7a)是一个理想的分类，而(7b)和(7c)却不是。

(7) a.

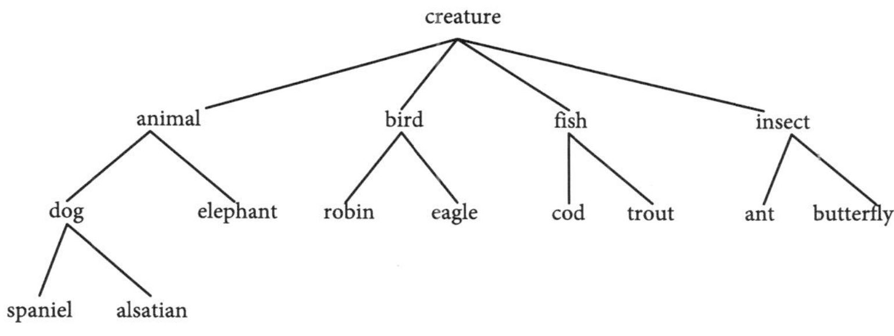

b.

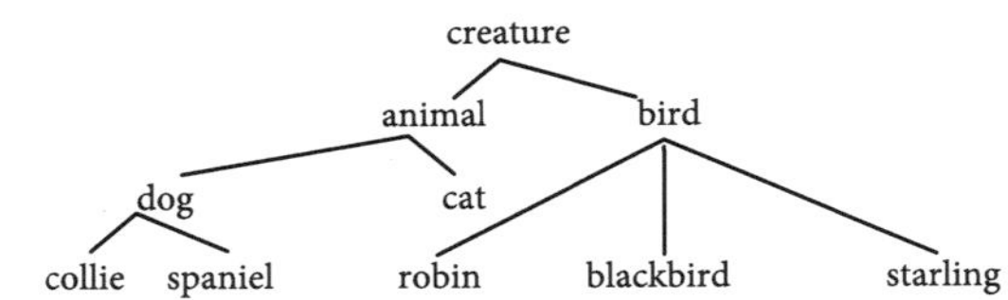

c.

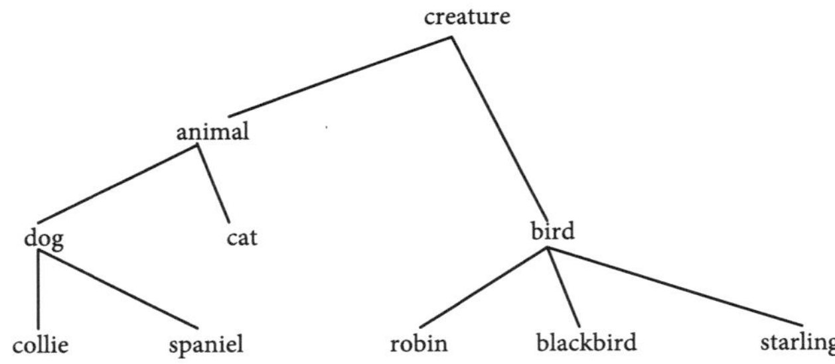

根据克鲁斯(Cruse，1986：118)，(7b)和(7c)是许多讲英语的人的分类，他们“感觉到，把花园里的鸟分成 sparrows、robins、thrushes、blackbirds 等，是不能与把动物分成 dogs、cats、sheep 等相提并论的，但与把 dogs 分成 spaniels、poodles、alsatians 等是相似的”。这种不平衡可能会使我们认为，在(7b)中 dog 和 cat 的层次上或者在(7c)中的 animal 层次上存在词汇空缺，但这种观点显然是有问题的。我们认为，这至少有两个原因：第一，我们很难想象出一个能填充这一空缺的而又不同于“鸟”的词义来；第二，任何一种解决办法都将会违背这一原则，即“在一个理想的等级中，所有分支在每个层次上都有一个节”(Cruse，1986：147)。因此，我们可以这样断言：通俗分类往往是不完美的，但这种不完美性并不会因此使我们认为存在着词汇空缺。克鲁斯(Cruse，1986：147)也认为：“一个分类层次中的词语可以认为是概念范畴的一个平行层次中的节点的标签。没有对应的概念范畴的标签的存在必须看成是很不可能的，但从直觉上认为是一个概念范畴却没有标签的存在并非不可能”。他（Cruse，1986：151）把这种没有标签的范畴称为“隐蔽范畴”（covert category），并用表示动物运动的动词进行举例说明。

（8）

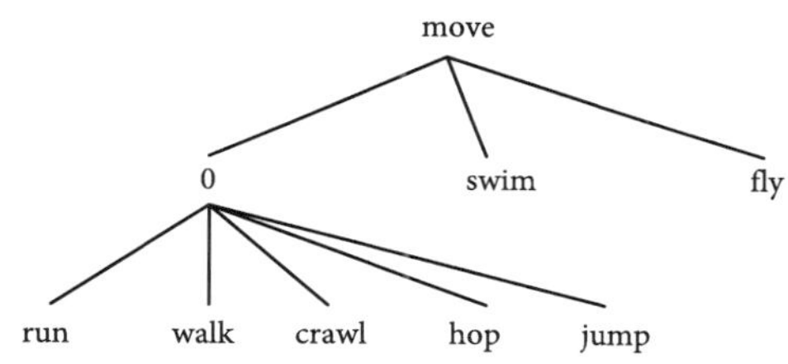

克鲁斯（1986：151）认为，“这个等级中有一个隐蔽范畴：没有一个表示在陆地上运动的动词的上义词”。他在这里虽然没有用“词汇空缺”这一术语，但他的术语“没有标签的概念范畴”或“隐蔽范畴”与“词汇空缺”显然指的是同一个意思。

现在我们来谈对立词。在对立词的所有类型中，互补词（complementaries）大概是概念上最简单的词。它所显示的是意义对立关系，如 single/married。这种关系中肯定一个词项等于否定另一个词项：一个实体不可能同时是两者。互补关系的特点是两者之间没有等级和程度差别，譬如没有 less married 或 very married 的说法。用克鲁斯（Cruse，1986：198-199）的话说：“一对互补词的本质就是，它们把它们之间的某个概念域彻底划分为两个相互排斥的区域，以至于不属于一个区域的必然属于另一个区域。在它们之间不存在‘无人地带’、中间地带，或第三个词语的可能性。”互补词一般为动词或形容词，例如，hit: miss（a target）；pass: fail（an examination）；true: false；dead: alive；open: shut。

根据互补词的上述特点，我们如何判定像（5）中的形容词 blind、deaf、

dumb 或 lame 呢？人们既能看见，又不能看见；既能听见，又不能听见，因此像 blind 或 deaf 这样的形容词似乎分别就是一对互补词中的成员。但是，这样的一对对互补词显然是不完整的，因为像 not blind/able to see 和 not?/able to smell 可以用 able to see 和 able to smell 这样的表达式来解释，但不能完全词汇化(sighted，?seeing?)。这或许是因为现存的形容词表示缺乏某个性质,因此不能用前缀 un-来否定,至少部分形容词是这样，例如有互补形容词 true/untrue(false)，但 false/*unfalse 则不行；有反义词 beautiful/unbeautiful(ugly)，但 ugly/unugly 则不行。据此，我们似乎有理由把像 deaf 这样的词所缺的互补词称为词汇空缺。

(9)

有知觉或机能(动词)	有知觉或机能(形容词)	无知觉或机能(形容词)
see	sighted, ?seeing	blind
hear	?hearing	deaf
smell	?	?
taste	?	?
feel	?	?numb
speak	?	dumb/mute
walk	?	lame

以上所讨论的虽然不够全面，但这些实例足够使我们相信语言中的确存在着词汇空缺。这些讨论也为我们研究词汇空缺提供了一个发现程序。

8.3 词汇空缺的认知理据

语言结构中词汇空缺的存在，从认知和历时的角度来看，又给我们提出了一个新问题：为什么会存在词汇空缺？从上面的例子不难发现，有许多认知因素在起作用。我们认为，至少有三个认知因素，即心理突出（psychological salience）、感知突出（perceptual salience）和典型性（prototypicality）。

1. 心理突出

心理突出也可称为情感投入（emotional involvement）。我们可以用例（4）中的亲属词来说明心理突出这一认知因素。在该例中，parent 和 sibling 几乎是学术词语；uncle/aunt 或 nephew/niece 没有对应的中性词语。母亲和父亲、兄弟姐妹等是我们最熟悉、最亲密的人，几乎可以看成是一个人。然而，作为一个人，他们是我的母亲或父亲，而不是我的父母或父母中的一个，因此，缺少一个表中性的词语就能从心理的角度得到解释。

心理突出也可以解释与词汇空缺相关的一些次要区别。例如，为什么英语中有表示某些动物的雄性、雌性以及幼崽的词语，而其他动物却没有［见例（3）］？原因恐怕是，前者倾向于是家禽和宠物，就是说，这些动物与人类最亲密。一个农民不得不饲养 foals、lambs、calves 这样的动物，与它们打交道很多；许多宠物的饲养者非常熟悉 puppies 和 kittens 这样的动物。只有动物学家才会与某些动物的幼崽打交道，譬如说 lions、tigers、leopards、bears 和 foxes 等，因此从心理学的角度来看，这些动物的幼崽都叫 cubs 是可行的（Cruse，1986：127）。至于有的动物，从心理学的角度来看，雄性与雌性之间的区别对于普通人来说就不那么重要了。

心理突出这一认知因素还可以解释乔姆斯基提出的表示“死的植物”的词汇空缺。从移情的角度看，人们最容易为人的死亡所感动，其次是动物的死亡，最后才是植物的死亡。通常情况下，人们总是要埋葬人的尸体，有时也埋葬动物的尸体，但很少埋葬死亡的植物。在伊利诺伊大学（UIUC）有一个很大的公墓，一位美国朋友告诉笔者，那里埋葬的许多是动物（特别是狗）的尸体。一只宠物死后，有许多人为之举行“葬礼”，立碑“颂德”，表示自己的悲痛，这正是人类对某些动物所产生的移情。当然，我们有时也可能新造一些词语去表示死亡的植物，如德语中的 Waldsterben（dying of forests）和 Baumleiche（corpse of tree）。这种现象可以说是自然的人格化或移情的结果。

例（8）中的词汇空缺也可以用心理突出这一因素来解释。一个人运动的自然方式是在陆地上移动，移动的方式也多种多样，所有这些都是由第三层次上的动词表示的，如 run 和 walk 等。相反，游泳和飞行是运动的特殊形式。对于人类来说，游泳和飞行是某些动物的自然运动方式，但不是人类的自然运动方式，因此游泳和飞行在心理上的距离更远一些。所以，第二层次上有两个动词。

心理突出也可以解释互补词中的词汇空缺，如例（9）。正常的人能看、能听、能说话、能走路，这是四项最为基本的生存能力，相比之下，smell、taste、feel 稍微次要一些。所以，聋、哑、瞎、跛就显得特别重要，故有称呼。

2. 感知突出

感知突出也是一个认知因素，它可以与心理突出同时进行。我们可以用例（5）中的动词和与之对应的形容词的空缺来说明这一问题。如果一个人是瞎子或跛子，我们一眼就能看得出来；如果一个人是聋子或哑巴，只要通过语言与之交流，我们也能识别。但是，一个人的嗅觉或味觉的缺乏（比如一个人得了感冒后的生理反应）是不能易被别人感知的。因此，我们可以认为，与缺乏嗅觉或味觉相比，瞎和聋是更容易被人发现的缺陷，故英语中有表示这方面的形容词。

感知突出也可以解释动物的自然分类的不规则性，如（7b）和（7c）。每一个正常人都能看出一条狗与一只猫的区别，但不一定看得出一只画眉（thrush）与一只燕八哥（blackbird）之间的区别，或者知更鸟（robin）与花雀(titmouse)间的区别。当然，这既是一个心理突出的问题，也是一个感知突出的问题。像(7b)和(7c)这样的分类在生物学上没有多大意义，但是它有某种心理上的正确性，因为对大多数人来说，画眉与燕八哥之间的区别不如柯利狗(collie)与长毛垂耳狗(spaniel)之间的区别那么重要。

3. 典型性

典型性是以典型概念为基础的。美国心理学家罗施(E. Rosch)的研究表明，人们对范畴中成员的判断是以典型为基础的。在一个范畴里，一些成员比另一些成员更“好”或更“典型”，处于一个范畴的中心，最中心的成员就是典型，即最佳实例(参见文旭，1999)。相对地说，我们容易想象一个典型的猫、马或者鸭，但一个典型的牛科动物像什么样子？公牛有大角、短脖子，但明显没有乳房或乳腺，而所有的母牛都有乳房或乳腺。同样，我们很难描写一个典型的既雄又雌的鸡，因为雄鸡可以通过鸡冠、颈部的垂皮以及尾巴来识别。换言之，客观世界中可能有典型的马或猫，但没有典型的既雄又雌的牛，也没有典型的既雄又雌的鸡。正是由于这两种动物缺乏典型，因此存在着表示类指的词汇空缺。

我们这里提出的三个认知因素，即心理突出、感知突出以及典型性，在某种程度上是可以解释语言中的词汇空缺的。当然，这并不是说这已经解决了词汇空缺的所有问题，其实这些解释仍然相当肤浅，将来会发现更深刻的认知解释。

8.4　词汇空缺与语言演变

词汇空缺的认知理据进一步提出了新问题。如果上面讨论的所有词汇空缺都以认知为理据，那么，在一种语言的整个历史中和世界上所有的语言中，我们是不是不应该期望都能找到它们？我们认为，答案是肯定的。这就自然涉及上述三个认知因素的普遍性问题。对于所有的人来说，虽然在地面上运动(如步行和跑步)比游泳和飞具有更重要的意义，但对不同文化或不同时期的不同民族来说，有不同的家禽是完全可能的，因此也就可能影响到表示家禽的词语。由于亲属关系可能存在不同等级的亲密程度，因此，也可能会影响一种语言中表示亲属关系的词语。

从历时的观点来看，一种语言里的词汇空缺可能会以四种不同的方式表现出来：它们可能是永久的，即是说，在一种语言里这种词汇空缺从最早的文字记载到现在都存在；如果不是永久的，它们可能在较早的时期存在，后来可能被填补上了，或在语言历史中的某个时期“开发”过，或者是可能“开发”过，后来又“废除”了。

永久性的词汇空缺就是以我们前面讲的认知理据为基础的词汇空缺。如果这种认知理据始终保持不变，我们就可以预料这些词汇空缺在一种语言的历史中是永远存在的。因此，从古英语以来，英语中就没有表示 father-or-mother、brother-or-sister 以及 uncle-or-aunt 这样的通性或中性词语。虽然英语中有 parent 和 sibling 这两个词，但它们在意义上比较专业，并且较晚才出现在英语中。parent 的复数形式出现于 1450 年，其单数形式出现于 1568 年；sibling 在古英语中表示“亲戚、男亲属”，但其现代意义“兄弟”或“姐妹”只是从 1903 年才开始使用。parent 在现代英语中越来越普遍使用，这或许反映了对父母身份认知的变化：在某些社会里，高的离婚率以及许多未婚母亲的存在，使得像单个母亲身份或单个父亲身份这样的概念比从前更加可以接受了。因此，parent 这样的词语可以看成是因为近来的社会变革巨大，引起认知上的转变才被填补了的词汇空缺。此外，英语中缺乏表示第三人称单数的通性代词。类指用法的 he(如 If a baby cries, he may be hungry) 今天已经不令人满意了，这是因为它具有不对称性：he 也可以并且经常只是用来指男性，但英语却没有类指用法的 she。通性代词的缺乏是一个有理据的词汇空缺，但却是一个很难填补的空缺。代词是一个相对封闭的词类，代词系统的演变相当缓慢，但近来可用作单数的 they（见下面例（10））已越来越被人们接受了。通性的 cow-or-bull 描述了一个相反的情况：古英语有词语 hrīer，是德语词 Rind 的同源词，但英语在 17 世纪就丧失了这个词。这虽然不是一个强有力的证据，但我们认为这种丧失是可能发生的，因为 hrīer/rother 在认知上的理据不如其他表示通性的动物词语那样有力。

暂时的词汇空缺是偶然发生的，并且可能再被“治疗”措施填补（Aitchison，1991）。这里我们可以举两个例子予以说明：一是关于第三人称单数的人称代词；一是关于表示季节的词语。

一个很明显的事实就是中世纪英语里的第三人称单数代词（10a），可参见塞缪尔斯（Samuels，1972：114-116）。当早期中世纪英语的 ēo 单元音化从而导致古英语的 hēo（her）与 hē（he）在英格兰大部分地区的结合时，英语实际上就丧失了第三人称单数的阴性代词。这一“偶然事件”使英语的代词系统出现了词汇空缺，但几乎与此同时这一空缺又被一个新的代词 she 所填补了，见下例。

(10) a.	类指	阳性	阴性
古英语	?	hē	hēo
早期中世纪英语?		he	?
晚期中世纪英语?		he	she
b. 现代英语	?they	he	she

现在我们来看第二个例子，即表示季节的词语。在原始日耳曼语中，表示季节的词语似乎只有两个：summer 和 winter，但在拉丁语的影响下，各种日耳曼语发展了表示四个季节的词语系统。在古英语里，表示季节的词语组合是由 lencten、summer、hrœfest 以及 winter 组成的，但“旧”词语 winter 和 summer 与新词语 lencten 和 hrœfest 的使用很不相同。例

如，安德森(Anderson，1997：263)就认为："当谈到季节时，在古英语里同时存在两个语义系统：较早的两个季节的日耳曼语系统，winter 和 summer，以及四个季节的拉丁语系统。"这种区别在较晚的英语史中也非常明显：winter 和 summer 的词汇特征和语义特征相对稳定，而 spring 和 autumn 却很不稳定。在古英语里 lencten 已经具有多义性，即一年中的"第一个季节"以及"复活节前的禁食期"。在 13 世纪~15 世纪的中世纪英语里，lent(en)丧失了表示季节的意思，只限于表示宗教的意义了，并演化成了现代英语的 lent。这个例子说明，在表示季节的词汇组合中，出现了一个偶然的词汇空缺。第一次"治疗"措施是扩展 sumer 一词的意义，但这似乎并不令人满意。从 14 世纪~16 世纪，英语引进了一套新的词语，spring 最终成了胜利者。这一新的调整也影响了表示秋季的词语：借词 autumn 以及后来的新词 fall 的出现，最终代替了 hervest/harvest，后者到 18 世纪已丧失了表达季节的意义。

(11)

	春	夏	秋	冬
古英语	lencten	sumer	hærfest	winter
中世纪英语	?	sumer	hervest	winter
中世纪英语	?sumer	sumer	hervest	winter
现代英语	spring	summer	autumn/fall	winter

8.5 结 束 语

本章主要用英语语料探讨了词汇空缺的发现程序、语言表征和认知理据以及词汇空缺与语言演变间的关系。首先，从词义学等角度提出了词汇空缺的发现程序，确定了词汇空缺的几种语言表征形式，然后提出了词汇空缺的三个认知理据，即心理突出、感知突出以及典型性，最后从历时的角度探讨了词汇空缺与语言演变之间的关系。这些研究具有一定的认知概括性和历时概括性，证明语言中的确存在词汇空缺，其存在有其认知理据和历时原因。当然，我们的研究只是建立在有限的语料基础上的，还需要跨语言的研究(譬如英汉语的对比研究)，需要用语言类型学的理论和知识进一步解释和证实。

第 9 章　话题与话题构式

9.1　引　　言

话题这一思想作为语用功能的提出可以追溯到法国学者韦尔(H. Weil)的《古代语和现代语词序比较》(1844)一书。他在该书中首次从信息传递的角度提出了句子的二分论：一个句子包含一起始点和一话语目的。起始点是说话人和听话人共知的信息，话语目的是被传递的新信息。在他的启发下，布拉格学派对这一问题进行了深入研究，创立了句子功能观(Functional Sentence Perspective, FSP)。该理论涉及两个层面的研究：话题层，即句内语用功能的分布；语境层，即语篇的发展。与前者相关的是主位/述位(theme/rheme)切分，与后者相关的是主位推进(thematic progression)。作为一种语言分析理论，FSP 主张按包含的信息来分析话段(utterance)或语篇(text)。它描述信息在句子里是如何分布的，尤其是研究已知信息和新信息在语篇中分布的效果。已知信息(在 FSP 里称主位)，指对读者或听者来说不是新的信息，述位就是指新的信息。到了 20 世纪中期，语篇分析受到了语言学界的极大关注，理论阐释也不再囿于句子功能观中的主位/述位切分，出现了像话题/评述(topic/comment)、背景/焦点(background/focus)、已知信息/新信息(given/new information)、自由信息/约束信息(free information/bound information)、心理主语/心理谓语(psychological subject/psychological predicate)、会话静态成分/会话动态成分(conversational static element/ conversational dynamic element)等。不过，在语言学界影响最大、争论最多、问题也最多、至今还为人们津津乐道的主要是“话题/评述”这对术语。评述是句子交际动能的主要载体，这已成为人们的共识。但在语篇构建中起关键作用的却是话题。因此，对语篇发展的不同阐释无一不从“话题”入手。

“话题/评述”这对概念最早是由霍凯特(C. F. Hockett)在其《现代语言学教程》(1958: 201)中提出来的。他说，一个句子可以区分为话题(topic)和评述(comment)两部分，即“说话人宣布一个话题，然后对它说些什么……在英语和人们熟悉的欧洲语言中，通常话题也就是主语，评述也就是谓语……但是这种一致在英语口语里有时达不到，正式英语里在一些特殊情况下也经常达不到，在有些非欧洲的语言里更达不到。”从霍凯特所举的例句可以清楚地看到，这种“句子话题”(sentential topic)可能和语法上的主语相一致，如(1a)，也可能不一致，如(1b)：

(1) a. John/ ran away.

b. That new book by Thomas Guernsey/ I haven't read yet.

把话题作为一个语法术语，用于鉴别句子结构中(或至少在深层结构的分析中)的一个组构成分(constituent)，也见于达尔(Dahl，1969)和斯加尔等人(Sgall et al.，1973)这样一些语法学家的著作中。转化生成语法采用“话题化”的移位转换观点来解释例(1b)的结构。由此看来，见于这些句子结构描写中的术语“话题”，基本上是一个被用于鉴别一种特殊的句子组构成分的术语。该术语也照此一直被用于话语研究，以说明各种语言中标示句子“话题组构成分”(topic constituent)的不同方法，例如格兰姆斯(Grimes，1975：337)就是这样做的。这个术语也被吉汶(Givón，1979)用来阐明他的论点，即在语法的发展过程中，句子的主语派生于“语法化的话题”(grammaticalised topics)。

“话题”一直是语言学研究的一个重要课题和热点问题。特别是在功能语法和语篇分析中，话题被认为是一个最基本的，而且是具有普遍意义的概念。但是，人们对话题的理解还有较大的分歧，有人把话题看成是一个句法概念，也有人把它看成是一个语用概念；有人所说的话题是句子话题(sentential topic)和结构话题(structure topic)，有人所谓的话题是“话语话题”(discourse topic)或“语篇话题”(text topic)。虽然经过了几十年的长期研究，但话题研究的结果还是众说纷纭，莫衷一是，其研究还衍生出了许多其他问题。自赵元任(Chao，1968)主张用话题、评述来分析汉语句子以来，在功能语法方面，前后有曹逢甫(Tsao，1979，1990)、李讷和汤珊迪(Li & Thompson，1976，1981)、张伯江和方梅(1996)、徐烈炯(Xu，1995)、屈承熹(Chu，1996，1997)、徐烈炯和刘丹青(1998)等学者的研究；在形式语法方面，有黄正德(Huang，1982)，徐烈炯和朗根多恩(Xu & Langendoen，1985)、徐烈炯(Xu，1986)、黄正德和李艳惠(Huang & Li，1995)、徐烈炯和刘丹青(1998)等的研究，在结构语法方面，则除了赵元任(Chao，1968)外，还有朱德熙(1982)，李临定(1985)、陆俭明(1986)、范开泰(1985)、范晓(1996)、史有为(1995)等的著作。对同一课题有这么多的研究，但结果却有较大分歧，究其原因，除了各自引用的语言学理论不同外，还有着眼点的不同。虽然围绕话题的争议很多，存在的问题也不少，以至于有些人对语法研究中话题这个概念有没有存在的价值产生了怀疑，但我们应该看到，话题研究对深化语法和语篇研究具有重要的意义，它不但对分析语言的具体语法和语篇现象有积极的作用，而且对从宏观上把握语法和语篇的特点也有积极的影响。

本章将在认知语法的框架下，探讨与话题相关的一些基本问题，例如话题的界定、话题的性质、话题化的手段和方式，旨在揭示话题及话题化的本质特征及其认知理据，从而为语法和语篇的认知研究提供一些佐证。

9.2　有关话题的一些讨论

“话题”是一种直觉上令人满意的描写统一原则的方法，这种统一原则就是让一段话语谈“这件事”，而让下一段话语谈“另一件事”，因此，它在语篇分析的文献中经常被采用，但话题究竟是指什么？识别确认“话题”的依据又是什么？这些却很少有过明确的论述。话题通常被认为是“谈论的对象”、“句中的已知信息”或“出现在句首的成分”。这些说法固然都没错，但却没有一个是完整的定义或描述。这种理解上的分歧，除了理论背景不同以及对话题认识的角度不一样外，还因为不同学者使用话题这个概念的目的也不尽相同，要用它来说明的语言现象也不同，因而造成话题这个术语内涵的不确定性。古瑟斯（Goutsos，1997）曾用“什么-如何”（what-how）以及“句子话题-话语话题”（sentence topic-discourse topic）两组对立的概念来概括语言学界对话题这个概念理解上的主要分歧。但总的来看，这种分歧主要体现在以下两个方面。

第一，对“话题”的观察角度不同。有人把它视为一个离散的成分或单位；有人则把它看成是一个结构或联结的框架。前者主要关心的是我们所说的或者所写的是关于“什么”；后者关心的是我们“如何”把所说和所写的组合起来，话题往往作为一个“如何”把话语连接起来的链条。

第二，把话题定位在哪个层面上，大致有三种情况：从句子之内来认识话题，把话题作为一种句中成分；从句子之外来认识话题，把话题作为一种话语成分；同时从句内或句外来认识话题，把话题看成既是句中成分又是话语成分。

不少学者都是在句内来认识话题，把它看作一个句内成分。这其中又有两种情况：有的学者是从句法结构的角度认识话题，把它作为一种句法成分；也有的是从句子的信息结构来认识话题，把它作为一种语用成分来分析。前者在研究汉语的学者中颇有市场。代表性的观点有：话题是句法成分，而且把话题与主语等同起来，认为主语就是一个句子的话题(赵元任，1968)；把话题看作句法成分，同时区别话题和主语两种不同的成分。最早提出这种观点的是李讷和汤珊迪(Li & Thompson，1976，1981)。徐烈炯和刘丹清(1998)更进一步发展了话题和主语分离的观点，认为英语的话题是一个语用成分，而汉语的话题已经语法化了，是一个句子成分，这正是汉语不同于英语等语言的一个重要标志。他们这样处理的目的在于通过话题和主语的区分来说明汉语句子结构的特点，解决汉语中一直令人困惑的主语问题。

从句子信息结构的角度来认识话题的学者否认话题是一种句法成分，把它看成是语用成分。但从认识的角度看，对话题的理解又各不相同。第一，有的着眼于句子内各部分之间的关系，认为话题是句子要说的事(Gundell，1985：85)，或者说是一个句子所关涉的部分，评述是一个句子的“所谓”部分。第二，有的着眼于交际过程：或者从交际主体的角度出发，认为话题就是指“这里是我说话的起点”(Halliday，1970)，显示着说话人注意力的最初指向；或者从交际对象的角度出发，它是交际对象已知的信息，把话题和已知信息等同起来；或者从交际双方的角度出发，它是交际动力(communicative dynamism)的基点，是推动交际进行的出发点。

把话题看成是一种话语成分的主要理由是：话题在形式和意义上所关涉的范围有时会超出句子，它所统辖的范围有时是一个超句体。它所统辖的范围应该被看成是一个话题结构，它有时不仅是一个句子，而可能是几个句子。这种话题就是“话语话题”。在研究汉语的学者中，持这种观点的有曹逢甫(1979，1990)和石定栩(1998)等。此外，范·戴克(van Dijk，1977)等人还把话题理解成是整篇文章的话题，即所谓的“篇章话题”(text topic)。

同时从句内和句外两个角度来认识话题的有兰布雷希特(K.Lambrecht)。兰布雷希特(Lambrecht，1994：127)认为，话题用来指定一个句子所关涉的实体，即一个句子中传达的信息所关涉的成分。在给话题下定义时他的出发点是一个句子内部的各个部分之间的语用关系。但他也指出，如果以语用概念“关涉性”(aboutness)和“关联性”(relevance)来给话题下定义，有时仅仅根据句子的句法结构来确定一个句子的话题是不可能的，因为在像英语这样的语言中，既没有语法关系也没有成分的线性位次也可作为可信的话题标记。为了确定一个实体是不是一个句子中的话题，经常需要考虑该句所在的语境。例如，在 The children went to school 这个句子中，要确定 children 是不是以及在何种程度上是这个句子的话题，必须知道这个句子表达的内容是否可以在语用上解释为是关于 children 的，即 children 是否是当前感兴趣和关心的事情，以及这个句子表达的内容是否是可以解释为关于 children 的相关信息。要确定情况是不是这样，必须把这个句子放在特定的话语中来分析说话人的交际意图以及说话人的思想状态。如在下面几个不同的语境中，children 的语用身份是不一样的(大写的词语是重音所在)：

(2) a. (What did the children do next?) The children went to SCHOOL.
b. (Who went to school?) The CHILDREN went to school.
c. (What Happened?) The CHILDREN went to SCHOOL!

兰布雷希特认为，只有句(2a)是话题-评述结构。因为话题是一个命题所关涉的对象，从信息结构上看，(2a)说明的对象是 children，后面是说明话题的相关信息。这个句子的语用功能是说明已经建立的“话语所指”的一些指点。(2b)是确认句，其陈述目的是在一个论元和先前已经激活的那个命题之间建立关系。这个句子的 children 不是句子所关涉的对象，因而不是句子的话题，而是句子的焦点信息。(2c)是事件-报告句，这个语境中的命题既不和一个已经建立的话题相联系，children 也不是命题所关涉的对象，因而也不能看成是话题。总之，兰布雷希特认为，话题是一个句子中的语用成分，但在确定话题时则必须放在话语的层面上。

9.3 话题的界定与性质

从上面的论述我们可以看到，话题的确是一个很难确定的概念。事实上，在话语组织的每个层面上都有话题。例如在下述(3a)~(3d)中，我们可以看到，在一个段落、复杂句或简单句里，话题都在起作用（Langacker，2004b：31）。

(3) a. Let's talk about the **wedding**. June would be a good month. I don't want to invite too many guests. Do you think we should have it outdoors? We really ought to have it recorded on video tape.

b. **That wedding**, I'm really looking forward to it, but I don't want to buy a tuxedo, since I would never use it again.

c. **That wedding**, I'm really looking forward to it.

d. **That wedding** I'm really looking forward to.

因此，我们认为，话题既是一个句法概念，也是一个语篇或语用概念。作为一个句法概念，话题是与句子结构的描写联系在一起的，这一用法通常称为“句子话题”。但是，话题不仅涉及相当于简单句的语言单位的结构，也不仅仅是任何类别的一个语法组构成分。我们也认为，“话题”是会话中“正在谈论的对象”，是一个句子或多个句子所关涉的对象。这类话题不可能被看成是句子的一部分的。埃特尔(恩格尔坎普，1997：159)曾以这样的例子证明了这一观点：

人们设想有这样一种情景，弗里茨正在告诉弗朗茨：昨天我看了一部精彩的电视侦探片。——弗里多林走过来打断了弗里茨的话问道：你在谈什么？——一般总是这么回答：在谈论一部电视侦探片。——人们决不会回答说：在谈论我。而如果语法主语恰恰是正在谈论的话题，就应该这样来回答了。此时被谈论的话题不是说话者自己，而是说话者看过的那部侦探片。

因此，我们完全赞成摩根（J. L. Morgan）的观点："不是句子拥有话题，而是说话人"（Morgan，1975：434）。为了把他们的话题概念同语法学家的句子话题区别开来，基南和希费林（Keenan & Schieffelin，1976）提出了"话语话题"这个术语。为了避免在语篇研究中处理"话题"，即像通常处理句子话题那样，把"话题"也看成是好像可以由一个简单的名词短语通过某种方式表达的，他们提出了"话语话题不是一个简单的名词短语，而是一个（对其提出或推导出某项断言的）命题"（Keenan & Schieffelin，1976：380）。兰布雷希特（Lambrecht，1994：131）也认为话题的界定应该从其与命题之间的关系入手。他指出："在特定的情况下，如果某个命题被解释为是关于某个所指（referent），也就是说，该命题所表达的是有关该所指的信息，同时该信息又能增加受话人对该所指的了解，那么该所指就成了该命题的话题"。

从认知的角度来看，我们认为，在话语层面上，话题是一个参照点，其目标（target）是一个命题。在一个典型的话题构式（topic construction）里，话题是由一个名词短语表达的，而命题则是由一个限定小句表达的。例如：

(4) **The lottery**, I never have any luck.

一个话题的辖域（dominion）就是该话题激活的知识域。正是在这个被话题激活的知识域里，目标命题才有效。例如，在(4)中，说话人的运气不好只能解释为是买彩票的运气不好，而不是在爱情、轮盘赌（roulette）

或生活方面不好。因此，一个话题结构的内在本质是动态的，存在于有序的心理通道(mental access)中。话题激活一个辖域，而目标命题位于这个辖域里。一个命题出现在一个话题的辖域里，其意思就是这个知识域为话题的正确理解提供了语境。话题的这个参照点关系可以用图 9.1 表示：

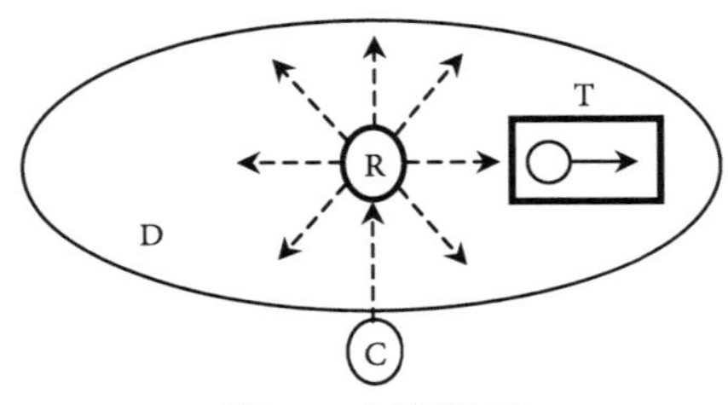

图 9.1　话题关系

这个图与我们将在第 12 章里论述参照点时的图相同，只是这里的目标是一个命题而不是一个实体。圆圈和表达命题的实心箭头与表达命题的分句的基本成分一致，也就是射体(trajector)及其运动过程。包含它们的小盒子只是一个符号装置，表明该命题是一个整体。话题的辖域(D)是由所有可以参照话题(R)进行解释的命题组成的。

一般来说，话题所控制的话语越短，话语结构与命题的整合程度就越紧密。也就是说，话语组织的层面越高，名词参照点与其辖域内的一个过程之间的联系就越松散。例如(3)，在(3a)中，话题是由一个独立的句子引入的，但在其辖域里的每个命题里并没有明显提及。(3b)中的话题是在句子之内，但是作为一个独立的语调单位。(3c)中，谈论中句子只有一个小句，话题在结构和语调方面都在小句之外，但通常小句都包含一个回指话题的代词。在(3d)中 that wedding 是在小句内，同时起着话语话题和小句宾语的作用。

让我们再举几个例子予以说明。首先看一个段落层面上的话语话题。

(5) It's really hard to write **a dissertation**. You have to find a subject. Then you have to come up with some idea and do lots of preliminary analyses. When you do the background reading, you find that most of those ideas have already been proposed and rejected. So you have to work for a number of years before anything viable starts to take shape. You have to worry about continued financial support. Then you have to satisfy five committee members with mutually incompatible notions about what you should be doing. You have to go through about seven drafts. Then...

此例中，第一个句子把 dissertation 建立为话语话题。随后的所有句子都被整合进该话题的辖域内，也就是说，这些句子的解释要与话题 dissertation 相关，尽管这些句子没有一个明显提及它。从结构上来看，表达话题的名词是在每个评述句子之外。从概念上来讲，话题的所指对象不必是这些句子中的焦点成员，并且在有些句子里还非常边缘化，例如 You have to worry about continued financial support。

再看一个句子层面的话题：

(6) a. **Jack**, when I go to see him, he's never home, and he's always complaining that his friends ignore him.

b. **Jack**, he's always complaining.

评述句可以是复杂句，如(6a)，在该句中，许多命题被整合进话题的辖域内。评述句也可以是一个简单小句，如(6b)，在该句中目标是由一个命题组成的。不管是那种情况，从结构上看，建立话题的名词都是在评述句之外。但是，与段落层面上的话题相比，它们之间的联系更紧密，如果只是一个句子作为评述的话。更重要的是，话题的所指强烈倾向于作为评述小句的一个中心成员。

在更低的组织层面上，建立话题的名词在结构上属于表达评述命题的小句内部。虽然可能使用不同的句法结构，但具有最接近的“话题-评述”整合才会使作为话题的名词同时作为语法主语或宾语。最好的例子就是英语中的前置宾语，见下例。

（7）**Bill** I admire.

此例中，小句在首位把 Bill 标示为话题，与此同时该名词直接承担小句宾语的语法角色。核心不但是所勾勒的关系中的一个焦点成员，而且话题和核心彼此一致，即同一个名词短语表达它们。这种选择也适合一个表达主语的名词吗？从原则上来讲，这完全是可能的。但由于英语的主语通常出现在句首，那自然会把一个主语标示为句内话题。但值得注意的是，像(7)这样的表达式——话题和核心一致——通常出现在对比句中，这使得示例名词在发音上突显。例如(8)就涉及宾语，发音突显用大写字母表示。

（8）**BILL** I admire, **JACK** I don’t.

同样的对比也可以发生在小句主语上。例如：

（9）**ALICE** admires Bill, but **JANE** doesn’t.

此例中，我们至少可以把小句的主语看成是建立了一个句内话题。(9)中的每个小句都把主语的侧面(subject’s profile)建立为一个突出的参照点，在该参照点的辖域内小句过程被整合了。

从上面的论述可以看出，构成话题的主要因素是一个所指与一个或多个命题之间的“关涉性”。只要“关涉性”能成立，就可以确定该所指为话题，也是参照点，目标命题则为评述。此外，话题和主语是两个不同的概念，不可混淆。

既然话题是命题所关涉的对象，是目标命题的参照点，那么话题有什么特征呢？国内外学者对此做了许多研究。徐烈炯和刘丹青（1998：28-32）对这个问题分别从语义、句法和话语功能三个方面总结了话题性质。

语义性质：(a) 话题是后面述题（即评述）部分所关涉的对象，语义要素是所述，即通常所说的"关于"（aboutness）；(b) 话题与句子主要动词短语（VP）的关系可以是施事、受事或其他关系的论元，也可以是非主要 VP 的论元或在语义结构中处于嵌入状态的成分，还可以是时间、地点等句子内容的环境要素。

句法性质：(a) 位于句首；(b) 前置（位于述题之前）；(c) 可省略；(d) 话题后可停顿；(e) 带话题标记；(f) 由句子中的成分提升而来的，可以在句中的原位出现复指成分；(g) 不能是句子自然重音的所在处；(h) 若干句子，甚至整个段落，可以共用一个话题。

话语功能性质：(a) 话题必须是有定成分，而不是无定或类指的成分；(b) 是已知信息；(c) 是听说双方共享的信息（shared information）；(d) 是已被激活的信息（activated information）；(e) 是说话人有意引导听话方注意的中心；(f) 跟焦点相对，因此话题不能是焦点。

话题的这些性质的确一直是人们讨论的重点，并已取得了很多成就。但这些性质并不是确定话题的必要和充分条件。有的性质非常重要，而有的性质则不那么重要，甚至根本不是确定话题的因素。从认知语言学的角度来看，我们把话题看成是一个认知范畴，有典型与非典型之分，这更有合理性。我们可以从以下几个方面进行研究。

第一，因为话题是参照点，是谈论的出发点，所以它通常出现在句首。也只有在这个位置上，话题才可能便于承上启下。例如：

(10) 这本书我看过了，一点意思也没有，你不要看了。（话题——这本书）

(11) 婚姻的事，应该让孩子自己做主，都什么年代了！（话题——婚姻的事）

如果话题不位于句首，通常是比较特殊的情况，如汉语中的“易位句”，话题放在句尾是追加性的，一般应轻读。例如：

(12) 太有意思了，这个人。（话题——这个人）

(13) 他听说了，这件事。（话题——这件事）

第二，话题是句子陈述的对象，是句子所关涉的对象，所以话题通常应该是一个实体（entity）成分，因为只有实体成分才能成为陈述的对象。根据这种理解，并不是所有句首成分都可以成为话题，非实体成分由于不能成为句子的陈述对象，所以不能成为话题，如句首的感叹词、副词、连词等。例如：

(14) 哎呀，快 12 点了！

(15) 突然，外面传来一声巨响。

(16) 然而，事情并不是那么简单。

第三，因为话题是参照点，是谈论的对象，因此它通常是“有定的”，即说话人认为听话人能够识别这个所谈对象。如果句首成分不是有定的，就不太像个话题，所以有许多受事居句首的句子不可接受，正是这个原因（沈家煊，1999a：221）。例如：

(17) ?一个学生来找你。（有一个学生来找你。）

(18) *一个朋友咱们交。（咱们交个朋友。）

(19) *头她点点。（她点点头。）

(20) *一场病他生了。（他生了一场病。）

第四，作为参照点和句子所谈论的有定对象，话题是听话人已经知道或意料中的信息，即“旧信息”或“已知信息”，而不是“新信息”，即毫不了解、出乎意料的信息。例如：

(21)——小李在哪儿？

——(小李)在教室。

(22)——谁在看书？

——小李(在看书)。

在这两个对话的答句里，“小李”都是听话人所认识的，是他现有知识的一部分，是他可以辨认的，因此是有定的，但(21)中的“小李”是旧信息，所以是个“话题”，而(22)中的“小李”是新信息，要重读，所以不像是个话题。

第五，因为句子在总体上可以分为话题和评述两部分，所以话题之后可以有停顿，或带上“啊/呀、吧、嘛、呢”之类的语气词。同样的道理，话题之后可以加上“是不是”构成反复问句，也可以加上前置连词使原来的句子变成一个分句。例如：

(23) a. 你还是有点幼稚。

b. 你啊，还是有点幼稚。

(24) a. 他发表了一篇论文。

b. 他是不是发表了一篇论文？

(25) a. 他没有上过学。

b. 他虽然没有上过学，但说话的水平还是很高的。

第六，由于话题是一个参照点，因此话题具有连续性(continuity)。所谓连续性就是指话题在评述命题中的联系；换一个角度讲，就是指话题后的评述命题是开放性的(open proposition)。连续性的强弱则取决于所指对象在话语组织中所处的地位。例如：

(26) 那个人也意识到跑不脱，只好扔掉麻袋，原地站住，同时战战兢兢地扭过脸来。

在这个话语里，“那个人”是话题，后面的五个命题都是对他的评述。所以，我们说该话题具有连续性。

综上所述，我们认为话题可以界定为：话题是参照点，是谈论的出发点，是陈述的对象，是句子所关涉的对象。由于这样的界定，使得典型话题有如下的特征：

(a) 从位置看：话题居句首；

(b) 从构成的成分看：话题是表示实体成分的词语；

(c) 从形式标记看：话题之后可以有停顿，能加语气词；

(d) 从话语功能看：话题是有定的，是已知信息；具有连续性。

句中不同位置上的成分，在具有这些特征上是不同的，因此我们可以区分为不同的话题度。完全具备这些特征的是典型话题，只具备一部分这些特征的是程度不等的非典型话题。因此，在句子中，成分往往并不能做话题与非话题这样绝对的两极划分，而应把从话题度最高的到话题度最低的成分看作是一个连续体。

9.4 话题化及其手段

所谓话题化(topicalization)就是用一定的手段使句子的某个组构成分充当话题，例如：The book I'll give you in a minute(书，我一会儿就给你)。有关话题化的形成通常有两种不同的观点。话题移位说和话题插入说。所谓话题移位说，就是话语的话题是由移位形成的。这种观点的代表人物有黄正德(Huang，1982)等。另一种观点认为，汉语的话题不是经过移位产生的，代表人物有徐烈炯(1986，1994)等。徐烈炯和刘丹青(1998)

也持这种观点，他们认为汉语的话题是句子生成过程中在话题的位置上插入成分形成的。其主要理由是：汉语的话题结构并不服从孤岛条件；有些话题句没有空语类；有时话题与空语类异指。既然汉语的话题句不遵循乔姆斯基模式中的移位的这些基本条件，所以他们不承认汉语话题是由移位形成的。需要说明的是，徐烈炯和刘丹青(1998)是把话题和主语分别看作两种不同的句法成分，充当主语的成分是不能作话题的，他们所说的话题和一般理解的话题不完全一样。

我们认为，话题化的手段是多种多样的，移位只是其中的一种。例如，伯纳和沃德(Birner & Ward，1998：39)就指出，在 915 个前置的自然话语的语料库中，只有 227 个前置成分是话题，也就是说只有接近 25% 的前置成分是话题。可见，移位并不是话题化的唯一手段。例如，我们发现，英语中的话题化手段至少可以有以下六大类型。

1) 前置(fronting)

非话题的名词短语都可以放在句子的主语前，充当话题。例如：

(27) *Such a guy*, nobody likes.

(28) *A good wife* she is.

2) 前置+倒装

在某些英语话题结构中，一些句子成分的前置将会引起句子结构的部分或全部倒装。例如：

(29) *Only because of her did* I get what I wanted. (前置+部分倒装)

(30) *Away went* his hat. (前置+全部倒装)

3) 主语重复(subject repeating)

在这种情况中，没有出现前置，但另一个名词短语用来重复句子的主语，这样原来的句子就变成了评述。这是一种特殊的话题化。

(31) *Mary*, she opened the door with surprise.

(32) *John*, the silly fool gives me the creeps.

4) 分裂句(cleft sentence)

英语中，“It be…that…”这样的分裂句是用来强调分句的某个成分，从而使该成分成为话题化的话题或有标记话题(topicalized/marked topic)。例如：

(33) It was *a book* that she gave me.

(34) It will be *at Christmas* that her boyfriend comes back.

5) 复指重现(anaphoric cooccurrence)

句子的宾语被前移至句首，而一个代词或名词短语仍然处于宾语的位置。有时，话题由表达式 as for、with regard to、about、speaking of 等引导。例如：

(35) *That girl*, I never saw her again.

(36) *Peter*, I knew the guy.

(37) As for *my sister*, John has given her the book.

(38) About *the book*, my sister was given it by John.

6) 前置+do

如果原来的句子中没有助动词，当动词短语前置时，就需要加上助动词 do 的适当形式。例如：

(39) *Knock*, indeed, he did at the door.

英语有这样的话题化手段。那么，汉语有什么样的话题化手段呢？根据汉语话题的特征，我们认为汉语话题话的手段也是多种多样的，移位只是其中的一种手段而已。吕叔湘先生(1986)的一段话实际上就揭示了话题产生的认知心理过程。

> 有一类主谓谓语句的 S_1 可以搁进 $P_1(=S_2P_2)$ 作为里边的一个成分，仿佛是从里边提出来安在句子头上似的。这当然不是事实，只是一种方便说法。实际上大概是先想到一个事物（包括人）就脱口而出，一面斟酌底下的话怎么安排。句子里边的语序基本上反映思想的过程。这句话不但适用于这一类主谓谓语句，以下各类也都适用。

吕先生的这一席话实际上与语言象似性（iconicity）理论是一致的。所谓象似性就是指语言结构反映了人的经验结构或概念结构，包括人类强加给世界的观点。从认知语言学的角度来看，不同话题结构的使用，是因为说话人采取了不同意象，也就是说，说话人在构思同一情景时采取了不同的识解方式。例如：同一情景我们可以有如下不同的描述方法。

(40) a. **台上**坐主席团。

b. **主席团**坐台上。

这两个句子是对同一情景构思了不同的意象，也就是说，说话人采用了不同的识解方式去描述同一情景，因此，它们的话题结构是不一样的。

人们的研究表明，汉语话题化的手段主要有两大类：前置；添加标记语。下面分别予以说明。

1）前置

语序是汉语中非常重要的手段，汉语中的一些话题就是通过变换语序而来的。这种语序变化就是把句子的非话题构成成分前置于句首，从而充当话题。这通常有两种情况。

第一，非话题构成成分前置后，原来位置上为空语迹。例如：

(41) a. 我读过这本书。

b. **这本书**我读过 Ø。

(42) a. 我们用这样的教材培养不了什么专业人才。

b. **用这样的教材**，我们 Ø 培养不了什么专业人才。

第二，非话题构成成分前置后，原来位置上有一个代词作为回指词。这样的句式通常称为左移位句式。例如：

(43) a. 我很喜欢张三。

b. **张三**，我很喜欢**他**。

(44) a. 我用这把刀切肉。

b. **这把刀**，我用**它**切肉。

值得注意的是，依靠“前置”手段的话题化必须具备以下三个特点。

第一，句法成分必须向前移至句首。不移位，向后移位，或者虽然前移了但没有移至句首的句法成分，都不构成话题。试比较：

(45) a. 我昨天已经买过这本书了。

b. 我已经买过这本书了，昨天。

c. 我，这本书昨天已经买过了。

d. 这本书，我昨天已经买过了。

(45a) 所有成分都未移位，(45b) 中的“昨天”后移了，(45c) 中的“这本书”前移了，但未移至句首，这些都不构成话题化；只有 (45d) “这本书”前移至句首并充当话题，才构成宾语的话题化。

第二，句法成分前移至句首以后，一定要充当话题，否则，即使前移至句首，也不构成话题化。试比较（李晋荃，1998）：

(46) a. 祥林嫂的嘴角上渐渐的有了笑影。

b. 渐渐的，祥林嫂的嘴角上有了笑影。

c. 祥林嫂，她的嘴角上渐渐的有了笑影

在 (46b) 中，虽然“渐渐地”前移至句首了，但因它不是实体，而是一个副词，所以不是话题，也就不构成话题化。在(46c)中，“祥林嫂”离开它原来的定语位置，前移至句首并充当话题，所以才构成话题化。

第三，句法成分话题化之后，一定有与之相对应的句法结构原形。这个句法成分在原形中的位置是它话题化之前的原来的位置。例如(46c)的原形是(46a)。

有时，一个情景可能有两种不同的识解方式，即有 AB~BA 这样两种语序，但我们无法判断哪个句子是原形，哪个是变形，这似乎不宜视为话题化。例如：

(47) a. 客人住里屋。

　　b. 里屋住客人。

这两个句子，哪个是原形，哪个是变形，我们不好确定。况且，这里还涉及两个句子是否同义的问题。不言而喻，话题化的句子与原形必须是同义的，否则，就不能看做是话题化。例如，“张三骂了李四”和“李四骂了张三”这两个句子，从形式看，它们的语序是“ABC”和“CBA”，但实际上它们所表达的意义大相径庭，所以不会有人认为这两个句子之间构成了句法成分的话题化。

2) 添加标记语

在汉语中，添加标记语也可以构成话题化。这种手段可以分为两类。

第一，添加“啊/呀、吧、嘛、呢”等语气词，可以构成话题化。例如：

(48) a. 他呀，一天到晚只晓得玩。

　　b. 小王呢，应该可以胜任这个职务。

　　c. 小李嘛，读书还比较认真。

通过添加这样的话题标记语来构成话题化，最常见的就是主语的话题化了，因为主语的无标记句法位置就是句首，话题的句法位置也是句首，所以主语的话题化就不能只靠语序来实现，往往更需要用标记语来标识。

第二，使用“关于、至于、对于”等介词词组实现话题化。

(49) a. 我们下一周再仔细讨论《语法的认知基础》那本书。

b. 关于《语法的认知基础》那本书，我们下一周再仔细讨论。

(50) a. 我想火箭队这个赛季能进入西部前四名。

b. 至于火箭队，我想这个赛季能进入西部前四名。

从上面的两种情况来看，事实上，用添加标记语的手段来构成话题化，也没有离开前置。由此可见，前置是汉语话题化最基本的手段。

9.5 结 束 语

本章主要讨论了话题的界定、话题的特征以及话题化的手段等问题。研究表明，话题是命题所关涉的对象，是目标命题的参照点，它具有如下几个基本特征。

第一，从位置看：话题居句首。

第二，从构成的成分看：话题是表示实体成分的词语。

第三，从形式标记看：话题之后可以有停顿，能加语气词。

第四，从话语功能看：话题是有定的，是已知信息；具有连续性。

此外，汉语话题化的手段主要有前置和添加标记语，但前置是汉语话题化最基本的手段。

第 10 章　焦点与焦点构式

10.1　引　　言

焦点(focus)是语音学、句法学、语义学、语用学、语篇分析、功能语言学等学科中广泛使用的一个概念，是当代语言学研究的热点之一，在汉语研究中也处于非常重要的地位。焦点与话题一样，都是一个复杂的问题。这是因为：从焦点的形式来看，它涉及语音节律、标记词、语序和句法结构等问题，从焦点所表达的意义来看，它涉及信息结构、认知结构、预设等问题。此外，不同学者在研究焦点时所使用的理论和方法也不完全相同，因此对焦点有着不同的认识。

国外有关焦点研究的文献比较丰富，例如，基斯(Kiss，1995)所编《话语构型语言》(*Discourse Configurational Lanuages*)一书各章就收集了对英语、芬兰语、匈牙利语、现代希腊语、朝鲜语等语言如何表达焦点所作的系统描述。勒布斯和图勒(Rebuschi & Tuller，1999)所编的文集《焦点语法》(*The Grammar of Focus*)中研究了英语、法语、葡萄牙语、土耳其语、标准阿拉伯语等语言的焦点问题。博希和桑德(Bosch & van der Sandt，1999)所编的《焦点的语言、认知及计算机视角》(*Focus: Linguistic, Cognitive, and Computational Perspectives*)从不同的学科对焦点问题进行了详细研究。此外，比兰(Büring，1997)的《话题和焦点的意义》(*The Meaning of Topic and Focus*)以及罗奇蒙特和卡利科弗(Rochemont & Culicover，1990)的《英语焦点结构及语法理论》(*English Focus Constructions and the Theory of Grammar*)等对焦点问题进行了大量的研究，并取得了可喜的成果。国内研究焦点的论著相对较少，只有徐烈炯、潘海华(2005)主编的《焦点结构和意义的研究》是对焦点进行研究的专著；此外，徐烈炯和刘丹青的《话题与焦点新论》(2003)，沈家煊的《不对称和标记论》(1999)，张伯江和方梅的《汉语功能语言研究》，刘月华等的《实用现代汉语语法》(2005)，张斌的《汉语语法学》(1998)，这些论著中有部分章节讨论了焦点问题。看来，汉语焦点问题还很值得研究，特别是用当代最新的语言学理论来研究焦点，就更是值得探讨。

本章将在认知语言学的基础上，探讨焦点的界定和性质，焦点的类型及其特点，焦点与重音、信息结构以及预设的关系，焦点化的手段以及焦点结构的认知阐释等问题。

10.2 焦点的界定与性质

英语 focus 这个术语源自韩礼德(Halliday，1967a，1967b)关于“主位–述位”(theme-rheme)的研究，他用“焦点”指述位内“信息部分”的集合。从焦点与信息结构的关系看，一般认为，焦点是一个语用概念，是语句传递的新信息所在，汉学界比较流行的看法也就是把焦点视为“句子当中新信息的重点”。有的学者从心理角度探讨焦点，认为焦点是说话人强调的重点，与其所载信息在言语主体意识中的重要程度有关。徐烈炯和刘丹青(1998)认为，信息的新旧是客观存在的，而强度则是说话人主观赋予的，“我们选择以信息强度而不是新旧信息来定义自然焦点。”但表达重点是否一定就是焦点，句中是否存在两个焦点，学者有不同的看法。吕叔湘先生(1986)在谈汉语句法的灵活性时指出：“一头一尾是句子里的重点位置”，起强调作用，吕先生只提到了表达重点，而没有提到焦点。文炼和胡附(1984)在分析句首和句尾的表达重点时指出，“其实句首的受事强调的是旧信息的重点，句尾的重点则是新信息的强调之点，有人称之为焦点”。看来，他们区别了“表达重点”和“焦点”。沈家煊

(1999a)从认知特点分析注意和语法结构的关系，提出了"语义重点"和"注意焦点"两个概念，认为"句子的语义重点往往成为注意的焦点"，"一个句子的语义重点一般也是放在句首或句尾"。在沈先生看来，表达重点似乎就是注意的焦点。

上面我们主要回顾了国内一些学者的观点。现在让我们看看国外学者有关"焦点"的论述。克里斯特尔(Crystal，1997：154)在"焦点"这个词条下是这样描述的：

> 有些语言学家在分析句子时区分两种信息，一种是说话人已设定的信息，一种是他们在交际中最关注的信息，即"焦点"。这一意义上的"焦点"与预设相对立。(旧信息和新信息的对立是一种类似的区分。)例如，在句子 It was *Mary* who came to tea 中，Mary 是焦点(如语调所示)。考虑这些因素是考察句子间关系的一个重要方面：上面这个句子不可能作为问句 What did Mary do？的回答，只能是 Who came to tea？的回答。

理查兹等人(Richards, et al.，2005：263)在"焦点"词条中是这样论述的：

> 一个包含新信息的成分或短语可以用不同方式置于"焦点"。例如，为了表示 John 在下面的句子 I saw John at the market 是新信息，我们可用强调或对比重音(I saw JOHN at the market)或分裂句(It was John who I saw at the market)。

特拉斯克(Trask，2003：105)在"焦点"词条中指出：

> 一个句子中特别突显的某个成分，表达的是该句中最重要的新信息，或者是与其他成分形成明显的对比。在英语中，焦点成分通常是用重音标记，虽然有时也用分裂句。其他一些语言标记焦点成分的方式不同，有用小品词的，如菲律宾语，或者利用词序，如 Basque 语，在该语言里，焦点成分直接放在动

词之前。

威尔士(Wales，2001：155)在“焦点”词条中说：

> 在语篇语言学和语言学中，人们越来越多地注意到话语和语篇的信息结构，以及信息显著性和重要性的模式在句子或句子以外层次上不断变化：这可以称为焦点(或语言前景化)。然而，仍存在着某种规范用法，以及某些认可的偏差。话语中兴趣的中心或重点便是焦点，它与言语的调核(intonation nucleus)即词项的最后重读部分完全吻合。在英语中，重要的信息或新信息通常是保留到话语之尾，所以常用尾焦点(end-focus)这个术语。例如，I can resist everything except *temptation* (Wilde: *Lady Windermere's Fan*)。

从上面的论述中我们不难看出，焦点的确是信息结构的重点所在。在口语中，焦点通常是由重音(accent)来实现的(例如，音高、音长、振幅)，在句法中，焦点通常是由语序、句法结构来实现的。焦点通常位于句尾。博林杰(Bolinger，1952)曾提出一条“线性增量”原则：在没有干扰因素的条件下，随着句子由左向右移动，句子成分负载的意义越来越重要(沈家煊，1999a：226)。例如：

(1)他–已经–写了–几首–交响乐曲。

弗里巴斯(Fribas，1992)进一步提出了“动态交际值”(degree of communication dynamism)的概念，简称“CD值”。言语交际是一个动态的过程，CD值就是一个语言成分在推进交际、完成交际目的的过程中所发挥的作用的大小程度。例如：

(2) A: What about Peter?

B: He has flown to Paris.

B 的交际目的是说明 Peter 飞往的地方，就实现这个目的而言，He 的贡献最小，to Paris 的贡献最大，has flown 的贡献居中（沈家煊，1999a：226）。

这些都说明，焦点应该是新信息的重心，是说话人想突显的部分。因此，我们认为，焦点是新信息的核心，是新信息的重点所在，是说话人最想让听话人知道、注意的部分，是句子在语义上最重要的部分，在认知上最突显。但要注意的是，焦点并不等于是新信息，因为焦点成分有可能是前面已经提到过的，例如（3）中的“张三”，（4）中的 she 和 him。

（3）A：你昨天去看谁了，张三还是李四？
　　B：张三。

（4）JOHN insulted MARY, and then SHE insulted HIM.

此外，焦点的功能似乎是随着某些因素的变化而变化，例如断言与否定，情态（modality）或者是某些焦点敏感小品词（focus-sensitive particles）。例如：

（5）a. She hasn't married CHALOTTE.
　　b. If GERDA would visit me!
　　c. Even PETER forgot his bag.

在这三个句子里，焦点似乎都没有传递新信息。焦点是用某种操作词标记所指成分的，如在（5a）中是用否定，（5b）中是用虚拟语气，（5c）中是用小品词 even。

根据上面的分析和讨论，我们认为，焦点是一个范畴概念，典型的焦点具有以下特征：

（a）焦点是新信息的重点所在；

（b）焦点是说话人所要强调的；

（c）焦点在认知上最突显；

（d）焦点通常位于句尾。

这些特点界定了焦点的内涵和外延。完全具备这些特征的是典型的焦点，只具备部分这些特征的是典型程度不等的焦点。

10.3 焦点的类型及其性质

通常，焦点有广义和狭义之分。广义的焦点(也有人称为常规焦点)是以说话人说话时强调的重点这一语用特征作为出发点，来识别焦点成分，归纳焦点特征；狭义的焦点(有人称为对比焦点)则是指那些用特定的语言形式标明的句法成分。由于划分焦点的视角不同，学者所采用的理论也不完全一致，所以焦点可以分为不同的类型。贡德尔(Gundel，1999)把焦点划分为三类：心理焦点(psychological focus)、语义焦点(semantic focus)和对比焦点(contrastive focus)；也有人提出了静态焦点与动态焦点、绝对焦点(absolute focus)与相对焦点(relational focus)、句尾焦点与非句尾焦点、自由焦点、信息焦点(information focus)、话题焦点等。下面我们着重谈谈几种常见且重要的焦点。

1) 自然焦点

自然焦点又称“常规焦点”或“中性焦点”。在常规的信息结构中，通常是已知信息在前，新信息在后，而自然焦点正是新信息的核心所在，通常位于句尾，也就是说，句尾的实词通常就是自然焦点。对于一个常规句子来说，宾语比较容易成为句子的焦点。沈家煊(1999a：226)指出：“一句话的语义重点通常在陈述部分或谓语部分，如果谓语动词带有宾语，宾语通常成为语义的重点，或称‘自然焦点’”。此外，偏正结构里的定语或状语以及动补短语的补语也往往是说话人要强调的新信息。例如：

(6) a. 小王在读《阿Q正传》。

b. 小王读完了《阿 Q 正传》。

c. 小王在教室读《阿 Q 正传》。

d. 小王在读鲁迅写的《阿 Q 正传》。

我们如果不考虑别的语用因素，单从信息的角度看，(6a) 中的宾语“《阿 Q 正传》”，(6b) 中的补语“完”，(6c) 中的状语“在教室”，(6d) 中定语“鲁迅写的”是以提供新信息的资格充当焦点的。

回答具有自然焦点的问句时，只回答焦点就可以了：

(7) A：小王在读什么书？

B：《阿 Q 正传》。

(8) A：小王读完了《阿 Q 正传》了吗？

B：(读) 完了。

2) 信息焦点

所谓信息焦点就是以话题为基础的信息，这是一种相对焦点。信息焦点在语言上得到突显，通常是某种韵律突出，因为它是句中表达的主要谓项 (predication)，即与话题相关的新信息。信息焦点与问句中的所问及的对象一致。例如，在 (9) 和 (10) 中，Bill 表达的就是信息焦点，是召集会议 (即话题) 的人 (Horn & Ward，2004：181-182)。

(9) A: Do you know who called the meeting?

B1: BILL called the meeting.

B2: It was BILL who called the meeting.

(10) Every time we get together I'm the one who has to organize things, but this time BILL called the meeting.

国内有的学者把信息焦点看成是“常规焦点”或“自然焦点”，这显然不是很恰当，因为自然焦点是不考虑任何语用因素的，但信息焦点明显是要考虑语用因素的，例如语境或上下文。

3）对比焦点

从功能的角度出发，信息的突显或强调与否，往往是在与别的事物进行对比中产生的，因为孤立的事物无所谓突显或强调。对比焦点是针对听话人或听话双方都清楚的某个（些）人的一种想法来进行对比的焦点，是在句子中说话人特别要突出的一点。对比焦点的标志也是重音。对比焦点与自然焦点不能共存，也就是说，有了对比焦点，自然焦点就自动消失了。例如：

（11）A：你明天去北京吗？

B：不，我**后天**去（北京）。（“后天”是相对于“明天”得到强调的。）

除功能词外，句中的任何成分都可以成为对比焦点。由于语境的作用，对比项通常隐而不现。例如：

（12）a. 我明天去北京拜访一位**老师**，不是**老同学**。

b. 我明天去北京拜访**一位老师**，不是**所有老师**。

c. 我明天去北京**拜访一位老师**，不是**参观天安门**。

d. 我**明天**去北京拜访一位老师，不是**后天**。

e. **我**明天去北京拜访一位老师，不是**小王**。

对比焦点也可以用其他的形式标志，例如非重读的“是”：

（13）a. 我**是**帮助你，不**是**害你。

b. **是**我帮助了你，不**是**他。

“是……的”中的“是”也是对比焦点的标记形式。在“是……的”中，谓语动词一定是已知信息，“是”后面的成分是说话人要突出传递的信息，是焦点，重音在“是”后面的词语上，“是”通常也可以省略。例如：

(14) a. 这篇文章是**什么时候发表**的?

b. 是**谁最早发现新大陆**的?

c. 他是**乘飞机来**的。

d. 这本书是**朋友送我**的。

e. 这本书是**在图书馆借**的。

回答具有对比焦点的疑问句时，也可以只回答焦点。例如：

(15) A：这篇文章是**什么时候发表**的?

B：去年 3 月。

(16) A：这本书是**在**哪里借的。

B：图书馆。

4) 心理焦点

贡德尔(Gundel，1999)提到了心理学上注意力的焦点，并称其为心理焦点(psychological focus)。例如，有人告诉你：

(17) 小王变化不大呀。

这一事实占据了你的注意力，便成为你心理上的焦点。心理焦点也有语言学上的意义，可以用不重读的代词甚至零形式来回指。例如说话人可以接着(17)说(18)：

(18) 他还是很像他爸爸，是吗?

心理焦点不一定是一句话，指着一张照片也可以构成心理焦点，也可以接着说(18)。

非心理焦点就不大可能用不重读的代词或零形式来回指。请比较以下两句：

(19) My neighbor's bull mastiff bit a girl on a bike.

(20) Sears delivered new siding to my neighbor with the bull mastiff.

这里，(19) 中的狗 (bull mastiff) 是心理焦点，而 (20) 中的狗不占主要地位，不是心理焦点。所以 (19) 后面可以接 (21)，用人称代词 it；而 (20) 后面不可以接 (21)，不能用人称代词 it，只能接 (22)，用指示代词 that。

(21) It's the same dog that bit Mary Ben last summer.
(22) That's the same dog that bit Mary Ben last summer.

5) 语义焦点

上下文或语境可以影响焦点。例如，(23) 可以用来回答 (24a)、(24b) 和 (24c)：

(23) 小敏明年出国。

(24) a. 谁明年出国？
小敏明年出国。
b. 小敏什么时候出国？
小敏明年出国。
c. 小敏明年做什么？
小敏明年出国。

这里，回答 (24a) 时，“小敏”是焦点；回答 (24b) 时，“明年”是焦点；回答 (24c) 时，“出国”是焦点。

如果我们用词语“只是/只有”来标明 (23) 中的焦点，我们同样可以得到三种焦点：

(25) a. 只是/只有小敏明年出国。
b. 小敏只是明年出国。
c. 小敏明年只是出国。

这类句子与(24)的不同之处在于多了一个语言成分：只是/只有。(25a)、(25b)和(25c)中跟“只是/只有”的词语“小敏”、“明年”、“出国”分别是这三句的焦点。句子焦点会影响句子语义的真值。假如小明和小敏明年都出国，那么(25a)就为假，而(25b)和(25c)可以是真的。假如小敏明年、后年都出国，那(25b)就是假的，而(25a)和(25c)可以是真的。但在(24)中，无论焦点落在哪个词语上，句子的真值条件都是一样的。

对于真值条件语义学来说，这种差别很重要。在真值条件语义学里，语义就是真值条件。信息焦点的不同不会影响真值，也就不会影响语义，所以他们一般只研究影响句子真值的焦点。贡德尔(Gundel，1999)把这类真值条件语义学研究的焦点称为语义焦点(semantic focus)。事实上，语义焦点也是一种对比焦点，因为它与句外的隐含成分有对比。

以上我们论述了五种焦点。然而，无论人们从什么角度对焦点进行分类，焦点在性质上只有一类，那就是说话人基于自己的判断，认为它相对重要，并决定通过语言手段(如重音、语序、词语、语言结构等)强调的成分。语言的一个重要功能是传递信息，正是从这个意义上讲，每个合法的、用于交际的话语都至少有一个焦点成分。

10.4　焦点与预设的关系

由于焦点具有明显的突显性，所以它必然有自己的衬托部分，这个部分有的人称之为“预设”(presupposition)，也有的人称之为“背景”(background)。例如，杰肯道夫(Jackendoff，1972)指出，在某种解释层面上，每个句子都可以分为“焦点”和“预设”两个基本部分。因此，不管(26)是否用“是”，只要“张三”是说话人提供的新信息，或强调的重点，其焦点和预设都应该分析为(27)：

(26)(是)张三骂李四。

(27)预设：某人骂了李四。

焦点：张三。

杰肯道夫所说的焦点实际上只限于对比焦点，因为自然焦点并不含有明显可以推导的预设。

一般来说，焦点不同，预设也就不同。换个角度说，从焦点和预设的角度来看，一个句子的每一个实义成分都可能成为焦点。例如：

(28)王老师表扬了小明。

a. 预设：某人表扬了小明。

疑问：谁表扬了小明？

焦点：王老师。

b. 预设：王老师表扬了某人。

疑问：王老师表扬谁？

焦点：小明。

c. 预设：王老师对小明施加了什么行为。

疑问：王老师对小明怎么了？

焦点：表扬。

但是，也有的学者认为，与焦点相对的成分是“背景”。例如，沈家煊(1999a)就说，“注意的焦点不同会得到不同的认知结果”。这种差别“有时属于‘图形’和‘背景’的差别”。例如，“他没有被谋杀，而是自杀”，说话人是以“谋杀”具有的“杀害”意义为背景，否定的是“杀害是非法的”这一“图形”。徐烈炯和刘丹青(1998)更明确指出，“跟焦点相对的内容在语言学上叫背景”。焦点所对的背景可以分为两类：一类是本小句中焦点外的部分；另一类是在上下文或共享知识中的某个对象或某项内容。以前者为背景时，焦点的性质表现为“突出”；以后者为背景时，焦点的性质表现为“对比”。他们根据这两对功能特征，把焦点区分为自然焦点、对比焦点和话题焦点三大类(详见刘丹青，徐烈炯，1998)。

与焦点相对的概念究竟是什么？“预设”与“背景”之间是怎么样的关系？焦点所对的句内预设与句外预设有无区别？这些都是有待探讨的问题。

10.5　焦点化的手段

从上面的论述我们可以清楚地看到，一个句子中的实义成分都可以焦点化。那么，焦点化的手段到底有哪些呢？研究表明，焦点化的手段通常有四种形式。

1)语音

一般认为，重音是口语中表现焦点的重要形式，其他形式则是伴随着重音的。所不同的是，常规重音(语法重音)是表现自然焦点的手段，对比重音(逻辑重音)是表达对比焦点的手段。同一句话，逻辑重音不同，信息焦点也就不一样。

2)标记词

汉语哪些词语可以作焦点标记词呢？方梅(1995)提出了确认标记词的三条原则：第一，标记成分自身不负载实在的意义，不可能带对比重音；第二，标记词后的成分总是在语音上凸显的成分；第三，标记词省略后句子依然可以成立。因此，她认为，焦点标记词只有两个：“是”(轻读)和“连”。事实上，我们认为，汉语焦点标记词不只这两个，还有“就”、“才”、“只”、“甚至”等，都可以做焦点标记词。例如：

(29) a. 是我同意他这样做的。

b. 你连 G. Lakoff 都不知道，还谈什么认知语言学。

c. 就你不喜欢她。

d. 才 9 点钟，还早呢。

e. 只你不会打篮球。

f. 甚至小王都能解释这个问题。

按常理，被突出的事物后面一定有与之对比的事物。这与上面的情况类似。我们在语感上可以强烈地感觉到上述句子都隐含着一个对比项。试比较：

(30) a. 是我同意他这样做的。(别的人都不同意。)

b. 你连 G. Lakoff 都不知道，还谈什么认知语言学。(其他认知语言学家更不用说了。)

c. 就你不喜欢她。(其他人都喜欢她。)

d. 才 9 点钟，还早呢。(到 12 点还有 3 个小时呢。)

e. 只你不会打篮球。(别的人都会打篮球。)

f. 甚至小王都能解释这个问题。(更何况小张、小李呢。)

对比项可以认为是从原句的蕴涵义中析取出来的，跟原句焦点形成的对照成分。(30) 告诉我们，一个句子的某个成分被着意强调为焦点后，它便在语义上强烈地蕴涵着更大语境中有一个对比项与之形成对照。反过来看，与形成对比的句子相对照，这个对比项正是所在句子的焦点成分。

表示疑问的代词也往往是信息焦点的所在。例如：

(31) **谁**把这件事情告诉你的？

(32) 他给了你些**什么**？

3) 语序

语序可以标明句子成分的重要性。这一观点，我们可以用下列例子说明。我们可以把用 but 连接的英语句子 (33) 的两部分颠倒位置，从而得到句子 (34)：

(33) John Keats was fascinated by the art and literature of the ancient world, but he never visited Greece.

(34) John Keats never visited Greece, but he was fascinated by the art and literature of the ancient world.

从语法的角度来看，虽然句中的两个分句具有相同的地位，但在任何“X but Y”结构中，注意的主要焦点似乎是落在 Y 上。就信息而言，句子最后的位置是最重要的。同理，主要焦点通常是由最后的从属分句表达的。请对比(35)与(36)：

(35) After visiting the British Museum, Keats wrote his famous *Ode on a Grecian Urn*.

(36) Keats wrote his famous *Ode on a Grecian Urn* after visiting the British Museum.

句末位置所起到的强调作用最好用信息结构来解释：当我们阅读一系列句子时，我们在不断给已有的信息增加新的观点。这就意味着我们在语篇中所遇到的句子通常包含已知信息和新信息。从这个意义上来说，语篇就像是一个旅程，读者在这个旅程中不断从熟悉的领地到不太熟悉的领地。一般而论，如果已知信息放在新信息之前而不是之后，读者会得到更多的帮助。这个准则被利奇(Leech，1982：188)称为“句尾焦点”准则(maxim of end-focus)。该准则不但可以用于分句的语序，也可以用于分句成分的语序。例如，(37a)与(37b)比较起来，哪句更容易理解?

(37) a. Instead of quinine, penicillin was given to the patient, who began to get better almost immediately. Within a week, she had completely recovered.

b. Instead of quinine, the patient was given penicillin, and began to get better almost immediately. Within a week, she had recovered completely.

毫无疑问，答案应该是：(37b) 比 (37a) 更容易理解。这至少有两个原因：第一，与 quinine 相比，penicillin 在第一个分句里传递的是最重要的新信息，因此应该放在 patient 之后，而 patient 在该语境中是已知信息；第二，与 completely recovered 相比，recovered completely 在语序上是更好的安排，因为“康复”（recovery，这个意思已由 get better 表达出来了）已在前面提到，所以副词 completely 是新信息。

由此可见，焦点在书面语中可以用语序来标明。通常，句子的首尾是表达的重点所在，这同人的认知有关。一般来说，自然焦点处于句尾，而对比焦点则没有固定的位置，要视语境而定。方梅 (1995) 指出，在特定问句中，疑问词的位置在一定程度上决定了相应回答的焦点性质。如果疑问词在句首，相应的回答倾向于为对比焦点；如果疑问词在句尾，相应的回答倾向于为常规焦点或自然焦点。

在交际中，我们可以通过变化语序使句子的某个语义成分占据序列中通常为焦点的位置，达到强调的语用目的，即实现焦点化。通过语序实现的焦点化通常有两种形式：尾焦点型焦点化和前置焦点型焦点化。

所谓“尾焦点型焦点化”就是使句子中并非处于句尾的成分成为自然焦点，方法之一就是把原句中的句尾成分提前，然后把本来不在句尾的成分移到句尾，占据尾焦点的位置，从而使之成为自然焦点。例如：

(38) a. 他认真地学习**英语**。

b. 他学习英语**很认真**。

(39) a. 他总是拖拖拉拉地**做事情**。

b. 他做事情总是**拖拖拉拉地**。

在 (38a) 和 (39a) 中，“英语”和“做事情”是句尾自然焦点，但通过语序变化后，“做事情”和“拖拖拉拉地”成为了句中的自然焦点。句尾焦点是自然焦点，但句尾焦点也不是一成不变的。正如利奇和斯瓦特维克（Leech & Svartvik，1975：175）指出的：“尾焦点原则……是有用的指导性原则。但并不是一成不变的，……尽管尾焦点是常见的，但也允许在讲话中将核心移至较前的部分……”。

“前置焦点型焦点化”是指句子中的某些成分移到句首，这主要是出于两种考虑：一是由于句法、语义的限制，有些成分难以放在句尾焦点的位置上；二是由于在说话人的心理上该信息焦点特别重要，需要将之置于强突显的位置。前置焦点型焦点化主要体现在话题型前置焦点化，即句子的某个成分被话题化后，也同时进行了前置焦点型焦点化操作。例如：

(40) a. 不知是谁拿走了**我的书**。

b. **我的书**不知是谁拿走了。

这里，(40a) 中的“我的书”本来是句尾焦点，但在 (35b) 中前移至句首成为话题之后，又变成了句首焦点。

对于话题能否成为焦点，不同学者有不同的看法。从信息结构的角度来看，话题/评述常常跟已知信息、新信息联系在一起的，焦点被看做是评述的一部分，甚至是整个评述，而话题则在很大程度上处于跟焦点对立的状态。但有的学者认为，信息结构与话语结构并不全面对应。例如，在“他来了，他的弟弟没有来”这个句子中，“他”虽然是在话题的位置上，但带有对比重音，就成为焦点，表示一种对比性的新信息。徐烈炯和刘丹青（1998）则进一步提出了“话题焦点”的概念，认为在该句中，话题焦点并不比句子的其他部分突出，但在跟句外成分的对比上，话题焦点有强调作用。同时，他们也指出，带话题焦点的句子其整个表达重心仍在话题后的成分上，这是由话题和评述的信息关系决定的。话题焦点不影响小句自然焦点的功能。

我们认为，话题能否成为焦点应视不同的情况而定。如果某些旧信息是由于句法结构的强制要求，或者因为上下文的需要(例如衔接、押韵等)而居于句首位置，不是说话人主观强调使然，不能看作焦点。鉴于句首位置的信息是说话人为了强调而着意安排的，自然是表达重点，但是否称为焦点，有待于进一步探讨。

4)句法结构

用标记词和语序来标明焦点往往要借助一定的结构表现出来。现代汉语中最典型的焦点结构是“是……(的)”构成的准分裂句，这早已成为学者的共识。“是”在这种句子中起到聚焦的作用，“是……(的)”是表现对比焦点的常用手段。例如：

(41)是风把门吹开的。(不是我开的。)

这种结构所突出的对比焦点可以是作为状语的时间、处所、方式、条件、目的、工具、对象等，也可以是施事和受事、全句的主语，还可以是一种行为或者情况，该行为或情况是引起某种结果的原因。例如：

(42)他是**从北京**来的。(处所)

(43)今天早上我吃的是**面条**，不是吃的馒头。(受事)

(44)是**你哥哥**欺骗我的。(全句的主语)

(45)她脸红恐怕是**海风吹**的。(“海风吹”是“她脸红”的原因)

汉语中的“周遍性主语句”或称“类指主语句”也是表示对比焦点的焦点结构，因为这种句子中带有强制性的对比重点，这种对比重音必须落在“都/也”前表示周遍意义的成分上，尤其是这个成分的第一个音节上。例如：

(46)谁也不认识。

这里“谁”就是焦点。

此外，这种句子中暗含对比项，这个对比项是言谈中提及的或交际双方心中认可的某一范围内的任何一个。这类句子的否定形式只能是在周遍性成分前加“不是”，而且只能将“是不是”加在周遍性成分前构成反复问句，这与分裂句的性质一致。例如：

(47) a. **人人**都知道他的能力。

b. 不是人人都知道他的能力。

c. 是不是人人都知道他的能力？

平行结构（对举格式）也是一种焦点结构。通常情况下，结构中相异的部分（对比成分）就是说话人要着意强调的信息焦点。例如：

(48) 小张没有买车，**小王**买了车。

(49) 小张没有买车，小张**借了**车。

值得注意的是，这些结构与“是……（的）”结构在表示焦点成分的强度、范围上存在着差别。此外，“连”字句和“把”字句也具有表明“焦点”的作用。但对“把”字句的作用还存在一些分歧，有的学者认为，“把”字句的焦点是在“把”后面的宾语上，也有的认为是在句末动词结构上。我们认为，“把”字句的焦点应该是在句末的动词结构上，而不是在“把”后面的宾语上，这可以用“问题测试法”（question test）来检验。例如：

(50) A：他把车怎么了？

B：他把车**卖了**。

(51) A：车怎么了？

B：他把车**卖了**。

从这两组句子我们看到，用“他把车卖了”这个句子来回答“把”

字句（50A）比回答非“把”字句（51A）更自然。此外，在（50B）中，“卖了”是新信息，而在（51B）中整个句子都是新信息。由此可见，“把”字句的焦点应该是在句末的动词结构上。

焦点化的表现手段多种多样。在言语交际中选用哪种形式，这取决于交际的目的和交际的语境，也与该成分在句子中的功能、地位直接相关。在实际的运用中，各种手段相互配合，可以达到最佳的表达效果。

10.6 结 束 语

焦点是许多与句法有关的认知、语用因素的核心，研究焦点必然牵涉到句法、语义、语用、认知等许多方面。目前，焦点研究的成果较多，但存在的问题也不少。本章主要探讨了焦点的界定、焦点的性质、焦点的类型，焦点与预设之间的关系，以及焦点化的手段等问题。从研究中我们可以发现，焦点就是说话人着意要强调和突显的句子成分，典型的焦点具有这样的特征：新信息的重点所在；焦点是说话人所要强调的；焦点在认知上最突显；焦点通常位于句尾。我们可以根据不同的维度把焦点分为不同的类型，如自然焦点、信息焦点、语义焦点、对比焦点、心理焦点等。焦点化的手段多种多样，有语音的，也有词汇的和句法的。使用什么样的焦点化手段是由许多因素决定的。我们认为，研究焦点的性质、规律以及语用功能，对于人们更主动合理地运用语言传递信息是大有裨益的。

第 11 章　左移位构式

11.1　引　　言

左移位构式(left dislocation construction)又称“左分离构式”(left detachment construction)，是指这样一种句法结构：它的一个名词短语向左移到句子首位，而其原位置上则由一指称相同的代名词或一完整的名词短语填充。例如，$John_i$, I liked him_i/the old $chap_i$。

英语中最早使用“左移位”(left dislocation)这一术语并对之进行研究的是罗斯(Ross，1986)。普林斯(Prince，1997)把左移位分为三种：简单化的左移位(“simplifying” LDs)、偏序集合左移位(“poset” LDs)和复指代词左移位(“resumptive pronoun” LDs)；也有学者把左移位分为悬挂话题左移位(hanging topic left dislocation)、对比左移位(contrastive left dislocation)和附着左移位(clitic left dislocation)；此外，还有拷贝式左移位(copy left dislocation)等。

在汉语研究中，早在 20 世纪 40 年代，王力先生在其《中国现代语法》中就提到了这一语言现象，只不过他使用的是“意复”这一术语。他(1985：417)说：“意复者，字面上并不重复，只是用代词复指。此类可分为三种：(1)复主位；(2)复目的位；(3)复加语”。这里所说的“主位”相当于主语，“目的位”相当于宾语，“加语”就是领属。吕叔湘先生(1986)在谈汉语句法的灵活性时，提到了“移位”问题。他说：“移位就是一个成分离开它平常的位置，出现在另外的位置上”，不过他举的例子都是话题化的句子，未涉及左移位构式。

英汉语言中存在大量的左移位构式，特别是在汉语这种话题优先的语言中，左移位构式更是俯拾即是。从纯句法学的角度来看，左移位构式非常有趣，因为它涉及两个语音上不同的成分具有相同的指称对象；从语义和认知的角度来看，左移位构式与话题化构式并不一样，应分别对待。本章将在认知语言学的框架下，并结合语用学及语篇分析的理论来研究英汉语言中的左移位构式，探讨其特征、表现形式、功能及其认知理据。

11.2 左移位构式的特征及其表现形式

国内有的学者把左移位和话题化(topicalization)看成是同一种句法现象，我们认为这是不妥的。格雷戈里和米凯利斯(Gregory & Michaelis，1999)曾用实验证明左移位并不包含在话题化中，而是两种不同的构式。在转换生成语法中，左移位与话题化也被认为是不同的，前者由基础生成，后者涉及移位。例如，对于话题化结构，雷德福(Radford，1988)就是用乔姆斯基的移动理论来解释的，即 α 移动把名词词组移至句首，并在原来的位置上留下一个语迹 t，任何别的成分都不能放在这个位置上；而对于左移位构式来说，则不能用 α 移动理论来解释。雷德福认为移动了的名词词组是由语法的基础部分生成的，即由 X-阶标句法规则(词组结构规则是具体的体现)和词典生成的，而不是移动过来的。根据 α 移动理论，例(1)是话题化构式：

(1) John_i I don't like t_i.

名词词组 John 是从宾语位置移到句首的，即是说，句(1)的“D-结构”是(2)：

(2) I don't like John.

下面例(3)是一个左移位构式(Radford，1988：530)：

(3) $John_i$, I think he_i's the pits.

根据雷德福的解释，例(3)是不能用 α 移动理论来解释的，即是说(3)中的 John 不是从 he 的位置移到句首的，而是由词组结构规则直接生成的。他(Radford，1988：532)给出的生成规则是：CP→XP CP。这里的 XP 代表的是被移动的成分。但在左移位构式中，语迹并不是一个空位，相反，必须有一个代名词来填充这个位置，如(3)中的 he 就起这种作用。同样，其他名词词组也可以用来填充移动了的句子成分(Radford，1988：531)。见下例：

(4) $John_i$, I can't stand the arrogant $bastard_i$/ the $creep_i$/ the $jerk_i$.

从雷德福所举的例子来看，话题化成分与句子后部分之间的联系非常紧密，它们之间不能有逗号，也不能加入别的词组。但在左移位构式中，移位的成分与句子后部分之间是可以加入逗号或别的词组的。试比较：

(5) a. Bill I really hate.

b. *Bill, man, I really hate.

(6) a. $Bill_i$, I really hate him_i.

b. $Bill_i$, man, I really hate him_i.

我们认为，雷德福的上述观点是不能成立的，因为他无法解释(3)中 John 和 he，(6a)和(6b)中 Bill 和 him 之间的共指和依赖关系。以(6b)为例，如果我们把它看成是由词组规则生成的话，那么该理论就无法解释 Bill 的语义角色或论元角色是什么，因为 Bill 处于非论元位置，而非论元位置上的成分是不能获得论元角色的。此外，左移位成分不一定是做话题，例如，在英语中我们可以用 as for、what about、with regard to、 about、speaking of 等来验证左移位成分是否是做话题(Prince, 1984):

(7) a. A: It's supposed to be such a great deal.

B: #What about the guy? (注:#表示缺乏具体的语境,该句子不可接受)

A: The guy_i when he came over and asked me if I want a route, he_i made it sound so great. Seven dollars a week for hardly any work. And then you find out the guy told you a bunch of lies.

b. #It's supposed to be such a great deal. As for/Speaking of the guy_i when he_i came over and asked me if I want a route, he_i made it sound so great. Seven dollars a week for hardly any work. And then you find out the guy told you a bunch of lies.

普林斯(Prince,1984)认为,the guy 在上面的例子中并不是话题,因为它不能用 as for 和 speaking of 来引导。据此,我们认为,左移位和话题化都是由移位产生的,但它们又是不同的构式,这主要是基于认知语言学的一个基本观点:句法结构体现了人类的认知特点,是人们对情景识解的产物;同一经验事件的不同表达方式,是说话人着眼点的不同反映。因此,我们可以假设,在话题化中,句子成分移动后的原位置上是空位;在左移位中,原位置上必须有指称相同的代名词或名词短语。前者是隐性的,后者是显性的。

左移位与呼告或顿呼法(apostrophe)也不相同。呼告是为了表达强烈、激越、诚挚的感情,突然变换口气,撇开读者或听者,直接呼话中的人或物来说话。例如:

(8) Milton, thou shouldst be living at this hour. (W. Wordsworth)

这里的Milton并不是从thou的位置移到句首的,而是作者直呼其人。

作者使用呼告，炽热地表达了这位浪漫主义大师对一代文豪弥尔顿的思念。

正因为左移位构式与话题化、呼告等语言现象不同，因此它有自己的一些句法、语义、语用、认知等方面的特征。归结起来，左移位构式主要有以下几个重要特征。

第一，移位的成分必须是向左移动，通常是移至句首，并且原位置由一个代名词或名词短语填充，这从我们前面所举的例子可以看出。又如：

(9) 那位小姐 $_i$，我很喜欢 t_i。

(10) 那位小姐 $_i$，我很喜欢她 $_i$。

例(9)属话题化，因为原位置是空位；例(10)才是左移位，因为原位置上的代词“她”与前面的“那位小姐”指的是同一个人，具有共指关系。

当然，左移和右移是一个相对的概念，一个语符列 XY 变为 YX，我们可以说是 Y 左移了，但也可说是 X 右移了，关键在于我们把注意的焦点放在哪个成分上。从左移位的角度看，Y 是我们注意的焦点，但从右移位的角度看，X 是我们注意的焦点。例如：

(11) 这样怕老婆也只有他。(比较：也只有他这样怕老婆。)

吕叔湘先生(1986)认为，“他”为了强调而“挪到句子末了去”。这是着眼于句尾焦点，如着眼于话题，则是“这样怕老婆”左移。

第二，在会话中，左移位成分有一个独立的语调曲拱(intonation contour)，以区别于后面分句的语调，从而传递说话人当时的有关信息(Givón，1990：759)。

第三，原来位置上的代名词或名词短语与左移位成分必须属于同一语法成分，否则，就不属于左移位。例如：

(12) 我刚才买了一本词典，那是上海外语教育出版社出版的。

在这个例子中，“一本词典”在第一个分句中作宾语，“那”在第二个分句中作主语，因此，不能看成是左移位。

第四，左移位构式必须有对应的结构原形。例如，(13a)就有对应的结构原形(13b)，即是说(13a)是由(13b)变换而来的。

(13) a. 小王$_i$，我给他$_i$写了一封信。

b. 我给小王写了一封信。

第五，左移位成分与原位置上的填充成分必须具有共指关系。

(14) a. 小李$_i$，我不相信他$_i$/这个人$_i$。

b. 小李$_i$(阳性)，我不相信她$_j$。

(14a)中的“小李”与“他”或“这个人”是指同一个人，具有共指关系；但(14b)中的“她”与前面的“小李”显然不是指同一个人，没有共指关系，因此，(14b)不是左移位构式。

第六，在汉语中，是否是左移位成分，有时我们也可以用“至于”、“关于”这样的词组来检验；在英语中，可以用 as for、as to、concerning、what about 以及 speaking of 等标记语来检验。例如：

(15) a. 张三$_i$，我不想提他$_i$。

b. 至于张三$_i$，我不想提他$_i$。

(16) a. Your dictionary$_i$, I will bring it$_i$ tomorrow.

b. As for your dictionary$_i$, I will bring it$_i$ tomorrow.

这里的(15a)和(16a)都是左移位构式，因为“张三”和 your dictionary 都可以用像“至于”、as for 这样的标记语来检验。但值得注意的是，像“至于”、“关于”和 as for 这样的标记语，它们是不能引导一个崭新的指称对象的。试比较：

(17) a. 至于那本书$_i$，我不知道它$_i$的价格。

b. *至于一本书，我不知道它的价格。

(18) a. As for your brother$_i$, I saw him$_i$ last night.

b. *As for a strange guy, I saw him last night.

这也说明，在左移位构式中，左移位成分必须是确定的、已知的信息。事实上，吉汶(Givón，1990，2001)也认为，左移位并不是引入新话题的一种机制。他认为，左移位成分必须是确定的，或者是类属的，但不能是不确定的。例如：

(19) a. John$_i$, I never saw him$_i$ there.

b. John$_i$, he$_i$ read the book.

(20) a. Politicians$_i$, I've never met one$_i$ I could trust.

b. Whales$_i$, they$_i$ are mammals.

c. Money$_i$, John wants a lot$_i$.

(21) *A politician$_i$, I met him$_i$ yesterday.

John 在(19)中都是指说话人心中某个确定的人。(20)中的 politicians、whales、money 是类属的，并不是指具体的某些警察、鲸鱼，或者是一些钱，而是指某一类人或物。(21)中的左移位成分 a politician 是不确定的，因此该句不可接受。

第七，在某些语言里，左移位成分(比如“代词”)通常是用宾格而不是主格形式。这在英语口语中比较常见。例如：

(22) a. Me$_i$, I$_i$ don't do this.

b. Him$_i$, he$_i$'s sick.

为什么左移位成分必须使用宾格形式呢？这主要是因为在早期的英语中，左移位成分通常是介词短语或介词的宾语，即由标记语 as for、as to、speaking of 等引导的短语，例如 speaking of him、as for her、或者是直接宾语，例如 now take her（Givón，1990：760）。

第八，在左移位构式里，去掉左移位成分并不会影响句子的地位，但话题化构式就不行。例如：

（23）a. This man$_i$, I don't know him$_i$.（比较：I don't know him.）

b. This man$_i$, I don't know t$_i$.（比较：I don't know t$_i$.）

如果我们把（23a）中的左移位成分 this man 省略，句子并不会受影响，但如把（23b）中的 this man 省略，句子的意思就不清楚。

我们发现，左移位构式在古汉语中早就存在。宾语左移，其原位置上常用代词“之”复指，从而构成这样的构式：左移位成分+主+（副）动+宾（之）。例如：

（24）山林之木$_i$，衡鹿守之$_i$。（《左传·昭公二十年》）

（25）板印书籍$_i$，唐人尚未盛为之$_i$。（《梦溪笔谈·技艺》）

从句法的角度来看，左移位构式中左移位成分可以是句子的主语、宾语、状语、定语、兼语等；从语义的角度来看，左移位成分可以是施事、受事、与事、经事、对象、领属等。例如：

1）代名词是小句的主语

（26）Peter$_i$, he$_i$ likes beans.

（27）那个小孩儿$_i$，他$_i$很喜欢你。

2）代名词是小句的宾语

（28）Beans$_i$, Peter likes them$_i$.

（29）那位先生$_i$，这个女孩很喜欢他$_i$。

3）代名词表示方位，作状语

（30）This cupboard$_i$, Peter put the beans there$_i$.

(31) 清华大学$_i$，我有许多朋友在那儿$_i$。

4) 代名词表示领属

(32) Peter$_i$, his$_i$ mother likes beans.

(33) 老王$_i$，他$_i$儿子考上了大学。

5) 代名词表示时间，作状语

(34) In 1950$_i$, I was born then$_i$.

(35) 1963 年$_i$，我在那一年$_i$出生了。

6) 代名词是兼语成分

(36) John$_i$, I do like him$_i$ to come here tomorrow.

(37) 小张$_i$，我们想提拔他$_i$当主任。

当然，这里的六种情况只是最常见的，其他句子成分在特定的条件下或许也可以左移。此外，不同语言中的左移位情况也不尽相同。这些问题都有待进一步探讨。

11.3　左移位构式的功能

左移位作为一种有标记构式，它到底有什么功能呢？夸克等学者(Quirk, et al.，1985：1417)认为，在左移位构式中，左移位成分显然是为整个句子标识“出发点”。在随便的谈话中，这样处理非信息中心的长名词短语并不少见，对听话人(他可以提早听到一个复杂的词项)和说话人(他不必把这个复杂的词项放在句子的语法结构中)都比较方便。

我们认为，左移位构式的功能可以从语用和语篇的角度进行分析。其具体功能主要表现在以下几个方面。

1. 起强调作用

从语用的角度来看，左移位可以加强语气，突出左移位成分，起强调的作用，因为“一头一尾是句子里的重要位置”（吕叔湘，1986）。这是左移位构式最重要的一个功能。人类的认知前提是使用左移位构式的基础，而认知前提就是概念中对左移位成分这一认知客体的关注，以及对这种认知客体的强调。例如：

（38）张三$_i$，他$_i$已经把任务完成了。

这里把“张三”左移，并使用左移位构式，旨在强调是“张三”而不是别人已经把任务完成了。显然，这比使用无标记构式“张三已经把任务完成了”更突出了张三，具有强调的作用。

2. 可以标记新的话题，预示另一个话轮的到来

（39）B: It's according to where I am at on the green.

A: Yeah. That's good.

B: But the friends I play with$_i$, uh, they$_i$ play all the time and they're real good.

A: Joe Pro's?

B: No, uh, they're not Joe Pro's, but they golf in the…

这是一段对话，B 使用左移位构式 But the friends I play with$_i$, uh, they$_i$ play…实际上是向 A 表明，他已经转换了话题，并且预示这是一个新的话轮。

3. 标记一个新的信息单位

由于左移位成分有一个独立的语调曲拱，因此它可以标记一个独立

的信息单位，例如(40)中的 The man my father works with in Boston 就是这样的信息单位，后面的 he 与它形成共指关系。

(40) The man my father works with in Boston$_i$, he$_i$'s going to tell the police that the traffic expert has set that traffic light on the corner of Murk Street far too low.

4. 标记对比

(41) My father$_i$, he$_i$'s American, and my mother$_j$, she$_j$'s Greek.

(42) She had an idea for a project. She's going to use three groups of mice. One$_i$, she'll feed them$_i$ mouse chow, just the regular stuff they make for mice. Another$_j$, she'll feed them$_j$ veggies. And the third she'll feed junk food. (Prince, 1997: 125)

例(41)中的左移位成分 my father 与另一个左移位成分 my mother 形成对比；(42)中的 one 与 another 形成对比。通过对比，可以更加突出左移位成分，使它们成为注意的焦点。

5. 语篇衔接功能

(43) The, uh, d-, my favorite is the police department, they're not aimed at the criminal. The Judicial System is aimed at the citizens. Because you$_i$ and I$_i$, we$_i$ have work schedules, we$_i$ can be called at work, we$_i$ have Social Security numbers, they can trace us$_i$ down, we$_i$ have telephones, then we$_i$ have checkbooks. Criminals have none of these things. They're difficult to catch, and if they do catch them, they don't get any monetary gain out of it, whereas we$_i$ write a check.

例(43)中的 you and I 是左移位成分，后面的 we 或 us 与之形成共指关系，把整个语篇紧密地衔接在一起。整个语篇清楚、明确，浑然一体。

6. 夸张作用

(44)这个老命$_i$还要他$_i$做什么。

(45)二嫂子$_i$凭他$_i$怎么巧，再巧不过老太太。

王力先生(1985：418)认为，这里使用左移位构式就比使用普通的构式更具有夸张的作用。比较(44)和无标记构式“还要这个老命做什么”，我们就会感到后者不如前者那么有力。

11.4　左移位构式的认知分析

语言与经验世界之间并不存在直接的反映关系。我们所知道的经验世界，是认知主体按自己的认知模式重新组合过的心理图像。人类认知模式的特征决定了语言结构的性质。人们观察世界时通常注意两个方面：(i)存在之物；(ii)物的存在方式(包括物自身的性质、状态以及物与物之间的关系等)。维特根斯坦在其《逻辑哲学论》(1.1)中回答“世界是由什么构成的？”这一问题时说：“世界是事实的总和，而不是物的总和”。事实与物的区别在于，事实不仅包括物，而且还包括物的“情况”。单纯的“骏马”并不构成事实，而处于特定语境下的事物“骏马奔驰”便构成了一个事实。在经验世界中，存在之物与物的存在方式是浑然一体的，人们要描写某一客观事实，就必须描写其存在的方式。在维特根斯坦看来，事件是事实的一个特殊子集，说[AB]是一个事件，就是说 A 和 B 是以某种方式结合起来的，它们之间的结合在现实世界中有其实际的存在。如果三种对象能以九种方式结合，那么这九种结合在逻辑上是可能的。但是，在经验世界中，某些结合出现了，而另一些结合却不会出现。很明显，维特根斯坦的这一哲学思想无疑对当代认知语言学理论产生了一定的影响。

认知语言学有一个非常重要的观点，那就是特别强调说话人利用语言约定俗成的概念化以及一系列的认知过程，对情景的特征进行积极的描写，例如意象图式、隐喻、转喻、心理空间等都是概念结构或认知结构。说话人从特定的视角出发，根据特有的语境知识、背景知识和认知状态等，对所获得的信息进行加工处理，然后用特定的语言形式表达出来。一个语言表达式的意义不但涉及概念的“内容”，而且涉及表达那一内容的识解(construal)方式。所谓“识解”就是指说话人在心里形成和建构一个表达式的语义内容的方式。兰厄克(Langacker，1987：487-488)将其定义为“说话人(或听话人)与所概念化和描绘的情景之间的关系”。根据认知语言学，识解包括一系列维度：情景描写的详细程度(level of specificity)、辖域(scope)、视角(perspective)、突显(prominence)、勾勒(profiling)、心理扫描(mental scanning)等。这充分表明，语言使用者在组织和构建其世界过程中发挥了积极的作用。传统上被认为“无意义”(即缺乏稳定语义内容)的语法差别，相反却证明是识解中细微差别的反映。例如，主语与宾语的差别，被证明是“图形-背景”(figure-ground)这一认知结构在语言中的现实化，通常，主语是图形，宾语是背景。表达相同命题的主动句或被动句，即使它们有同样的真值条件，并不意味着是相同的事，它们的区别体现在图形-背景的组织中。例如：

(46) a. 张三(图形)打了李四(背景)。

b. 李四(图形)被张三(背景)打了。

虽然这两个句子表达的命题相同，但各自突显的成分不同，(46a)突显的是“张三”，(46b)突显的是“李四”，因此，这两个句子所表达的意义不同。同理，假设 a、b 两人看到的是同一事件，在经验层次上两人应该是一致的，因为他们有相同的认知器官。但是，对同样的事件，双方所作的陈述可能有所不同，如(47a)的陈述断言张三是李四死亡的直接原因，(47b)的陈述却暗示了李四死亡有多种可能性。

(47) a. 张三打死了李四。

b. 张三打李四一拳，李四死了。

由此可见，句法结构及其所表达的意义体现了人类认知的特点，是不同识解方式的产物。毫无疑问，本章所研究的左移位构式也不例外。左移位构式不同于话题化构式，不仅仅是因为前者在句法结构上多一个复指的代名词或名词短语，更重要的是其认知基础不同，即识解方式不一样。兰厄克(Langacker，2004b)曾用“射体–界标”理论(trajector-landmark，“射体–界标”是“图形–背景”的具体体现)分析了左移位构式“Bill, Alice admires him”(见图 11.1)和话题化构式“Bill Alice admires”(见图 11.2)。

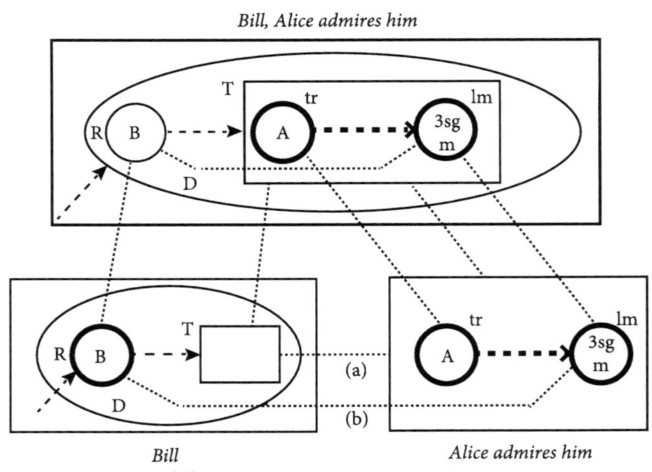

图 11.1　Bill, Alice admires him

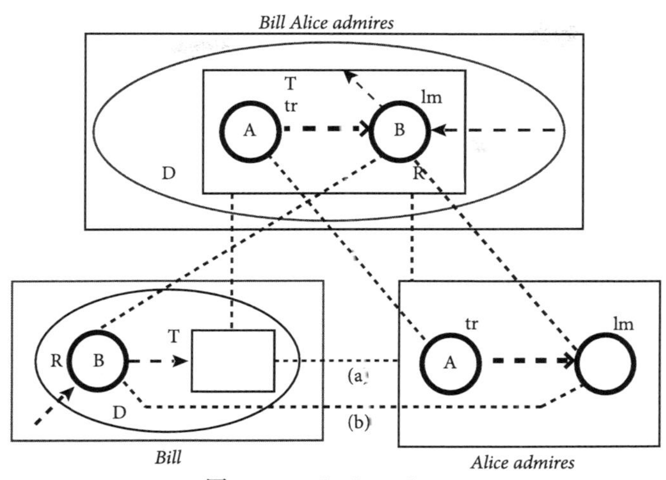

图 11.2　Bill Alice admires

图 11.1 和图 11.2 中的 R 是参照点，D（dominion）是辖域，T（target）表示目标，即知识域中联想的命题，----►表示心理路径，tr 是射体，lm 是界标，3sg 表示第三人称单数，A 和 B 分别代表 Alice 和 Bill。对比这两个图形，我们会发现，在左移位构式中，Bill 始终是参照点，我们通过心理路径去接近目标，目标中的射体是 Alice，界标是第三人称单数代词 him，但 him 的理解必须参照被突显的左移位成分 Bill。

左移位构式作为一种有标记构式，体现了"元象似标记性原则"（the meta-iconic markedness principle）（Givón，1990：68），即"认知上有标记的范畴在结构上也倾向于有标记"。左移位构式也是线性序列语用原则在语言中的反映：较重要或较紧急的信息趋向于放在首要位置；不可及的或不易预测的信息趋向于放在首要位置。从认知的角度来讲，这主要是因为：重要的、不易预测的信息发生的频率低、具有标记性、并且是需要注意的图形；此外，心理语言学的研究表明，居于首要位置的成分容易引起更多的注意并易记忆（文旭，2001b）。

由此可见，左移位构式与话题化构式是人们对情景进行识解的不同产物。在某些情况下，左移位构式是可以使用的，但话题化构式却不能使用；另一方面，话题化可以使用的地方，左移位一般总是可以使用的。让我们先看几个英语例子：

（48）a. $John_i$, I think that he_i won the race.

b.*$John_i$, I think that t_i won the race.

（49）a. This $book_i$, to whom should we give it_i?

b. *This book, to whom should we give t_i?

（50）a. （As for）John, who do you think saw him?

b. *$John_i$, who do you think saw t_i?

以上三例表明，左移位构式可以使用，但话题化构式不能使用。下面两个例子说明，话题化构式可以使用，左移位构式也可以使用：

（51）a. This $book_i$, we should give t_i to John.

b. This $book_i$, we should give it_i to John.

（52）a. $John_i$, Mary saw t_i.

b. $John_i$, Mary saw him_i.

下面我们再分析一些汉语实例。正是由于左移位构式与话题化构式是两种不同的构式，左移位构式与话题化构式的使用才有不同的限制。例如，在下面的句子里，如果代名词受“把”或其他介词的统辖，这个代名词就必须出现，不能省略，即是说，这里只能使用左移位构式，而不能使用话题化构式：

（53）a. 那本书$_i$，我把它$_i$放在你的家里了。

b. *那本书$_i$，我把 t_i放在你的家里了。

（54）a. 小李$_i$，我送了一台电脑给他$_i$。

b. *小李 $_i$，我送了一台电脑给 t_i。

(55) a. 王小姐 $_i$，我从来没跟她 $_i$ 说过任何话。

b. *王小姐 $_i$，我从来没跟 t_i 说过任何话。

由于左移位成分不能控制反身代词，因此在左移位构式中，是不能用反身代词的。例如：

(56) a. 张三靠他自己。

b.*张三，我靠他自己。

对比这两个句子，我们可以发现，主语控制反身代词，而左移位成分则不能控制反身代词。下面这个句子能进一步证实这一结论：

(57) 张三，爸爸只顾他自己。

这个句子没有任何歧义，“他自己”只能理解为与张三的父亲同指，不能与张三同指。显然，控制反身代词的是主语，而不是左移位成分。

在领属结构中，只有领属的名词词组可以左移位，而被领属的名词词组不能左移位。例如：

(58) a. 那位小姐眼睛很漂亮。

b. 那位小姐 $_i$，她 $_i$ 眼睛很漂亮。

c. *眼睛，那位小姐很漂亮。(曹逢甫，1995：28-29)

属类动词后的表语名词不能左移位，更不能话题化。例如：

(59) a. 你很像那个男孩儿。

b. ？那个男孩儿 $_i$，你很像他 $_i$。

c. *那个男孩儿，你很像。

复杂名词词组里的名词词组也不能左移位，更不能话题化。例如：

(60) a. 我认识那个时常骂小孩的人。

b. ？小孩 $_i$，我认识那个时常骂他 $_i$ 的人。

c. *小孩 $_i$，我认识那个时常骂 t_i 的人

如果被移动的成分是与事或工具，那么，我们通常就得使用左移位构式，而不是话题化构式。例如：

(61) a. 我一共给了小王五十块钱。（无标记构式）

b. 小王 $_i$ 我一共给了他 $_i$ 五十块钱。（左移位）

c. *小王 $_i$ 我一共给了 t_i 五十块钱。（话题化）

(62) a. 我用这把刀切肉。（无标记构式）

b. 这把刀 $_i$ 我用它 $_i$ 切肉。（左移位）

c. *这把刀 $_i$ 我用 t_i 切肉。（话题化）

(63) a. 你可以拿这间教室放电脑。（无标记构式）

b. 这间教室 $_i$ 你可以拿它 $_i$ 放电脑。（左移位）

c. *这间教室 $_i$ 你可以拿 t_i 放电脑。（话题化）

补语助词"得"后面的句子成分如果左移至句首，那么，通常我们使用左移位构式，而很少用话题化构式。例如：

(64) a. 我说得这些听众笑了起来。（无标记构式）

b. 这些听众 $_i$，我说得他们 $_i$ 笑了起来。（左移位）

c. *这些听众 $_i$，我说得 t_i 笑了起来。（话题化）

可见，左移位构式与话题化构式存在许多差别，因此，它们之间不能混淆。我们认为，识解中的突显是使用左移位构式的认知基础。突显就是概念中对认知客体的关注，以及对这种认知客体的强调。强调这一认知功能产生于说话人，具有主体性，是说话人识解经验世界时使用左移位构式的认知前提。

11.5　结　束　语

左移位构式作为一种有标记构式结构，是许多语言学理论关注的一个重要课题。本章在前人研究成果的基础上，在认知语言学的框架下，对左移位构式的特征、表现形式、功能以及认知理据进行了分析。我们的结论是：(i)左移位构式与话题化构式是两种不同的构式；(ii)左移位构式产生的认知基础是识解中的突显方式；(iii)左移位构式产生的认知前提主要是为了强调。

第 12 章　双主语构式

12.1　引　　言

汉语句子的句首有时会出现两个名词短语 NP_1 和 NP_2 作“主语”，这种结构传统上习惯称为“双主语构式”（double-subject construction）。过去讨论这一结构的语言学者主要有赵元任（Chao，1968）、汤廷池（Tang，1972，1977）、邓守信（Teng，1974）、曹逢甫（Tsao，1979, 1980）、屈承熹（2005）等。大体而言，赵元任的分析代表了美国结构/描写主义的路子，汤廷池的分析是在格语法的框架下进行的，邓守信的研究追随了乔姆斯基转换生成语法“标准理论”（1965）中的精神，曹逢甫和屈承熹的研究则是功能语法的路子。这些研究自然有其贡献，但也有不足之处。

双主语构式这一现象在许多语言中都普遍存在。但由于它在许多语言学理论中的不可预测性和一些难以解决的问题，其研究并没有引起足够的重视。本章将在认知语法的框架下探讨汉语的双主语句式，其中主要包括下面一些问题：NP_1 和 NP_2 是主语还是话题？这一构式与话题构式有什么关系？到底如何解释这一构式？其认知理据是什么？

12.2　对双主语构式的不同解释

汉语双主语构式的典型句法结构大致可以用下面的形式表示：$[NP_1[NP_2\ VP]]$。例如，在“他太太很漂亮”中，“他”为 NP_1，“太太”为 NP_2，“很漂亮”为 VP。由于汉语的句首经常会出现两个名词短语，因此这里我们有必要说明这一结构。例如：

(1) a. 天上，云很多。

b. 今天他没有来。

c. 这本书，我不喜欢。

d. 这些学生，我不想提他们。

e. 这些学生，这个最刻苦。

f. 他肚子饿。

从表面上看来，这里每个句子的句首都有两个名词短语，好像都符合上面的双主语构式的形式。但事实上，各句首名词短语的功能有所不同：(1a) 句中的“天上”为地点副词；(1b) 句中的“今天”是一个时间副词；(1c) 句中的“这本书”本来是动词“喜欢”的宾语，但移至句首被话题化了，因此 (1c) 是一个话题构式 (topic constructions) 或话题化构式 (topicalization construction)；(1d) 句中的“这些学生”本来是动词“提”的宾语，移至句首后原位置上有一个共指代名词“他们”，因此 (1d) 是一个左移位构式 (left dislocation construction) (文旭，2005)。只有 (1e) 和 (1f) 才是“双主语构式”中的 NP_1。

对双主语构式的研究，首先遇到的第一个问题就是：这里的名词短语是主语，还是话题 (或主题)。对该问题的回答，主要有三种观点：第一种观点认为，NP_1 和 NP_2 都是主语，这是传统的观点，转换生成语法的学者也持这一观点；第二种观点认为，NP_1 和 NP_2 都是话题，其中 NP_1 为“基本话题”，NP_2 为“次要话题”；第三种观点是把 NP_1 和 NP_2 看成是一个话题，这三者的分析可以表示为：

(2) a. 他　　太太　　很漂亮。

主语 $_1$　　主语 $_2$

b. 他　　太太　　很漂亮。

话题 $_1$　　话题 $_2$

c. 他太太　很漂亮。
　话题　　述题

在讨论这三种观点之前，我们有必要谈谈“主语”和“话题”这两个概念。“主语”和“话题”这对范畴是汉语语法研究中的核心课题之一。但迄今为止，汉语学界还存在较大的分歧，争论的焦点主要是：汉语中究竟有没有“主语”或“话题”；如果有的话，是只有其中之一，还是两者都有。关于这样的异议，石毓智(2001：48)将其分为三派：第一派认为汉语只有话题，汉语的主语等同于话题，代表人物有赵元任(Chao，1968)、李英哲等(1990)、徐通锵(1997)；第二派认为，汉语既有话题又有主语，两者有不同的语法特征，代表人物有沈家煊(1999a)、李讷和汤珊迪(Li & Thompson，1976)、曹逢甫(Tsao，1977)；第三派则主张汉语只有主语，没有话题。代表人物有吕叔湘(1984)、朱德熙(1985)等。我们认为，汉语既有主语，也有话题，因为主语和话题是两个不同的概念，体现在不同的语言层面上，它们具有不同的特征。主语是一个语法概念，具有许多典型的语法、语义和语篇特性。下面是特拉斯克(Trask，1995：266)概括出来的主语的10个特征：

主语——句中名词短语可能有的最显著的语法关系，具有易于被确认的特点。主语具有各种各样的语法、语义、语篇特性，主要包括如下这些特征：

a. 主语代表的是独立存在的实体；

b. 主语控制句中的共指(co-reference)，包括反身代词、代词和零照应语(null anaphors)；

c. 主语控制换指系统(switch-reference systems)；

d. 主语控制动词的一致关系；

e. 主语是无标记结构的话题；

f. 主语是升级过程(advancement process)的目标；

g. 主语可以被关系化，被提问，可以用于分裂句中；

h. 主语可以被提升(raising)；

i. 主语没有格标记；

j. 主语是无标记结构里的施事。

对主语的这些特性的正确理解有两点值得注意：主语的这些特征并不适合所有语言，一种语言的主语可能只有其中的几个特征；主语是一个语法结构的成分，适用于句子和小句(从句)两个层面。

我们再看话题的定义(Trask，1995：279-280)：

> 话题——句子里表示语境中已知的成分，是句子其余部分的陈述对象。在英语等许多语言中，话题常常是无标记结构中的主语；如果话题和主语不一致时，话题常常带有某种标记。英语的有标记话题结构通常是把一个成分置于句首，例如：This book I can't recommend; In the park stood a bronze statue。

理查兹等人(Richards, et al.，2005：716)把话题定义为："描述句子信息结构时表示一个句子予以评述的人、事物或观念的那部分内容。话题和述题概念是不同于主语和谓语。主语谓语指的是句子的语法结构而不是它的信息结构。"沈家煊(1999a：222)用"特征束"对话题进行了定义，我们认为这很有价值：

a. 居句首位置：句首 > 句首后动词前 > 句尾巴

b. 后加停顿或语气词：可以加 > 不宜加 > 不能加

c. 定指：定指 > 泛指 > 不定指

d. 已知信息：已知信息 > 对比性已知信息 > 未知信息

e. 延续性：延续性强 > 延续性弱 > 无延续性

他认为，完全具备这些特征的是典型的话题，只具备一部分这些特征的是程度不等的非典型的话题。典型的主语是话题，如果主语不是话题或不太像一个话题，这样的句子就是有标记句式。根据上面的定义和讨论，我们可以看出，主语是语法结构的成分，由它构成的格式可以用于句子和从句两种层面；但是，话题是一个语篇概念，只能用于句子或大于句子的层面上。

分析了主语和话题的特征之后，现在让我们再回过头来分析有关双主语构式的三种观点。对于第一种观点，即 NP_1 和 NP_2 都是主语，我们这里只介绍一些转换生成语法学者对汉语双主语构式的分析，以邓守信 (Teng，1974) 为例。根据转换生成语法的假设，汉语的句子就可以定义为：S→NP VP，外加一系列的重写规则和转换规则。邓守信认为，谓语可以包括整个句子，即是说 VP 可以重写为 S。这样，双主语构式 (3) 就有 (4) 这样的底层结构：

(3) 他肚子饿。

(4)

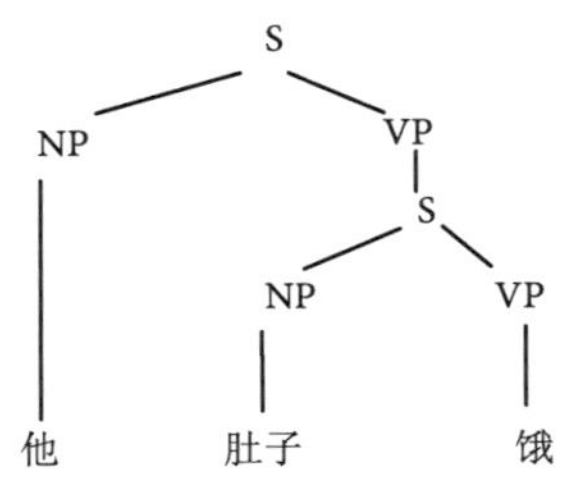

但这种分析却受到了批评。例如曹逢甫 (2005：102) 就认为：这种分析并没有区分出话题和主语。如果在 (3) 后面补充一些小句，那么 NP_1 的话题功能就非常清楚：

(5) 他肚子饿，又找不到东西吃，所以躺在床上睡觉。

曹逢甫认为，如果按照人们通常的理解，把主题定义为话题，即主题是一个句子 (或几个句子) 的谈论对象，那么 (3) 中的“他”显然就是主题。而主语是语法概念，总与动词的选择有关 (Keenan，1976；Li & Thompson，1976)。他 (2005：103) 进一步认为：“在任何一个汉语句子中，子句(clause)首位的主语在某种程度上也是主题……，因此将双名词结构中的第二个名词性成分的性质扩展到主题才符合逻辑。进一步说，由于有关主题前面还有另外一个居于句子首位的主题，因此我们把这两个主题区分为基本主题和次要主题”。

屈承熹(2005：301)也认为，应该把“双主语构式”中的主语看成是“话题”，这样对“双主语构式”的解释所遇到的问题都可迎刃而解。他在分析“双主语构式”时，引入了“话题–述题”结构(topic-comment)，并认为(2005：304)：“传统上习惯称为‘双主语’的两个名词组，其实是一种‘话题–述题’的结构。也就是说，这两个名词组，前面的是一个话题，后面的则是述题的一部分。述题本身，经常也可以包含另一个‘话题–述题’的结构”。例如，下面句子是他认为的“双主语”结构：

(6) 衣裳，新的好；朋友，旧的好。

(7) 我们两个男孩，一个八岁，一个十岁。

其分析如下，见图 12.1：

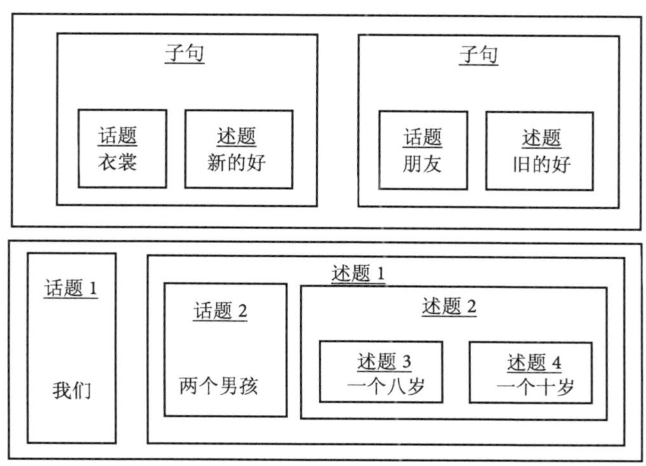

图 12.1　双主语结构的“话题–述题”

其他学者也有同样的看法，例如罗任地和潘露莉(2005：60)。当然，这种分析有一定的合理性。我们姑且不谈“话题”本身就是一个不明确的概念，虽然曹逢甫(1995：38-39；2005：48)总结出了汉语话题的一些特点。但是，有一个不可否认的事实就是：并非所有 NP_1 都是话题。根据一些学者的研究，汉语里的话题可以用以下三种形式标记来表明。

第一，话题可以由停顿助词“啊”、“呀”、“呢”、“么”、“吧”、“吗”与句子的其余部分隔开(曹逢甫，2005：48；刘月华等，2005：913)。

第二，话题之后可以加上“是不是”形成反复问句。也就是说，如果一个句子有话题又有述题，那么在话题和述题之间一定可以插入“是不是”，使句子变为反复问句(陆俭明，1986)。

第三，标记语“关于”、“至于”、“对于”、“拿……来说”等可以引出话题。

现在我们以这三个形式标记来分析例(1)中的“他太太很漂亮”：

(8) a. ?他啊，太太很漂亮。

b. ?他是不是太太很漂亮？

c. ?关于他，太太很漂亮。

由此可见，把“他”分析为话题是有问题的。

至于第三种观点，即把 NP_1 和 NP_2 看成是一个话题，同样也存在一些问题。例如：

(9) a. 他太太啊，很漂亮。

b. 他太太是不是很漂亮？

c. ?关于他太太，很漂亮。

如果这一观点运用到分析像(7)那样的句子，就更有问题了。至此，我们可以得出这样一个基本结论：双主语构式中的 NP_1 既不全是主语，也不全是话题。因此，我们有必要另辟蹊径，进行重新分析。

12.3　双主语构式的认知分析

兰厄克(Langacker，1991，1999，2001，2003，2004b)曾对多种语言的“双主语构式”进行过研究。他认为 NP_2 与 VP 构成一个内在小句(inner clause)；整个[NP_1[NP_2 VP]]又构成一个完整小句(full clause)。NP_1 称为“外主语”(outer subject)，NP_2 为“内主语”(inner subject)。例如，在“我脑子不够用”这个句子里，“我”和“脑子”就是两个名词短语，是双主语，“我”是外主语，“脑子”是内主语。他认为，外主语是整个小句的主语，而内主语则是内在小句的主语。显然，兰厄克是赞同把 NP_1 和 NP_2 都看成是主语的。下面是他的分析(1999)：

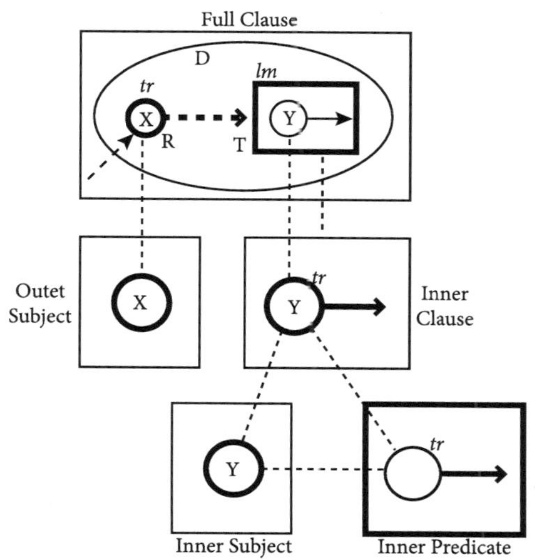

图 12.2　兰厄克(Langacker)的双主语构式分析

在图 12.2 中，tr 为射体（trajector），lm 为界标（landmark），D 为辖域（dominion），R 为参照点（reference point），T 为目标（target）。内主语与内部谓语（inner predicate）构成内在小句，在该小句中，内主语为射体。当内在小句投射到辖域中后，就成了界标，因为完整小句中的外主语在辖域中充当了射体，成为了参照点，而整个内在小句则为界标。

前面的分析已经告诉我们，第一个 NP_1 既不全是主语，也不全是话题。因此，是否有别的什么办法呢？我们认为，把双主语构式看成是一个“参照点结构”（reference point construction）更有说服力，其中的 NP_1 是一个“参照点”，NP_2 为“内主语”。把 NP_1 看成是一个“参照点”有一个好处，那就是它可以涵盖主语和话题，因为主语或话题都可以充当参照点。第一，主语可以看成是一个出发点（starting point），“语法主语的功能就是表达一个出发点，其他信息则可以添加在这一出发点上”（Chafe，1994：92）。话题可以是一个参照点，它可以激活某个知识领域，其他联想的命题（目标）则可以整合进这个领域里。例如（10）中的 wedding，就是一个话题（discourse topic）。一旦这一话题建立起来，它就可以使听者或读者接近一个联想的知识领域，随后的其他所有句子都可以整合进这个知识领域。

（10）Let's talk about **the wedding**. October would be a good month. I don't want too many guests. I think a priest should perform the ceremony. Do we really need a lot of flowers?

这里的话题就是一个参照点。参照点是认知语法中的一个重要概念。兰厄克（Langacker，1993）认为，人类有一个基本的认知能力，那就是可以把一个实体概念作为一个概念参照点（reference point, R），该参照点能使我们建立起对另一个实体的心理接触（mental contact）。这个通过参照点接近到的实体被称为目标（target, T）。参照点的辖域（dominion, D）就是它接近的所有潜在目标的集合。参照点结构可以用图 12.3 表示：

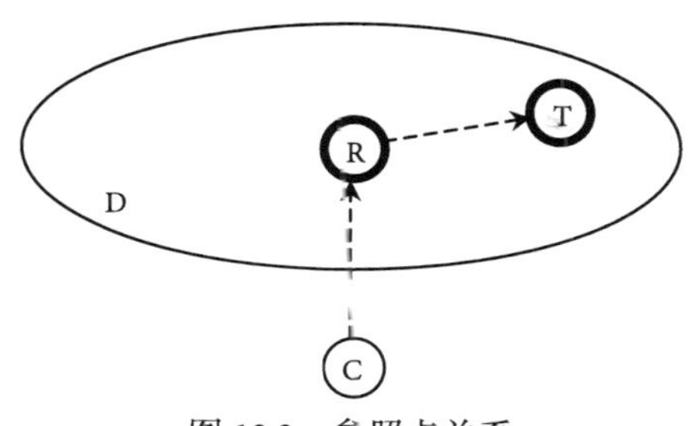

图 12.3　参照点关系

图中的 C（conceptualizer）为概念处理者，R（reference point）为参照点，T（target）为目标，D（dominion）为辖域，箭头符号为心理路径（mental path）。这种参照点能力在语言结构中有许多体现，例如它是转喻的基础。在转喻中，一个词语通常所命名的实体可以作为接近意指对象（intended referent）的参照点。例如（11）中，根据认知突出性（cognitive salience）中的某些内在不对称性：人类 > 非人类，整体 > 部分，具体 > 抽象，看得见的 > 看不见的，参照点一般比目标更容易接近。

（11）a. Langacker has some pages missing.（这里指的是书，而不是 Langacker）

b. The kettle is boiling.（the kettle 看得见，the water 看不见）

这一基本的认知能力既有知觉的体现，也有更抽象的体现。例如，（12a）描写的就是参照点在视觉中的应用，其目的是确定物体在空间中的位置；（12b）则是一个非视觉的例子。参照点可以为这样的句子序列建立起连贯。

（12）a. Do you see *that large boulder* about half-way up the mountain? There's *a climber* just above it.

b. Do you know *that guy* who mows our lawn? *His girlfriend* is pregnant.

这里，第一个句子引入一个参照点(boulder 或 guy)，而第二个句子则以该参照点为基础，使读者或听者把注意力集中在意指目标(climber 或 girlfriend)上。

同理，汉语双主语构式也可以用参照点结构进行分析。例如，

(13)他口渴。

在这个句子里，"他"是一个参照点，这一参照点可以激活一系列的潜在目标，比如"口渴"、"肚子饿"、"头痛"、"手软"、"眼睛近视"等。而在该句里，说话人的意指目标为"口渴"，所以，读者或听者可以通过参照点"他"去接近目标"口渴"。我们可以用图 12.4 表示：

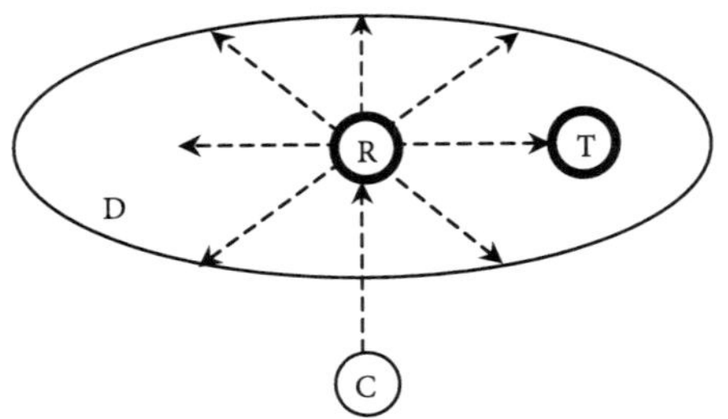

图 12.4 "口渴"的参照点结构

这里有许多潜在的目标，但只有"口渴"是说话人的意指目标。读者从参照点"他"出发，去了解"他"的有关事情。据此，汉语的双主语构式可以概括为这样一个结构：[[参照点]+[主语+谓语]]。

12.4　双主语构式的认知理据

汉语双主语构式似乎在古汉语中就存在了，例如：

(14) 邹忌修八尺有余，身体昳丽。(《战国策·齐策》)

因此，从历时的角度来看，我们几乎无法确定汉语双主语构式是何时产生的，但探索其认知理据对语言研究毕竟是有益的事情。

我们假设双主语构式最初来源于非双主语构式，其最初的使用是受到严格限制的。这样的假设当然是基于后者比前者更为普遍这一事实。有了这样的假设，我们就可以探索双主语构式的认知理据。我们的假设是：双主语构式最初来源于领属结构，并且两个名词词组之间的关系最初只限于“不可让予的领属关系”(inalienable possession)。所谓“不可让予的领属关系”就是指领属者与被领属者之间有一种恒久的或必然的关系，例如身体部分、人的影子和脚印、爸爸、妈妈、兄弟姐妹等；否则，就是“可让予的领属关系”(alienable possession)，如“我的书”中的“我”与“书”之间的关系。有的动词也在这两种领属关系中有所体现，如英语动词 own 一般不用于“不可让予的领属关系”，如英语可以说 George owns a car，但不可以说*George owns a big nose(如果是自己的鼻子)。相反，动词 have 可与两类领属关系连用：George has a car 和 George has a big nose(Richards, et al.，2005：323)。汉语双主语构式主要体现在“不可让予的领属关系”，例如：

(15) 他的手臂长，适合打篮球。

当领属格标记“的”删除后，这个句子就可以进行重新分析(reanalysis)：

(16) a. 他(的)手臂长，适合打篮球。

b. 他(参照点)手臂长，适合打篮球。

这种表示人及其身体部位之间的关系是汉语中最典型的“不可让予的领属关系”。之所以如此，是因为这种关系涉及认知突出性中某种内在的不对称性，即一个人比其身体部位更易用作话题。台湾学者黄宣范(Huang，1982)曾讨论过汉语关于人体的概念：“一般地说，先秦哲学家对人体的普遍哲学看法是人体是由三种基本物质组成的：自然的身体、精神物质的‘气’和纯粹精神的‘心’”。汉语“心”一词可以涵盖英语的 heart 和 mind。在古代，汉民族认为心脏是人体的五脏之首，“心主神”就是“心”能主管控制人的思想及精神活动。例如《孟子·告子上》说：“心之官则思。”这说明古代的汉民族常把“心”当做人的思维器官。中国人的“身”必须由“心”去照顾。能照顾人“身”者，就可以“得人心”。因此，在中国人的文化行为里，使人屈服的最佳办法就是“攻心为上”，而其捷径则为“身”。“心”是人体的一个基本组成部分，我们可以想象，对于一个人，不管描述的对象是这个人本身，还是他的身体或者他的心灵，都可以使用心理动词而不至于产生太大的差异。这可以从下面的例子得到证实：

(17) a. 她很高兴/生气/紧张。

b. 她人很高兴/生气/紧张。

c. 她心里很高兴/生气/紧张。

这里的例子为上面的假设提供了很好的支持：汉语双主语构式来源于领属结构，并且是经过领属格标记“的”的删除和重新分析得到的。

此外，我们认为，使用频率高也是双名词构式形成的一个重要因素。莱昂斯(Lyons，1977：536)指出：“任何一个按常规组织起来的表达一旦在某些特定的情景下使用过，在后来的话语中就可能被同一个说话人或其他的说话人当做一个现成单位再次使用；使用的频率越高，就越有可能固化为一个固定的表达式，说母语的人就越有可能把它储存在记忆中，而不是每到用的时候都临时组织。"莱昂斯的这一段话从心理的角度为我们解释双主语构式提供了证据，事实上也与我们的直觉是一致的。

虽然英语从来没有产生过像汉语这样的领属结构，但它可以用其他手段来表示人及其身体部位之间的关系。例如(曹逢甫，2005：114)：

(18) a. The scene touched *her*.

b. The scene touched *her heart*.

(19) a. She is a little touched.

b. She is a little touched *in her heart*.

有的学者虽然把(18)和(19)的 a、b 句看做是同义的，但它们之间还是有细微的差别：a 句是关于一个人的陈述，b 句是关于人的一部分的陈述。

当然，这也可以延伸到其他情况，例如，NP_1 与 NP_2 为整体与部分之间的关系，如(20a)和(20b)；类(class)与成员之间的关系，如(21)；相关关系，如(22)。

(20) a. 三十六计，走为上计。

b. 这些学生，这个最刻苦。

(21) 车(啊)，"奔驰"最漂亮。

(22) 这件事(啊)，他的经验最丰富。

NP_1 与 NP_2 之间除了可以加上领属格标记"的"外，也可以用动词"有"来进行释义，虽然它们并不包含这样的动词，因为双主语构式本身就是一个参照点结构，动词"有"自身可以勾勒出一个参照点关系。例如(21)中的双主语可以用"有"改写为(23)：

(23) 车有"奔驰"。

值得注意的是，不管我们这里的假设是否正确，汉语领属结构的使用范围显然已经扩大了。尽管从某些理论看来，这种构式有问题，但它完全可以直接用认知语法来描写和分析。

12.5 结 束 语

分析汉语的句式结构可以说是牵一发而动全身，正如范继淹(1986：242)所言："要想彻底弄清楚某种语法现象，势必全盘解决汉语的结构系统不可。而要解决汉语的整个结构系统，又必须从一个一个的具体语言现象入手。这个矛盾至今未能解决，看来只能由浅入深，逐步逼近"。本章的研究目的如是矣。通过对汉语双主语构式的认知分析，我们可以得出以下几个重要结论。

第一，把汉语双主语构式中的两个名词短语分析为主语或话题，都是不恰当的。

第二，第二个名词短语与动词短语构成一个内在小句。整个结构又是一个完整的小句。

第三，双主语构式是一种参照点结构，第一个名词短语是整个小句的参照点，第二个名词短语是内在小句的主语，其结构为：[[参照点]+[主语+谓语]]。这样可以克服传统分析中所遇到的问题。

第四，汉语双主语构式最初来源于"不可让予的领属关系"，第一个名词短语是领属者，第二个名词短语为被领属者，身体部分关系是这一关系中的典型。重新分析则是其形成的一个重要因素；此外，使用频率高也是一个不可忽视的因素。

第五，虽然汉语双主语构式中并不存在"有"这个动词，但它可以改写为带"有"的结构，因为双主语构式是一个参照点结构，动词"有"自身勾勒出一个参照点关系。

第 13 章　关　系　小　句

13.1　引　　言

汉语可以把一个句子内嵌在一个名词短语中作中心语的限定语或修饰语，这种过程通常称为“关系化”(relativization)，而关系化的产物即被内嵌的句子则称为“关系小句”(relative clause)或“形容词性小句”(adjectival clause)。关系小句通常有两种类型：名词后类型和名词前类型，前者是关系小句位于中心名词或中心语后(如英语)，后者是关系小句位于中心语前(如汉语和土耳其语)。然而，除了这两种类型外，还有第三种类型，即中心语位于关系小句之内(如班巴拉语)。汉语关系小句的典型结构通常有两种：一是主谓结构式，如“我昨天买的那本书”里的“我昨天买”；二是动宾结构式，如“看书的时候”中的“看书”。这里的“书”和“时候”是中心语，“的”是关系小句的标记语，或称“结构助词”(刘月华等，2005：475)。汉语关系小句研究的内容较多，有的问题还没有定论，其中包括关系小句的限定性与非限定性问题，关系小句与中心语的语义关系，关系小句的句法特征，关系小句的作用和功能等。

过去对关系小句的研究主要是在结构主义语言学的框架下进行的，往往只谈结构，忽略了语义、语用、认知等问题。认知语法认为，语言能力不是一个自主的认知能力；语法结构是概念化的结果；语言知识源于语言的使用；语言不是一个自足的系统，句法、语义、语用是相互依赖的。正如认知语言学家菲尔莫(Fillmore，1981)所言：“我也相信，一些语法事实需要语义和语用解释，一些语义事实需要语用解释。换言之，解释者在对一个句子的句法结构进行判断时，有时要用语义和语用信息，进行语义判断时，他们有时要用语用事实。”有鉴于此，本章将在认知语法的框架下，以汉语为语料，探讨汉语关系小句的上述几个问题。有时，为了说明问题，我们也会对英汉关系小句进行一些对比研究。

13.2 关系小句的限定性与非限定性问题

传统语法或语言学通常把关系小句区分为限定性(defining)或限制性(restrictive)关系小句和非限定性(non-defining)或非限制性(non-restrictive)关系小句。因此，在有关汉语关系小句的研究中，一个颇有争议的问题就是：汉语有没有“非限定性关系小句”？在回答这个问题之前，让我们先看看什么是限定性关系小句。所谓限定性关系小句，就是指从时间、处所、领属等方面对中心语加以限制的小句，其作用是指出中心语所表示事物的范围。用认知语言学的术语讲，就是在一个范畴中确定或指出某个范畴成员。英语的关系小句有限定性与非限定性之分。在书面语中，“限定”其形式上的区别就是在其前后用不用逗号分开。例如：

(1) a. The Greeks *who were philosophers* loved to talk a lot.

b. The Greeks, *who were philosophers*, loved to talk a lot.

句(1a)中的关系小句与中心语之间没有逗号，因此是一个限定性关系小句，这个句子可以改写为：

(2) Among the Greeks, it was the philosophers who loved to talk a lot.

(1b)中的关系小句与中心语之间用了逗号，因此是一个非限定性关系小句，它表明所有的希腊人都是哲学家。该句可改写为：

(3) The Greeks were philosophers, and they loved to talk a lot.

不过，限定性与非限定性关系小句的区别，重要的倒不是形式上的不同，而是意义上的差别。(1a)中的小句在确定所指上是必要的；没有它，听话人就不知道 the Greeks 指哪些希腊人，此乃限定性。而(1b)中的小句则在确定所指上可有可无，即使没有它，听话人也知道 the Greeks 指谁，此乃非限定性。可见，标点符号只是区别限定性与非限定性关系小句的一个标准，而不是唯一的标准。

汉语的关系小句是否像英语一样也有此种区分？有的学者认为有。例如，(4)中的关系小句，由于它们与“这/那本”的相对位置不同，所表达的意义也不一样(屈承熹，2005：330)：

(4) a. 这/那本昨天我买的书。
　　b. 我昨天买的这/那本书。

这些学者认为，(4a)属限定性，(4b)为非限定性。但屈承熹(2005：332-333)则认为，汉语中的关系小句本身并没有“限定性”与“非限定性”之分。之所以有这样的两种解释，是因为中心语之前的“这”或“那”的不同功能所致。“那”可以有两种功能：表示“定指”和作“指示词”(demonstrative，此时相当于英语中重读的 that)，而“这”却只能作“指示词”(相当于英语中重读的 this)。(4)中的“这”和“那”解释为指示词时，该书就在眼前，听话人听到指示词的同时也看到书，所以已经知道“这本书”或“那本书”所指为何，因此附加上的小句就不再发挥“确定所指”的功能，故无“限定性”。相反，当“那”解释为“定指”时，就有可能听话人不知道“那本书”是指哪一本，因此，加上一个关系小句，就可以把所指确定，这个关系小句就有了“确定所指”的功能。

屈承熹的这一推论有一定道理。但是，我们认为，汉语中无“非限定性关系小句”这一说法是站不住脚的。例如，台湾学者汤廷池(Tang，1979)就认为，汉语中有这样的非限定性关系小句，它在多数情况下位于中心语之后，但有时可以在中心语之前。下面是他举的三个例子：

(5) 那一个人，留胡子的，是我外公。

(6) 这一本字典，我昨天在台北买的，非常实用。

(7) 具有五千年悠久历史的中国……

曹逢甫(2005：331)认为，(5)和(6)这样的句子通常可以在翻译作品或风格西化的作品中找到，或者在关系小句作为补述(追述)的情况下使用。(7)中的关系小句显然是非限定性的，因为中心语“中国”是专有名词，在通常情况下也可以确定唯一的所指对象。不过，关系小句的这种用法，很可能源自英语和其他印欧语系语言的影响。

我们认为，汉语关系小句有无限定性与非限定性之分，最关键的问题不是关系小句本身，而是说话人在心理上赋予关系小句及其中心语什么样的地位。如果一个关系小句具有附带说明的交际意图，即说话人认为，对于话语话题来说，这个附带说明对于听话人来说并不很重要，那么，这个关系小句就是典型的非限定性关系小句。由于这种非限定性关系小句所传递的信息不重要或者是被“背景化”了，因此它可以用来把所指对象与“有定中心语”(definite head)连接起来，或把所指对象与具有指称功能的“无定中心语”(indefinite head)连接起来。例如：

(8) 经常找你的那个人又来了。

(9) 我们需要一位教英语的老师。

句(8)中的“那个人”是有定中心语，(9)中的“老师”则是具有指称功能的无定中心语。如果不考虑任何因素，(8)和(9)中的划底线部分都是限定性关系小句。但是，如果说话人和听话人都知道(8)中“那个人”是经常来找听话人的人，那么，“经常找你”则只是一个附带说明，因此就是非限定性。如果说话人和听话人都知道需要的老师是一位英语老师，则(9)中的关系小句“教英语”也只是附带说明，那么，它也是非限定性。

限定性关系小句与非限定性关系小句之间的区别还可以进一步用“指称唯一”的中心语来说明，例如专有名词或代词，或者是指称唯一的有定名词。修饰这样的中心语的关系小句是非限定性的，而不是限定性的：

(10) a. 我最喜欢的姚明今天表现不错。(中心语“姚明”为专有名词)
b. 你经常嘲笑的他可不是省油灯。(中心语“他”为代词)
c. 我们讨厌的院长又开始批评我们了。(中心语“院长”为指称唯一的有定名词)

如果我们看英语的句子，这种区别更是一目了然：

(11) a. John, *who is my friend*, is a poet.
b. *John *who is my friend* is a poet.
c. I, *whom you all know*, wish to speak now.
d. * I *whom you all know* wish to speak now.
e. The president, *who will retire soon*, is taking it easy.
f. ?The president *who will retire soon* is taking it easy.

用限定性关系小句去修饰指称唯一的名词短语事实上是多余的，因为大多数这样的修饰语就是把指称非唯一的名词转化为指称唯一的表达式。由此可见，修饰指称唯一的中心语的关系小句只能是非限定性的。

13.3　关系小句与中心语的语义关系

13.3.1　关系小句与有定中心语

关系小句所修饰的中心语可以是具有指称功能的“有定中心语”和

"无定中心语"，也可以是不具有指称功能的"非指称中心语"。谈到"有定"，我们首先想到一个重要概念"可及性"(accessibility)。它原是一个心理学术语，但在心理语言学中，是指"说话人从记忆中提取一个语言单位的难易程度"(Crystal，1997：4)。当说话人假定某个所指对象对听话人来说是可及的(accessible)，但在当前的工作记忆或注意中还没有被激活，这个所指对象就是有定的。要理解这个所指对象，听话人的任务就是把它与情景记忆(episodic memory，长时记忆的一个次类)中的某个成分连接(ground)起来，然后在工作记忆中激活它。切夫(Chafe，1972, 1976)给有定名词短语下了这样的定义：说话人假定听话人能从所指物中判定，选择出一个心中所想的名词短语。他还提出了建立"有定"的几种方法：(i)在极少数类别中，所指物是唯一的，或者是极其明显的词，例如"太阳"、"月亮"、"地球"、"天空"，以及专有名词；(ii)在某一环境中特别明显的，如"教室里的黑板"；(iii)前面说话已经提到过的；(iv)用修饰语来划出一个特定的类，其中可以确实指认某一事物。例如，This morning I ran into *the* mechanic *who fixed our carburetor last week*，这里的定冠词和定语从句就把这个机械师确定了下来；(v)一个特定的词蕴涵另一个词，例如，当说了话语 We looked at a new *house* yesterday 以后，我们就可以把这房子里的厨房、窗户等看作是有定的，这样就可以说 The *windows* were large。这里的 house 与 windows 之间的关系实际上是一种搭桥参照关系(bridging reference，参见文旭，2004)。切夫的分析方法虽然比较简单，也不够完善，但无疑是正确的。

使用限定性关系小句去修饰一个有定名词的情况比较复杂，因为不同所指对象之间存在着竞争，例如"张三"这个名字就可能有一系列潜在的所指对象；有时，所谈论的话题也比较复杂。为了解决这样的复杂性，要给听话人提供一条明晰的线索——一个命题。这个命题应由关系小句表达，它描写一种状态或一个事件。在这样的状态或事件中，所指对象的角色可以是主语、直接宾语、间接宾语等。此时，关系小句起着下指连接线索(cataphoric grounding clue)的作用，即引导听话人在情景记忆中把所指对象连接起来，从而在关系小句与中心语之间建立起指称联系(referential linkage；Langacker，1991：429-435)。在这个过程中，说话人必须假设由关系小句所描写的状态或事件对听话人来说是熟悉的，即在情景记忆中是可及的。这种熟悉性就是我们所说的语用预设。

因此，限定性关系小句的这个定义有两个区别条件。第一个就是吉汶(Givón，2001：176)所说的语义条件(i)：

(i)关系小句的语义条件

> 一个关系小句描写一个状态或一个事件，该状态或事件中的一个参与者与该小句所修饰的中心语是共指的。

这个条件涉及中心语与关系小句中所指对象之间的共指关系，其适应范围只在关系小句所控制的辖域内。这个语义条件既适合限定性关系小句，也适合非限定性关系小句，以及各种各样的中心语，不管是有定的还是无定的，具有指称功能的还是没有指称功能的。例如：

(12) a. 我昨天买了一本书。

b. 我昨天买的那本书很有价值。

(12b)中的关系小句“我昨天买”里的参与者“一本书”与中心语“那本书”具有共指关系。

第二个条件就是吉汶(Givón，2001：176)所说的语用条件(ii)：

(ii)关系小句的语用条件

> 说话人并不断言关系小句中的命题，而是预设该命题为听话人所知或所熟悉，因此在听话人就当前语篇中的情景记忆中可及。

这个条件只适合修饰有定名词的限定性关系小句。例如：

(13) 正在讲话的那个人是我的好朋友。

a. 主句(断言)

那个人是我的好朋友。

b. 小句(预设)

那个人正在讲话。

这里，主句的主语(“那个人”)是关系小句所修饰的有定中心语，关系小句的整个命题内容由(13b)表示，其中的共指名词就是主句的主语。

13.3.2 关系小句与无定中心语

当话语中出现具有指称功能的“无定中心语”的时候，这个中心语所描写的是一个新的、充当话题的所指对象。限定性关系小句是连接这种所指对象的一种普遍手段，并为其提供最初的、在认知上得到突显的描写。在这种情况下，语义条件(i)仍然适合修饰具有指称功能的无定中心语的关系小句，但语用条件(ii)严格来说就不能适应了，因为所指对象是第一次出现在话语中，因此在听话人的情景记忆中没有语迹(trace)。这时，说话人和听话人共同面临的交际任务就是要建立起所指对象与关系小句的连接。

此外，修饰具有指称功能的无定中心语的限定性关系小句所描写的事件或状态，是不能预设为听话人所知道或熟悉的。这个事件或状态对于听话人来说是新信息。但是，它的语用地位和预设有一个共同特征——它并不是断言，也不是有意要引起争议，而是作为连接信息(grounding information)，见例(14)。因此，这样的关系小句的语用条件是：

(iii) 修饰具有指称功能的无定中心语的限定性关系小句的语用条件

说话人假定关系小句中的命题对于听话人来说是新信息。但这个命题不是断言，而是作为不可争议的连接信息。

(14)一个曾经说非常喜欢你的人昨天到我们这里来过。

a. 主句(断言)

一个人昨天到我们这里来过。

b. 小句(不可争议的事实)

那个人曾经说非常喜欢你。

这种关系小句的作用还可以用下面的句子来说明：

(15) a. 一个长了两个头的女人突然走了进来。

b. ?一个长了一个头的女人突然走了进来。

(16) a. 一个穿着一只鞋的人走进了我的办公室。

b. ?一个穿着两只鞋的人走进了我的办公室。

在(15a)和(16a)中，关系小句所提供的信息是不可预测的、异常的、高度突显的，在情景的记忆中为所指对象创造了一个有效的、最初的心理表征(Gernsbacher，1990)。相反，在(15b)和(16b)中，信息是可预测的、非常普遍的、多余的、不突显的。

为了进一步区分有定中心语与具有指称功能的无定中心语，让我们再看下面的例子：

(17) a. 你去年见到的一个女人昨天给你打了电话。

b. 你去年见到的那个女人昨天给你打了电话。

在这两个句子中，说话人显然是在谈论听话人应该熟悉的事件。在(17a)中，那个事件是足够遥远的，以至于说话人并不期望听话人能轻松识别所指称的对象，所以才用“一个女人”，而不说“那个女人”。这样的消极期望，如果把所指对象编码成像(17b)中的有定中心名词，就会在交际中产生消极的效果。因此，(17a)中的“女人”是作为具有指称功能的无定中心名词引入的，好像它完全是新信息。此外，它还使用了一个与听话人的过去经验相关的限定性关系小句——作为最初的所指对象的识别。那个关系小句可能在听话人的心智中为新的指称对象建立起一个突显的心理表征。但是那种连贯关系的连接是下指的。也就是说，无定所指对象与限定性关系小句的结合并不指导听话人在情景记忆里寻找过去的经验，相反，它却是提醒听话人新的所指对象是个什么样的类型。

13.3.3 关系小句与非指称中心语

限定性关系小句也可以修饰非指称中心语，即没有指称功能的中心语。不过，在这种情况下，我们就需要重新考虑语义条件(i)。因为句中的两个“所指对象”实际上并不具有指称功能，它们只能在一个假想的世界里才能“共指”，见例(18)。此外，描写假设的状态/事件的关系小句出现在不现实的情态(modal)范围之内，严格地讲，它是不能预设为听话人所知道或熟悉的。因此，语用条件(ii)在这里必须予以修正：

(iv)修饰非指称中心名词的限定性关系小句的语用条件

说话人假定关系小句中的命题对听话人来讲是新信息。这个命题是在非现实的情态范围之内，而且不是断言。相反，它只是作为不可争议的连接信息。

(18)想娶本小姐的任何人都必须经过这三关。

a. 主句(断言)

?任何人都必须经过这三关。

b. 从属小句(不可争议的事实)

?想娶本小姐的那个人。

这里的主句(18a)和关系小句(18b)都在非现实的情态范围之内，它们单独使用则没有意义。实际上，只有(18a)和(18b)一起使用时，整个表达式才连贯，才有意义。

13.4　关系小句的句法特征

13.4.1　句子成分的关系化

句子成分的关系化是指一个句子中的什么成分最容易被用来作为中心语。基南和科姆里(Keenan & Comrie，1977)考察了 50 种语言中的关系化过程，从功能的角度提出了一个“可及性等级”(Accessibility Hierarchy，AH)用来解释这一问题。这个等级的模式为：

主语 > 直接宾语 > 间接宾语 > 旁格 > 领属者 > 比较宾语

这里的 > 代表“比……更可及”；“旁格”(oblique)表示主要动词的论元的名词短语，如 Peter put the book in the bag 中的 bag，而不是体现状语功能的名词短语，如 Peter lives in London 中的 London，或者是 Peter left that day 中的 that day；“领属者”指 Peter took the man's hat 中的 man；“比较宾语”指 Peter is taller than John 中的 John。这个等级说明：一个句子的主语最容易用作名词中心语，直接宾语次之，然后是间接宾语，最不易用作中心语的是比较宾语；如果等级右边的某个成分可以用作中心语，那么其前的成分必然也可以用作中心语。例如，如果间接宾语可以用作中心语，那么直接宾语和主语也可以用作中心语。基南和科姆里(Keenan & Comrie，1977：88)认为，这个可及性等级直接反映了“理解在心理上的轻松容易”之程度。

基南和科姆里还以桑德斯和戴浩一(Sanders & Tai，1972)的语料为基础进一步观察到，汉语的代名词化和删除关系小句中的名词(该名词与中心语共指)时，要遵从以下等级，而这一等级与 AH 非常吻合。

主语	直接宾语	间接宾语	旁格	领属者	比较宾语
–	+/–	+	+	+	+

“–”表示代词被删除，“+/–”表示有时代词删除，有时保留；“+”表示代词被强制性地保留。

基南和科姆里提出的“可及性等级”模式如此整齐，似乎无懈可击。但不幸的是，如果我们仔细观察汉语的关系化过程，这一等级模式就有问题，而引发这一问题的因素就是“话题”（topic）。汉语的关系化与话题化（topicalization）密切相关。我们可以从以下几个方面予以讨论。

第一，关系化了的句子成分的删除或代名词化条件，与话题化了的句子成分的删除或代名词化条件几乎相同。例如：

（19）a. 那个姑娘很喜欢你。（主语）

b. 那个姑娘，（她）很喜欢你。（话题化）

c. ______很喜欢你的那个姑娘。（关系化）

d. ?她很喜欢你的那个姑娘。

（20）a. 我妹妹很喜欢那位先生。（直接宾语）

b. 那位先生，我妹妹很喜欢（他）。（话题化）

c. 我妹妹很喜欢(他)的那位先生。（关系化）

值得注意的是，当“把”或介词后的句子成分被话题化时，原位置上必须要有一个具有共指关系的代名词，这一限制条件同样适合关系化了的句子成分。例如：

（21）a. 我把那本书还给了图书馆。

b. 那本书，我把它还给图书馆。（话题化）

c. 我把它还给了图书馆的那本书。（关系化）

第二，在领属结构中，只有领属者可以话题化，而被领属者则不可以。这一限制条件同样适合关系化。例如：

(22) a. 那位姑娘眼睛很漂亮。

b. *眼睛，那位姑娘很漂亮。

(23) a. 那位眼睛很漂亮的姑娘。

b. *那位姑娘很漂亮的眼睛。

当领属者关系化时，原位置上并不需要代词，这与话题化有所不同。例如：

(24) a. 那个女孩头发很长。

b. 那个女孩，(她的)头发很长。(话题化)

c. 头发很长的那个女孩。(关系化)

d. *她的头发很长的那个女孩。(关系化)

可见，考虑汉语领属结构的关系化，基南和科姆里的可及性等级模式是站不住脚的。根据可及性等级模式，所有关系化了的领属成分在关系小句中都要保留一个代词，但(24)清楚地表明，情况正好相反。与主语的情况相同，关系小句保留代词将导致不合语法的句子。

第三，分类动词(classificatory verb)后面的名词不可以话题化，也不能关系化。例如：

(25) a. 你很像那个男孩。

b. *那个男孩你很像。(话题化)

c. ?那个男孩，你很像他。(话题化)

d. *你很像的那个男孩。(关系化)

e. ?你很像他的那个男孩。(关系化)

以上三种情况足以证明基南和科姆里的可及性等级模式是不适合汉

语的。我们唯一能证明的是，汉语句子成分的关系化遵循这样一个可及性等级：

主语 > 直接宾语 > 间接宾语

例如：

(26) 小张给小王三本书。

a. 给小王三本书的小张。(主语)

b. 小张给小王的三本书。(直接宾语)

c. 小张给过/了三本书的小王。(间接宾语)

13.4.2 中心语的省略

汉语关系小句还有一个重要的句法特征，那就是中心语的省略。省略后的关系小句称为“无头关系小句”或“无中心语关系小句”。例如：

(27) a. 守门的(人)已经走了。

b. 你想吃的(东西)都做好了。

c. 你想办的(事)都办了。

d. 我告诉你的(话)记住没有？

从这些例句中我们可以发现，“的”的后面都可以加上一个一般性的名词，如“人”、“东西”、“事(情)”、“话”等。这类名词不但数量有限，而且其意义都包含在其前的动词语义之中。因此，我们有充分的理由可以假设，这些名词是由于在语义上是羡余的，故被省略了。李讷和汤珊迪(Li & Thompson，1981)对这类关系小句有详细的讨论，他们的发现可总结为(曹逢甫，2005：324)：“为保证合乎语法，一个无头关系小句一定含有一个动词，该动词的参与者至少有一个是非特指的。缺失的参与者可以是主语或宾语，或二者同时缺失，但永远不会是间接宾语”。例(27)中的例子可以为佐证。

汉语中这样的无中心语关系小句非常多，通常可以分为两种：一种是表示职业；另一种是表示临时从事的活动。职业是一类人(28a)，临时的就不一定了(28b)。例如：

(28) a. 唱歌的、教书的、要饭的、念书的、跳舞的、打球的、做买卖的、种田的

b. 跑步的、写字的、摆手的、挤眼儿的、咧咀的

从本质上来讲，(28a)中的这些表达式，都是由小句转化而来的名词。这类词往往还有与之相对应的真正的名词，如“教书的”与“教师”相对应，“要饭的”与“乞丐”相对应，“念书的”与“学生”相对应，等等。由此我们也可以看出，无中心语关系小句是汉语中的一种指称表达式。这种功能是英语所没有的。英语一般有两种方法来指称某一类事物，如果语言中已有这类事物的名称，就用名称；如果没有，就用一个特别的词组或小句来指称。但由于汉语有像“教书的”这样的无中心语关系小句，因此汉语似乎有三种方式作类别命名，每一种方式的基本指称功能都不相同。例如：

(29) a. 教师

b. 教书的

c. 教我们英语的那个人

根据我们的语感似乎很清楚，作为指称表达式，(29a)比较固定，它与(29b)相比起来比较正式，风格上比较庄重，而(29b)又比(29c)更固定。关于无中心语关系小句的指称问题，可参阅陆俭明先生的《现代汉语语法研究教程》(2005：126-130)。

关系小句中的中心语为什么可以省略呢？从功能的角度来看，这应该是一种语用语法化过程；从认知的角度来看，由于像“人”、“东西”、“事(情)”这样的概括性的词语出现的频率太高，在认知上太突显，因

此，即使它们省略了，人们也能识别出来。例如：

(30) 我们昨天买的那本词典非常好，比上次买的 Ø 好得多。

这个例子中“上次买的”后面的 Ø，本来应该是“词典”，但由于与前面的中心语相同，因而省略了。这种省略虽然与(27)中的省略有所不同，但其原因是一致的。

13.4.3 中心语的右移位

前面的许多例子表明，关系小句的中心语实际上在整个关系小句结构的两个不同的小句里都担任角色：一方面它在主要小句里担任角色(传统上，中心语这一名称限指在主要小句里出现时的有关名词短语)，但同样它也在限定性小句里担任角色，即在按内嵌(或从属)小句解释的关系小句里担任角色。通常，中心语在两个小句之一中以改变或缩略后的形式出现，或者干脆省略。从类型变异的观点来看，在内嵌小句里这种角色的表达形式主要有四种类型：非缩略型、代词保留型、关系代词型、空缺型。

在代词保留型里，中心语以代名词的形式在内嵌小句里保留。非标准英语里有这种情况，例如，从句子 I know where the road leads 构成关系小句 This is the road *that I know where it leads*。在该结构里，代词 it 表示关系化的位置，也就是它使我们能发现被关系化的是间接问句的主语。英语里，这种类型的存在虽然有点勉强，但在其他许多语言里，它是构成关系小句的主要手段，而且在许多情况下是必须利用的手段，其文体风格也没有任何低俗的色彩。

代词保留型也是汉语关系小句的一个语法特征，通常是中心语的右移位(right dislocation)，即中心语原来的位置上还保留一个共指代词。例如：

(31) 我叫了(他)很久才听见的那个人是不是你的朋友？

(32) 你说你买不到(它)会誓不罢休的那件衣服多少钱?

(33) 你把它卖了的那本书我又买回来了。

(34) 你给他取名的那个小孩来了没有?

(35) 你送她礼物的那位姑娘就住在这里。

上面关系小句中的代词与关系小句的中心语共指,即它们所指的人、事、物,与中心语所指的完全相同。例如(34)中的“他”与后面的“那个小孩”所指的就是同一个人。这种关系小句发生右移位,通常是由于句子太长,移位后原位置上代词多半是可有可无的,如(31)和(32)。但是,有时关系小句中发生移位后,原位置上必须要有一个代词,这主要有以下三种情况:

第一,关系小句中出现了“把”或介词,如(33);

第二,关系小句中出现了“给”字句,如(34);

第三,关系小句中的动词是“双及物动词”,如(35)。

13.5 关系小句的功能

汉语关系小句一个常见而重要的功能是和表示时间、处所、条件、方式、工具、伴随情况的名词构成一个时间、处所、条件等从句,放在句子的前面,表示一个前提。由于这些名词所表示的语义都是动词语义搭配成分中的非论元成分,因此,每一个动词都可以与之搭配,很少有什么限制。例如:

(36) 你跑步的时候不能张着嘴巴呼吸。

(37) 大家读书的地方,你不能高声喧哗。

(38) 你真想来的话,我们当然欢迎。

前面的研究已经表明,汉语既有限定性关系小句,又有非限定性关系小句。因此，我们认为，汉语关系小句既有“限定”功能，也有描述功能。只不过使用的限制条件不一样。

第一，如果中心语是定指的，则关系小句具有限定的功能。例如：

(39)我一直想要借的那本书，今天终于借到了。

(40)(那本)我一直想要看的书，(我)今天找到了。

第二，如果中心语是非定指的，即说话人认为他自己以及听话人都不知道所论及的人、事、物“所指为何”时，则关系小句具有描述的功能。例如：

(41)他们有一棵只开花不结果的桃树。

(42)我买到了一本对我写论文很有用的书。

由此可见，汉语的关系小句，如果其中心语是“定指”，则具有“限定功能”，这也是它的主要功能。不过汉语的关系小句也有“描述功能”；但要发挥这一功能，其中心语必须是“非定指”的，而且主句与关系小句所代表的两种情况必须能解释为同时存在，如果代表的是两个事件，则必须能解释为同时发生。如果是先后发生的，那么其中后发生的就不能用关系小句，而必须用后加的描述句来表达(屈承熹，2005：337)。请比较下面两句：

(43)我们种了十几株玫瑰，今年没开花。

(44)?我们种了十几株今年没开花的玫瑰。

为什么第一句可以接受，但第二句不可接受呢？这是因为汉语具有高度的象似性，语言结构常常是现实结构或经验结构的反映，所以这里的语言结构要受到实际生活中事件发生的先后顺序的限制：只有与主句谓语所表述的事件/情况，同时发生的事件或同时存在的情况，才能用关系小句来描述，否则就必须在主句后用另一个独立的小句来表达，如

(43)。有时，由于实际生活上发生可能性的多少，而用以表达的语言形式接受度，也随之变得高低不定，如(45)之所以没有(46)容易接受，就是因为在现实生活中，前者发生的可能性比较小的关系。

(45)我找到了一本差不多是一个世纪以前出版的书。

(46)我找到了一本对我写论文很有用的书。

13.6　结　束　语

本章在认知语法的框架下探讨了汉语关系小句的几个重要问题：关系小句的限定性与非限定性问题，关系小句与中心语之间的语义关系，关系小句的句法特征以及功能等。通过研究，我们得出以下结论。

第一，汉语有限定性关系小句与非限定性关系小句之分，其区别主要取决于说话人赋予关系小句和中心语什么样的地位。

第二，汉语关系小句与中心语之间的语义关系较复杂，涉及关系小句的限定性和非限定性，以及中心语的有定与无定，有指称功能还是没有指称功能等问题。

第三，汉语关系小句的句法特征主要包括三个方面：关系小句中成分的“中心语”化遵循“可及性等级”；中心语的省略是一个语用语法化的过程，其认知因素就是由于中心语过分突显；中心语有时还涉及右移位问题。

第四，汉语关系小句主要有两种功能，即限定功能和描述功能。

第 14 章　移情及其认知解释

14.1　引　　言

移情即情感渗透，就是指个体能运用自己的情感体验去理解他人的心理活动。我们平时所说的“设身处地为人着想”、“换位思考”、“同病相怜”就是这种情况。移情的研究最初始于美学，它是由德国美学家劳伯特·费肖尔于 1873 年提出来的。费肖尔把“审美的象征作用”称为“移情”（Einfuhlung），意即“把情感渗进里面去。”后来，美国实验心理学家蒂庆纳创造了一个英语词“empathy”去译它（朱光潜，1984：639）。

移情的研究涉及许多领域，如美学、心理学、修辞学、语言教学、跨文化交际以及语言学等。当然，不同的学科对移情有不同的定义，切入点和着重点也有所不同。例如，在语言教学中，移情被定义为：“对别人的思想、情感和观点能够想象并产生共鸣。移情被认为能改善我们对语言和文化与自己不同的个人或群体的态度，可以帮助一个人学习另一种语言取得更大的成功”（Richards, et al.，1985：91）。修辞学中把移情看成是“移主观情感于客观外物，使客观外物具有和人的思想感情相一致但实际上并不存在的特性”（徐鹏，1996：45）。

移情对一般的交际能力以及跨文化交际能力都非常重要。管仲有言：“无翼而飞者声也，无根而固者情也”（《文心雕龙·隐秀》）。人类之所以能共处，其中一个重要因素就是移情，而移情发展和表现的基本手段便是语言。因此，研究语言中的移情现象具有重要的意义。本章将首先阐述功能句法学中的移情原则，然后运用这些原则分析汉语句法中的移情现象，评价其优劣，最后探讨部分移情原则的认知机制。

14.2　功能句法学中的移情原则

在言语交际中，针对不同的人，同一说话人有可能表现出不同的态度或情感，产生不同的移情程度。这种移情程度（degree of empathy）可以用 E(x) 表示，其中 x 为被移情的对象。E(x) 的取值范围在 0~1。当 E(x)=1 时，说话人完全移情于 x；当 E(x)=0 时，说话人对 x 不产生任何移情。如果表示说话人对 x 的移情程度大于对 y 的移情程度，则用 E(x)>E(y) 表示。

语言学家 S. Kuno 在其《功能句法学》(1987) 中提出了八个移情原则。下面我们将一一论述。

原则一：叙词移情等级原则（descriptor empathy hierarchy）：假设情景中有两个参与者 x（例如 John）和 f(x)，而 f(x) 有赖于 x（例如 f(x) 为 John's brother），则说话人对 x 的移情程度大于对 f(x) 的移情程度，即 E(x)>E(f(x))。

例如，要描述"John 打他的妻子 Mary"这一情景，说话人可能会说：

(1) John hit his wife.

(2) Mary's husband hit her.

句 (1) 的移情关系为：E (John) > E (his wife=Mary)；而句 (2) 则为：E (Mary) > E (Mary's husband= John)。

原则二：表层结构移情等级原则（surface structure empathy hierarchy）：说话人移情于主语的所指比移情于句中其他名词短语的所指更容易，即 E (主语)>E (其他 NPs)。例如：

(3) John hit Mary.

这时，E (John) > E (Mary)。

(4) Mary was hit by John.

则 E (Mary) > E (John)。

原则三：移情关系的传递性原则(transitivity of empathy relationship)：设 E (x) > E (y)，而 E (y) > E (z)，则 E (x) > E (z)。例如：

(5) John talked to his wife about her sister.

根据原则一得：

a. E (John) > E (his wife)

b. E (his wife) > E (her sister)

再根据原则三得：

E (John) > E (his wife) > E (her sister)

原则四：移情焦点的不冲突原则(ban on conflicting empathy foci)：在一个简单句中，移情关系在逻辑上不能发生冲突，即当 E (x) > E (y) 时，不能同时存在 E (y) > E (x)。如在描述“John 打他的妻子 Mary”这一事件时，说话人不能说：

(6) *John's wife was hit by him.

因为根据原则一得：

a. E (John) > E (John's wife)

根据原则二得：

b. E (John's wife) > E (him)

而根据原则三得：

c. E (John) > E (John's wife) > E (him)

显然，c 违背了移情焦点的不冲突原则，因此(6)是不可接受的。

原则五：主题移情等级原则(topic empathy hierarchy)：假设一事件中牵涉 A、B 两人，A 与话语主题有互指关系，而 B 却没有这种关系，则说话人移情于 A 要比移情于 B 更为容易，即 E(话语主题) > E(非主题)。例如，说话人描述熟人 Mary 的经历时，说：

(7) Mary had quite an experience at the party she went to last night.

A. She slapped an eight-foot-tall boxer in the face.

B. *An eight-foot-tall boxer was slapped in the face by her.

为什么 A 在此可接受，而 B 不可接受呢？让我们先分析 A 的移情关系：

根据原则二得：

a. E (she= Mary) > E (an eight-foot-tall boxer)

再根据原则五得：

b. E (话语主题 Mary) > E (非主题 an eight-foot-tall boxer)

由此可见，a 与 b 之间不存在矛盾，没有违背原则四，故 A 是可以接受的。现在让我们看 B 的移情关系：

根据原则二得：

a. E (an eight-foot-tall boxer) > E (her=Mary)

根据原则五得：

b. E (话语主题 Mary) > E (非主题 an eight-foot-tall boxer)

再根据原则三，由 a 和 b 得：

c. E (an eight-foot-tall) > E (Mary) > E (an eight-foot-tall boxer)

显然，c 违背了移情焦点的不冲突原则，故 B 不可接受。

原则六：话语规则违背的标记原则(markedness principle for discourse-rule violations)：有标记地或故意违背话语原则(移情原则)的句子是不可接受的；非标记地或非故意违背话语原则的句子是可以接受的。例如：

(8) Mary had quite an experience at the party she went to last night.

A. *An eight-foot-tall basketball player met her. (They started to talking about…)

B. An eight-foot-tall rowdy harassed her.

为什么这里 A 是不可接受的呢？这是因为据原则五得：

a. E(话语主题 her= Mary)> E (非主题 an eight-foot-tall basketball player)

根据原则二得：

b. E (an eight-foot-tall basketball player) > E (her)

依据传递性原则，很明显 a 与 b 相互矛盾，违背了原则四，并且这种违背是说话人故意将 an eight-foot-tall basketball player 用作主语造成的。其实，meet 是一个相互关系动词(reciprocal verb)，代之 A 的应为可接受的 C 句，即将 A 句中的主语和宾语交换位置：

C. She met an eight-foot-tall basketball player.

那为什么同样违背了移情原则四的 B 句却是可以接受的呢？这是因为这种违背不是说话人故意造成的，而是由动词 harass 决定的。harass 要求动作的施事 an eight-foot-tall rowdy 必须位于主语的位置，动作的受事 her 必须位于宾语的位置，因此这种违背并非说话人故意造成，故 B 句可以接受。

原则七：言语行为移情等级原则(speech act empathy hierarchy)：说话人移情于自己的程度大于移情于他人的程度，即 E (说话人)> E (他人)。这一原则反映了人类的自我中心主义。例如：

(9) I met John at the party last night.

(10) ?? John met me at the party last night.

毫无疑问，(9)完全可以接受，但在一般情况下，(10)却是难以接受的，因为(10)的移情关系是：

根据原则二得：

a. E (John) > E (me)

但又据原则七得：

b. E (说话人 I) > E (他人 John)

显而易见，a 与 b 的移情关系违背了原则四，故 (10) 难以令人接受。

原则八：词序移情等级原则 (word order empathy hierarchy)：说话人移情于并列结构中左边的名词短语所指比移情于右边的名词短语所指更容易，即 E (左 NP) > E (右 NP)。请观察下列例句：

(11) A. John and his sister went to Paris.

B. *John's sister and he went to Paris.

C. *His sister and John went to Paris.

D. *His sister and he went to Paris.

这几个句子是用来描写 John 和他的姐姐到巴黎去这件事。很清楚，A 是可以接受的，但为何 B、C、D 不可接受呢？这是因为它们的移情关系违背了移情焦点不冲突原则。如分析 B，根据原则一得：

a. E (John) > E (John's sister)

又据原则八得：

b. E (左 NP= John's sister) > E (右 NP=he)

显然，a 与 b 相互矛盾，违背了移情焦点的不冲突原则，故 B 不可接受。同理，C、D 也不可接受。

有时，词序移情原则还必须借助规范语法中的"谦逊原则" (modesty principle) 才能解释某些移情现象。所谓"谦逊原则"即是在并列结构中，尽量少移情于说话人自己。请看下列实例：

(12) A. ?? I and John are good friends.

B. John and I are good friends.

根据言语行为移情等级原则，E（I）> E（John）。显然，A 遵循了移情焦点的不冲突原则，B 却违背了这一原则。这样看来，A 比 B 更令人接受，但事实正好相反，B 才是可接受的，这主要是因为说话人应遵循“谦逊原则”。

诚然，有的说话人如孩子或未受过教育的成年人，有可能未获得谦逊原则，他们谈及自己时，常使用一些不规则的言语。例如：

(13) Me and John are good friends.

(14) John and me went to Boston last night.

但这对上述的移情原则并不产生致命的威胁。

14.3 移情原则给汉语研究的启示及其评价

库诺提出的这八个移情原则，在语言学众多流派的研究工作中有其独到之处，具有较为普遍的意义，值得我们借鉴。根据这些移情原则，我们可以分析汉语句法中的移情现象。例如：

(15) 多咱你的小老婆跟拉车的跑了，你大气也不敢出一声，你个活王八！（老舍：《四世同堂》）

根据原则一得：

a. E（你）> E（你的小老婆）

根据原则八得：

b. E（你的小老婆）> E（拉车的）

再据原则三，由 a 和 b 得出(15)的移情关系：

c. E（你）> E（你的小老婆）> E（拉车的）

又如：

(16) 她感到这是莫大的耻辱，她和姊妹们在一起的时候，总觉得比别人矮一头。（峻青：《秋色赋》）

根据原则五得：

a. E（她）> E（姊妹们）

再据原则八得：

b. E（她）> E（姊妹们）

显然，a 与 b 不矛盾，故 (16) 中的移情关系为：E（她）> E（姊妹们）。再如：

(17) 赵太太一见李太太，心理便厌她风头键，能把一切男人呼来唤去。（钱钟书：《猫》）

根据原则二得：

E（赵太太）> E（李太太）

移情原则除了可以帮助我们分析句法中的移情现象外，还可以帮助我们判明句子的可接受性，如前面的例 (7) 和 (8) 等。更为有趣的是，依据移情原则判明句子的可接受性或适切性与依据信息分配原则判明句子的可接受性，其分析结果几乎不谋而合。例如：

(18) A: What happened to Jane yesterday?

B_1: She was insulted by Zane.

B_2: ? Zane insulted her.

答语 B_2 是不适当的，因为根据信息分配原则，已知信息通常出现在句首，新信息一般出现在句尾。而在这个答语中，新旧信息刚好倒置了，使这个句子答非所问，故难以接受。答语 B_1 的信息结构符合信息分配原则，因此是可接受的。

根据移情原则二，B_2 的移情关系为：

a. E（Zane）> E（her=Jane）

再据移情原则五得：

b. E（her=Jane）> E（Zane）

再根据原则三，由 a 和 b 得：

c. E（Zane）> E（her=Jane）> E（Zane）

显而易见，c 自相矛盾，违背了移情焦点的不冲突原则，故 B_2 不可接受。然而，如分析答语 B_1 的移情关系，便会发现它并不违背移情焦点的不冲突原则，因此 B_1 是可接受的。由此看来，根据信息分配原则或移情原则，其分析结果是一致的。

此外，移情原则还可以帮助我们分析语篇的衔接与连贯问题。如上例(18)，B_2 中虽然使用了衔接手段参照，即 her 回指 A 句中的 Jane，但由于 B_2 违背了移情原则四，在此便不可接受，因此，B_2 与 A 之间并不连贯。请再看下列一例：

(19) 江华盯着她，幸福使他的脸孔发着烧。他突然又抱住她，用颤抖的低声在她耳边说："为什么赶我走？我不走了……"（杨沫：《青春之歌》）

现在我们用移情原则来分析这段话语的连贯性。根据原则二，第二句的移情关系为：

a. E（他）> E（她）

再据原则五得：

b. E（主题=他=江华）> E（非主题=她）

很显然，a 与 b 是一致的，没有违背移情焦点的不冲突原则，故第二句在此可接受，它与第一句彼此连贯。假如我们把第二句改为"她突然又被他抱住……"，尽管这也使用了衔接手段，但它故意违背了移情焦点的不冲突原则，因此，在此是不可接受的、不连贯的。

当然，由于移情原则主要是从句法的角度去研究语言中的移情现象，判断句子的可接受性，因此，也存在一些问题。例如，根据原则七，下列句子便显得很别扭，使人难以接受：

(20) ?? You met me at the party last night.

但是，这一句在下面的情景中却是完全可以接受的：

(21) A: Have I met you somewhere before?

B_1: Yes, you met me at the party last night.

如果答话人把 B_1 说成：

B_2: ?? Yes, I met you at the party last night.

其可接受性反而值得怀疑。B_1 是可以接受的，因为一般情况下，要求答句要用跟问句相同的句型，并对换第一人称和第二人称。这时，答话人 you 做主语，显然是由情景决定的。由此可见，情景对句式的要求，其力量是十分强大的，它远远超过句法中的移情原则。

移情原则也很难解释像下列句中的移情现象：

(22) 这个人性格内向，不善言表；你(=我)问他十句，他才答你(=我)一句。

这一句中的人称指示语“你”实际上是指代第一人称的“我”。倘若我们只根据句法学中的移情原则去分析其中的移情关系，即 E（你）> E（他），或 E（他）> E（你），那就大错特错了，因为这并不能反映出我和他之间的移情关系。

此外，用移情原则来分析下面句中的移情关系，也很难令人信服：

(23) 我们彻底打败了敌人。

(24) 我们把敌人彻底打败了。

(25) 敌人被我们彻底打败了。

根据原则二，例(23)和(24)的移情关系为：E (我们) > E (敌人)；例(25)的移情关系为：E (敌人) > E (我们)。对敌人也有移情，真令我们费解。事实上，我们对敌人是没有任何移情可言的，就像我们对那些可恶的昆虫，如蝎子、臭虫、蚊子、苍蝇等，情感怎么移得进去呢？由此看来，离开了具体的言语环境，离开了语言的使用，只根据移情原则单从句法结构去分析语言中的移情现象，不一定十分奏效。因此，这一问题还有待我们从语用学的角度去进一步研究和探索。

14.4 移情原则的认知分析

库诺提出的八条移情原则虽然存在某些缺陷，但也有合理之处。我们认为，在这些原则中，有的原则有其认知机制。例如，原则一、原则二以及原则五都有一个共同点，那就是在心中与说话人最接近(字面义或隐喻义)的人被最先提及。既然一个人被最先提及，那么，用来指称这个人的词语就最可能用作叙词移情等级中的第一等级，或用作句子的主语或主题，因此，在言语交际中就会说出像下列这样的移情关系的话语：

(26) 小王的哥哥来了。

(27) 小王和他的哥哥都来了。

(28) 小王虽小，但他比他的哥哥高。(比较：*小王虽小，但他的哥哥比他矮。)

言语行为移情等级原则也有其认知机制。说话人之所以移情于自己的程度会大于移情于他人的程度，是因为人类具有自我中心的感受。例如，意大利著名哲学家维柯(G. Vico)在其《新科学》中就指出：“由于人心的不明确性，每逢它落到无知里，人就把他自己变成衡量一切事物的尺度。”莱昂斯(Lyons，1979：690)也认为，在人类世界里，人自以为是万物的尺度，位于宇宙的中心。正是由于人类自以为是“宇宙的中心”、“万物的尺度”，人类的自我中心主义才在人类的许多活动中都体现出来，句法中的移情也就毫无例外了。事实上，兰厄克(Langacker，1991：307)在论述移情等级时，就认为移情等级的出发点是说话人。具体等级排列如下：

说话人(speaker)>听话人(hearer)>人类(human)>动物(animal)>物体(physical object)>抽象实体(abstract entity)

由此可见，在言语交际中，说话人移情于自己的程度大于移情于他人的程度，这一移情原则是有认知理据的。例如：

(29)张太太听说他自己被外国人告了，不觉大惊失色道：“我是中国人，他们是外国人，我同他井水不犯河水，他为甚么要告我呢？”(《官场现形记》五一回)

在这个例子中，如果把“我同他井水不犯河水”改为“他同我井水不犯河水”，那么，我们凭借语感会觉得后者似乎不可接受，因为它有悖言语行为移情等级原则的认知理据。

词序移情等级原则是句法结构拟象性中图象序列原则的体现。所谓图象序列原则，就是指语言成分的排列顺序与事件范畴序列之间的相似关系。通常，较重要的或较紧急的信息趋向于放在首要位置；不可及的或不易预测的信息趋向于放在首要位置。从认知的角度来看，这是因为重要的、不易预测的信息发生的频率低，并且是需要注意的图象。心理语言学的研究也表明，居于首要位置的成分最容易引起更多的注意并易记忆。正是由于这种认知上的原因，说话人更容易移情于并列结构中左边的名词短语所指，而不是移情于右边的名词短语所指。例如：

(30) 康伟业林珠都是经历过了男欢女爱的人，懂得适当忍耐的美妙所在。(池莉：《来来往往》)

这里，作者对康伟业的移情就大于对林珠的移情。

以上分析表明，库诺提出的移情原则并不是主观臆造的，而是有一定的认知理据，尽管这些原则还有待进一步完善。

14.5 结 束 语

移情是人类行为中的一种普遍现象。孟子曾说过："恻隐之心，人皆有之"，何故？因为"无恻隐之心，非人也。"恻隐之心是人的本性，这是性善论者的观点。根据这种观点，移情也就成了人的本性。然而，在言语交际中，移情主要体现在话语中，体现在句法结构中，因此，研究句法结构中的移情具有重要的意义。本章首先论述了功能句法中的八个移情原则，然后运用这些原则分析了汉语句法结构中的移情现象，并指出了只根据移情原则单从句法结构去分析语言中的移情现象所存在的缺陷。最后，还分析了部分移情原则的认知机制，认为它们在一定程度上是有理有据的，并非主观臆造。

第 15 章　余论：大数据时代的认知语言学

当今社会是一个大数据的时代，互联网方便了人们的学习、生活和工作，尤其是“云计算”（云端）的设计，能把各个地区个别数据储存为一个大的数据库，更加方便人们迅速广泛地搜索相关信息和资料。“大数据开启了一次重大的时代转型。就像望远镜让我们能够感受宇宙，显微镜让我们能够观测微生物一样，大数据正在改变我们的生活以及理解世界的方式，成为新发明和新服务的源泉，而更多的改变正蓄势待发……”（迈尔-舍恩伯格，库克耶，2013：1）。“大数据的核心就是预测”。在不远的将来，现在世界上许多单靠人类判断力的领域都会被计算机系统所改变甚至取代。大家都知道，亚马逊（Amazon）可以帮助我们推荐想要的书，谷歌（Google）可以为关联网站排序，脸谱（Facebook）知道我们的喜好，而领英（LinedIn）可以猜出我们认识谁，推特（Twitter）允许我们把自己的最新动态和想法以短信形式发送给手机和个性化网站群，而不仅仅是发送给个人（迈尔-舍恩伯格、库克耶，2013：16-17）。我们相信，同样的技术也可以运用到语言的认知研究领域。

语言是人类存在的家园，是人类思维和交际的重要工具，也是人类认知的组成部分。语言的使用、发展与变化不但受社会因素、使用环境、话语功能的制约，而且也与人类的认知密切相关。通过对语言的认知研究，可以部分地揭示人类认知的奥秘。大数据时代，语言的认知研究必然会打上这个时代的烙印。

迈尔-舍恩伯格和库克耶（2013：29）谈到了大数据时代思维的三个重大转变：“首先，要分析与某事物相关的所有数据，而不是依靠少量的数据样本。其次，我们乐于接受数据的纷繁复杂，而不是追求精确性。最后，我们的思想发生了转变，不再探求难以捉摸的因果关系，转而关注事物的相关关系。”思维的这三大转变在认知语言学研究上会大大地改变我们的本体论、认识论和方法论。

就认知语言学研究的本体论而言，在大数据时代，我想主要涉及两大问题：一是认知语言学中的基本概念结构问题；二是研究对象的多样化问题。认知语言学作为语言学中的一种新范式，并不是一种单一的理论，而是多种理论的交织和融合，虽然各种理论研究的终极目标是一致的，但使用的术语和概念结构还是有所差别的，如对“构式”(construction)这一术语的理解，有的学者就持不同的观点，于是出现了各种各样的构式语法理论，如伯克利构式语法(Berkeley Construction grammar)、激进构式语法(radical construction grammar)、基于符号的构式语法(sign-based construction gramamr)、流变构式语法(fluid construction grammar)、体验构式语法(embodied construction grammar)、认知构式语法(cognitive construction grammar)等。即使对同一问题，也有不同的看法，如有的学者认为，隐喻是人类最基本的认知方式，而有的学者则认为转喻才是人类最基本的认知方式。

关于研究对象的多样化问题，我们认为，语言研究的种类会更加多样，语言本体的研究会更加丰富多彩。世界上现有五六千种语言，这个数据很难再具体了，因为语言并非总能数得一清二楚。此外，语言的变体不胜枚举。大数据时代，互联网、云计算为我们的研究提供了无数的语料，这有利于我们对世界上的语言进行类型学分析和研究，从而发现不同民族的文化差异和认知方式等问题。“大数据”之“大”，不仅仅在于其容量之大，更重要的是“人类可以‘分析和使用’的数据在大量增加，通过这些数据的交换、整合和分析，人类可以发现新的知识、创造新的价值，带来‘大知识’、‘大科学’、‘大利润’和‘大发展’”(涂子沛，2014：57)。大数据时代为认知语言学的本体研究提供了便利，有利于深入研究同一概念、同一语言现象，使人们达成相对一致的共识。

就认知语言学研究的认识论而言，在大数据时代，我们更应该关注认知语言学中的语言认知和人类认知的本质和属性，人类认知与语言之间的关系，人类认知的基础和前提，语言产生、发展、使用和理解的认知过程及认知规律，等等。这些问题都相当复杂，我们不得不面对，也许对它们的探讨不一定会找到一个精确的答案，对它们的认识或许只是模糊的，但这更符合人类认知的本质，符合大数据时代的精神，正如哲学家海德格尔所言："模糊性是智慧固有的美德"。模糊性当然也是人类认知的一个属性，对人类认知的研究可谓"知其不可而为之"，这或许正是其魅力所在之处吧！

大数据时代的认知语言学研究必然在方法论上也会有所突破。2007年，雅虎的首席科学家沃茨(Duncan Watts)博士在《自然》(*Nature* 445，489，1 Feb.)杂志上发表了一篇文章《21 世纪的科学》，他发现，得益于计算机技术和海量数据库的发展，个人在真实世界的活动得到了前所未有的记录，其记录的粒度很高，频度在不断增加，为社会科学的定量分析提供了极为丰富的数据(涂子沛，2013：57)。可以说，认知语言学的研究也是如此。目前，认知语言学研究采用了语料库语言学的研究方法，但这还不够，还应该借助计算机科学、计算语言学以及脑科学的研究方法来研究语言，要分析与研究对象相关的所有数据，而不是依靠少量的数据样本来说明问题，要克服只见树木不见森林的局面。

大数据，大挑战。大数据时代的认知语言学研究，必然会面领着各种各样前所未有的困难和挑战。从本体论、认识论再到方法论，认知语言学这一宏大事业都会受到影响，也会带来新的希望。不过，我们不要被这些困难吓倒，因为在科学研究中，人类总是喜欢追求简单而美的东西，正如奥卡姆所说："如无必要，勿增实体"，这就是所谓的"奥卡姆剃刀"。"奥卡姆剃刀"这一思维方式常被科学家们诠释为："当两个不同的理论给出同样精确的预言时，哪个更简单哪个就更好”。例如，在工程学和其他技术领域，就有一个类似于“奥卡姆剃刀”的“KISS 原则”，其意思是“笨蛋，简单为上！”（KISS: Keep It Simple, Stupid）。在大数据时代，“奥卡姆剃刀”在认知语言学研究中也许并不会完全奏效，但我们必须做出选择，否则就会成为一头“布里丹之驴”（Buridan's ass），在两堆干草之间无从选择，最终被活活饿死。我很欣赏人类学家克利福德·格尔茨（Clifford Geertz）在其《文化的解释》（2014）一书中所讲的一句话：“努力在可以应用、可以拓展的地方，应用它、拓展它；在不能应用、不能拓展的地方，就停下来”，这或许是所有学人面对一个新领域应有的态度。大数据时代的认知语言学研究是否也应该如此？我们将拭目以待。

参 考 文 献

艾布拉姆·德·斯旺. 2008. 世界上的语言: 全球语言系统. 乔修峰译. 广州: 花城出版社.

曹逢甫. 1995. 主题在汉语中的功能研究. 北京: 语文出版社.

曹逢甫. 2005. 汉语的句子与子句结构. 北京: 北京语言大学出版社.

陈烜之. 2006. 认知心理学. 广州: 广东高等教育出版社.

陈英和. 1996. 认知发展心理学. 杭州: 浙江人民出版社.

恩格尔坎普. 1997. 心理语言学. 陈国鹏译. 上海: 上海译文出版社.

范继淹. 1986. 范继淹语言学论文集. 北京: 语文出版社.

范开泰. 1985. 语用分析说略. 中国语文, (6): 401-408.

范晓. 1996. 三个平面的语法观. 北京: 北京语言学院出版社.

方梅. 1995. 汉语对比焦点的句法表现手段. 中国语文, (4): 279-288.

高广仁. 1989. 大汶口文化的葬俗//田昌五, 石兴邦主编. 中国原始文化论集. 北京: 文物出版社: 334-344.

胡壮麟. 1997. 语言·认知·隐喻. 现代外语, (4): 50-57.

胡壮麟. 2000. 功能主义纵横谈. 北京: 外语教学与研究出版社.

胡壮麟. 2004. 认知隐喻学. 北京: 北京大学出版社.

克利福德·格尔茨. 2014. 文化的解释. 南京: 译林出版社.

匡芳涛, 文旭. 2003. 图形-背景的现实化. 外国语, (4): 24-31.

李晋荃. 1998. 句法成分的话题化//袁晖, 戴耀晶编. 三个平面: 汉语语法研究的多维视野. 北京: 语文出版社: 305-317.

李临定. 1985. 主语的语法地位. 中国语文, (1): 62-70.

李英哲等. 1990. 实用汉语参考语法. 熊文华译. 北京: 北京语言学院出版社.

林书武. 2002. 隐喻研究的基本现状、焦点及趋势. 外国语, (1): 38-45.

刘爱伦. 2002. 思维心理学. 上海: 上海教育出版社.

刘润清. 1999. 西方语言学流派. 北京: 外语教学与研究出版社.
刘润清. 2014. 大数据时代的外语教育科研. 当代外语研究, (7): 1-6.
刘润清, 文旭. 2006. 新编语言学教程. 北京: 外语教学与研究出版社.
刘月华等. 2005. 实用现代汉语语法. 北京: 商务印书馆.
陆俭明. 1986. 周遍性主语及其他. 中国语文, (3): 161-167.
陆俭明. 2005. 现代汉语语法研究教程(第三版). 北京: 北京大学出版社.
吕叔湘. 1984. 汉语语法论文集. 北京: 商务印书馆.
吕叔湘. 1986. 汉语句法的灵活性. 中国语文, (1): 1-9.
罗伯特・路威. 1986. 文明与野蛮. 吕叔湘译. 北京: 三联书店.
罗常培. 1989. 语言与文化. 北京: 语文出版社.
罗仁地, 潘露莉. 2005. 焦点结构的类型及其对汉语词序的影响//徐烈炯, 潘海华主编. 焦点结构和意义的研究(第四章). 北京: 外语教学与研究出版社.

迈尔–舍恩伯格, 库克耶. 2013. 大数据时代. 盛杨燕, 周涛译. 杭州: 浙江人民出版社.
屈承熹. 2005. 汉语认知功能语法. 哈尔滨: 黑龙江人民出版社.
沈家煊. 1999a. 不对称和标记论. 南昌: 江西教育出版社.
沈家煊. 1999b. 认知心理和语法研究//马庆株主编. 语法研究入门. 北京: 商务印书馆.
沈家煊. 1999c. 转指和转喻. 当代语言学, (1): 3-15.
沈家煊. 2001. 语言的“主观性”和“主观化”. 外语教学与研究, (4): 268-275.
沈家煊. 2005. 现代汉语语法的功能、语用、认知研究. 北京: 商务印书馆.
石定栩. 1998. 汉语主题句的特性. 现代外语, (2): 44-59.
石毓智. 2001. 语法的形式和理据. 南昌: 江西教育出版社.
石毓智. 2002. 论语言的基本语序对其语法系统的影响——兼论现代汉语句子组织信息的原则形成的历史动因. 外国语, (1): 17-27.
史有为. 1995. 主语后停顿与话题. 中国语言学报, (5): 97-123.
束定芳. 2000. 隐喻学研究. 上海: 上海外语教育出版社.
汤廷池. 1972. 国语格变语法试论. 台北: 台湾海图书局.
汤廷池. 1977. 国语变形语法研究(第一集): 移形变位. 台北: 台湾学生书局.

涂子沛. 2014. 大数据. 桂林: 广西师范大学出版社.
王力. 1985. 中国现代语法.（《王力文集》第二卷）. 济南: 山东教育出版社.
王寅. 2002. 认知语言学的哲学基础: 体验哲学. 外语教学与研究, (2): 82-89.
文军. 1992. 英语修辞格词典. 重庆: 重庆大学出版社.
文炼, 胡附. 1984. 汉语语序研究中的几个问题. 中国语文, (3): 161-165.
文旭. 1999. 国外认知语言学研究综观. 外国语, (1): 35-41.
文旭. 2000. 论语言符号的距离拟象性. 外语学刊, (2): 71-74.
文旭. 2001a. 认知语言学: 诠释与思考. 外国语, (2): 29-36.
文旭. 2001b. 词序的拟象性探索. 外语学刊, (3): 90-96.
文旭. 2002. 认知语言学的研究目标、原则和方法. 外语教学与研究, (2): 90-97.
文旭. 2004. 搭桥参照: 以图景为基础的解释方法. 外语学刊, (4): 11-16.
文旭. 2005. 左移位句式的认知解释. 外国语, (2): 45-52.
文旭. 2007. 语义、认知与识解. 外语学刊, (6): 35-39.
文旭. 2008. 汉语双主语构式的认知语法观. 外语教学, (4): 6-11.
文旭. 2011. 认知语言学事业. 外语与外语教学, (2): 1-5.
文旭. 2013. 框架与话语理解. 外文研究, (1): 27-33.
文旭, 陈治安. 2005. 句法・语用・认知. 重庆: 重庆大学出版社.
文旭, 刘润清. 2006. 汉语关系小句的认知语用观. 现代外语, (2): 111-119.
文旭, 叶狂. 2003. 隐喻的系统性和连贯性. 外语学刊, (3): 1-7.
文旭, 叶狂. 2006. 转喻的认知类型及其理据. 解放军外国语学院学报, (6): 1-7.
徐鹏. 1996. 英语辞格.北京: 商务印书馆.
徐烈炯, 刘丹青. 1998. 话题的结构与功能. 上海: 上海教育出版社.
徐烈炯, 刘丹青. 2003. 话题与焦点新论. 上海: 上海教育出版社.
徐烈炯, 潘海华. 2005. 焦点结构和意义的研究. 北京: 外语教学与研究出版社.
徐盛桓. 1995. 英语倒装句研究. 外语教学与研究, (4): 28-37.
徐盛桓. 1996. 信息状态研究. 现代外语, (2): 5-12.
徐通锵. 1997. 语言论. 长春: 东北师范大学出版社.
杨琳. 1996. 汉语词汇与华夏文化. 北京: 语文出版社.
尤金・奈达. 1999. 语际交流中的社会语言学. 严久生译. 呼和浩特: 内蒙古大学

出版社.
袁毓林. 2004. 汉语语法研究的认知视野. 北京: 商务印书馆.
张伯江, 方梅. 1996. 汉语功能语法研究. 南昌: 江西教育出版社.
张斌. 1998. 汉语语法学. 上海: 上海教育出版社.
张克定. 2000. 句式变化的认知语用理据. 解放军外国语学院学报, (4): 6-10.
张克定. 2001. 英语倒装句的语篇功能. 外国语, (5): 18-24.
张克定. 2002. 倒装句的语用理据. 外语学刊, (1): 68-72.
张清常. 1990. 胡同及其他. 北京: 北京语言学院出版社.
章士嵘. 1992. 认知科学导论. 北京: 人民出版社.
赵南元. 1994. 认知科学与广义进化论. 北京: 清华大学出版社.
赵世开. 1999. 汉英对比语法论集. 上海: 上海外语教育出版社.
朱宝荣. 2004. 心理哲学. 上海: 复旦大学出版社.

朱德熙. 1982. 语法讲义. 北京: 商务印书馆.
朱德熙. 1985. 语法答问. 北京: 商务印书馆.
朱光潜. 1984. 朱光潜美学文集（第四卷）. 上海: 上海文艺出版社.
佐伊基. 1989. 社会语言学演讲录. 刘明霞等译. 北京: 北京语言学院出版社.
Achard, M. 1998. *Representation of Cognitive Structures*. Berlin: Mouton de Gruyter.
Aitchison, J. 1987. *Words in the Mind: An Introduction to the Mental Lexicon*. Oxford: Basil Blackwell.
Aitchison, J. 1991. *Language Change: Progress or Decay* (2nd ed.). Cambridge: Cambridge University Press.
Aitchison, J. 1994. *Words in the Mind: An Introduction to the Mental Lexicon* (2nd ed.). Oxford: Blackwell.
Allwood, J. & Gärdenfors, P. (Eds.). 1998. *Cognitive Semantics: Meaning and Cognition*. Amsterdam: John Benjamins.
Anderson, E. R. 1997. The seasons of the year in Old English. *Anglo-Saxon England*, (26): 231-263.
Anderson, J. R. 1983. *The Architecture of Cognition*. Cambridge, MA.: Harvard University Press.

Berlin, B. & Kay, P. 1969. *Basic Color Terms: Their Universality and Evolution*. Berkeley: University of California Press.

Birner, B. 1994. Information status and word order: Analysis of English inversion. *Language*, 70 (2): 233-259.

Birner, B. & Ward, G. 1998. *Information Status and Noncanonical Word Order in English*. Amsterdam: John Benjamins.

Blank, A. 1999. Co-presence and succession: A cognitive typology of metonymy. In Klaus-Uwe Panther & G. Radden (Eds.), *Metonymy in Language and Thought* (pp. 169-191). Amsterdam: John Benjamins.

Bloomfield, L. 1933. *Language*. London: George Allen & Unwin.

Bolinger, D. 1952. *Linear Modification*. PMLA.

Bosch, P. & van der sandt R. 1999. *Focus: Linguistic, Cognitive, and Computational Perspectives*. Cambridge: Cambridge University Press.

Bresnan, J. 1994. Locative inversion and the architecture of universal grammar. *Language*, 70 (1): 72-131.

Brown, R. 1958. How shall a thing be called? *Psychological Review*, (65): 14-21.

Brown, R. 1965. *Social Psychology*. New York: Free Press.

Büring, D. 1997. *The Meaning of Topic and Focus*. London: Routledge.

Bybee, J. L. 1985. *Morphology: A Study of the Relation between Meaning and Form*. Amsterdam: John Benjamins.

Casad, E. H. 1996. *Cognitive Linguistics in the Redwoods: The Expansion of a New Paradigm in Linguistics*. Berlin: Mouton de Gruyter.

Chafe, W. L. 1972. Discourse structure and human knowledge. In R. O. Freedle & J. B. Carroll (Eds.), *Language Comprehension and the Acquisition of Knowledge*. Washington: Winston.

Chafe, W. L. 1976. Givenness, contrastiveness, definiteness, subjects, topics, and points of view. In C. Li (Ed.), *Subject and Topic*. New York: Academic Press.

Chafe, W. L. 1994. *Discourse, Consciousness and Time*. Chicago: University of Chicago Press.

Chao, Yuen-Ren. 1968. *A Grammar of Spoken Chinese*. Berkeley & Los Angeles: University of California Press.

Cheng, Rong. 2003. *English Inversion: A Ground-before-figure Construction*. Hawthorn, N.Y.: Mouton de Gruyter.

Chomsky, N. 1965. *Aspects of the Theory of Syntax*. Cambridge, Mass.: The MIT Press.

Chomsky, N. 1966. *Topics in the Theory of Generative Grammar.* Berlin: Mouton de Gruyter.

Chomsky, N. 1968. *Language and Mind.* New York: Harcourt Brace Jovanovich.

Chomsky, N. 1978. *The Logical Structure of Linguistic Theory*. New York: Plenum Press.

Chu Chauncey C. 1996. Source and management: Two tiers of information structure. *Processdings of the 4th International Conference on Chinese Linguistics*, (1): 37-54.

Chu Chauncey, C. 1997. Aboutness and clause-linking: Two separate functions of topic in Mandarin. *Tsing Hua Journal of Chinese Studies,* 27 (1): 35-50.

Coleman, J. & Kay, C. J. (Eds.). 2000. *Lexicology, Semantics and Lexicography*. Amsterdam: John Benjamins.

Comrie, B. 1989. *Language Universals and Linguistic Typology: Syntax and Morphology*. Oxford: Blackwell.

Cooper, W. E. & Ross, J. R. 1975. Word order. In R. E. Grossman, et al. (Eds.), *Papers from the Parasession on Functionalism* (pp. 63-111). Chicago: Chicago Linguistic Society.

Croft, W. 1990. *Typology and Universals*. Cambridge: CUP.

Croft, W. 1991. *Syntactic Categories and Grammatical Relations*. Chicago: The University of Chicago Press.

Croft, W. & Cruse, A. 2004. *Cognitive Linguistics*. Cambridge: Cambridge University Press.

Cruse, D. A. 1977. The pragmatics of lexical specificity. *Journal of Linguistics*, (13): 153-164.

Cruse, D. A. 1986. *Lexical Semantics*. Cambridge: Cambridge University Press.

Cruse, D. A. 1990. Prototype theory and lexical semantics. In S. L. Tzohatzidis (Ed.), *Meanings and Prototypes: Studies in Linguistic categorization* (pp. 382-402). London: Routledge.

Crystal, D. 1997. *Dictionary of Linguistics and Phonetics*. Oxford: Blackwell.

Dahl, Ö. 1969. *Topic and Comment: A Study in Russian and Transformational Grammar*. Slavica Gothoburgensia 4: Göteborg.

Dik, S. C. (Ed.). 1983. *Advances in Functional Grammar*. Dordrecht: Foris.

Dirven, R. & Verspoor, M. 1998. *Cognitive Exploration of Language and Linguistics*. Amsterdam: John Benjamins.

Dorgeloh. H. 1997. *Inversion in Modern English: Form and Function*. Amsterdam: John Benjamins.

Dowing. P. A. & Noonan, M. (Eds.). 1995. *Word Order in Discourse*. Amsterdam & Philadelphia: John Benjamins.

Dryer, M. 1988. Object-verb order and adjective-noun order: Dispelling a myth. *Lingua*, (74): 77-109.

Edmondson, J. A. 1985. Biological foundations of language universals. In C. J. N. Bailey & R. Harris (Eds.), *Development Mechanisms of Language* (pp. 109-130). Oxford: Pergamon.

Envist, N. E. 1980. Marked focus: Function and constraints. In S. Greenbaum, et al. (Eds.), *Studies in English Linguistics for Randolph Quirk*. London: Longman.

Fesmire, S. A. 1994. What is "cognitive" about cognitive linguistics? *Metaphor and Symbolic Activity*, (9): 149-154.

Fillmore, C. 1975. An alternative to checklist theories of meaning. *Proceedings of the First Annual Meeting of the Berkeley Linguistics Society*: 123-131.

Fillmore, C. 1976. Frame semantics and the nature of language. *Annals of the NY Academy of Sciences*, (280): 20-32.

Fillmore, C. 1981. Pragmatics and the description of discourse. In P. Cole (Ed.), *Radical Pragmatics* (pp. 143-166). New York: Academic Press.

Fillmore, C. 1988. The mechanisms of construction grammar. *Berkeley Linguistic So-*

ciety, (14): 35-55.

Fillmore, C., et al. 1988. Regularity and idiomaticity in grammatical constructions: The case of "let alone". *Language*, (64): 501-538.

Frawley, W. 1992. *Linguistic Semantics*. London: Lawrence Erlbaum.

Fribas, J. 1992. *Functional Sentences Perspective in Written and Spoken Communication*. Cambridge: Cambridge University Press.

Gardner, H. 1985. *The Mind's New Science: A History of the Cognitive Revolution*. New York: Basic Books.

Geeraerts, D. 1997. *Diachronic Prototype Semantics: A Contribution to Historical Lexicology*. Oxford: Clarendon Press.

Geluykens, R. 1992. *From Discourse Process to Grammatical Construction: On Left-Dislocation in English*. Amsterdam: John Benjamins.

Gernsbacher, M. A. 1990. *Language Comprehension as Structure Building*. Hillsdale, NJ: Erlbaum.

Givón, T. 1979. *On Understanding Grammar*. New York: Academic Press.

Givón, T. 1985. Iconicity, isomorphism and non-arbitrary coding in syntax. In J. Haiman (Ed.), *Iconicity in Syntax*. Amsterdam & Philadelphia: John Benjamins.

Givón, T. 1988. The pragmatics of word order predictability, importance and attention. In M. Hammond, et al. (Eds.), *Studies in Syntactic Typology* (pp. 243-284). Amsterdam: JohnBenjamins.

Givón, T. 1990. *Syntax: A Functional-Typological Introduction, Vol. 2*. Amsterdam: John Benjamins.

Givón, T. 1994. Isomorphism in the grammatical code: Cognitive and biological considerations. In R. Simone (Ed.), *Iconicity in Language* (pp. 47-76). Amsterdam: John Benjamins.

Givón, T. 2001. *Syntax: An Introduction, Vol. II*. Amsterdam/Philadelphia: John Benjamins.

Gleason, H. A. 1955. *An Introduction to Descriptive Linguistics*. New York: Holt, Rinehart & Winston.

Goldberg, A. 1995. *Constructions*. Chicago: University of Chicago Press.

Goldberg, A. 2002. *Left Dislocation*. Champaign-Urbana: University of Illinous Press.

Goutsos, D. M. 1997. *Discourse Topic: Sequential Relations and Strategies in Expository Text*. New Jersey: Ablex Publishing Corporation.

Greenberg, J. (Ed.). 1963. *Universals of Language*. Cambridge, Mass.: MIT Press.

Greenberg, J. 1966. *Some University of Grammar with Particular Reference to the Order of Meaningful Clements in Greenberg* (2nd ed.). Cambridge, Mass.: MIT Press.

Gregory, M. & Michaelis, L. A. 1999. Topicalization vs. left-dislocation: Using computational methods to analyze a use opposition. (Paper presented at the LSA Annual Meeting). Los Angeles, CA.

Grimes, J. E. 1975. *The Thread of Discourse*. The Hague: Mouton.

Gundel, J. K. 1985. Shared knowledge and topicality. *Journal of Pragmatics*, (9): 83-97.

Gundel, J. K. 1999. On different kinds of focus. In P. Bosch & R. Van der Sandt (Eds.), *Focus: Linguistic, Cognitive, and Computational Perspectives*. Cambridge: Cambridge University Press.

Haiman, J. 1980. The Iconicity of Grammar: Isomorphism and Motivation. *Language*, (56) : 510-540.

Haiman, J. 1985. *Natural Syntax*. Cambridge: Cambridge University Press.

Halliday, M. A. K. 1967a. Notes on transitivity and theme in English: Part I. *Journal of Linguistics*, V. 3. 1: 37-82.

Halliday, M. A. K. 1967b. Notes on transitivity and theme in English: Part II. *Journal of Linguistics*, V. 3. 2: 199-244.

Halliday, M. A. K. 1970. Language structure and language function. In J. Lyons (Ed.), *New Horizons in Linguistics*. Harmondsworth, Middlesex: Penguin Books.

Hawkins, J. 1983. *Word Order Universals*. New York: Academic Press.

Hayashi, R. 1996. *Cognition, Empathy and Interaction: Floor Management of English and Japanese Conversation*. Norwood, New Jersey: Ablex Publishing Corporation.

Hilgard, E. R., et al. 1979. *Introduction to Psychology*. New York: Harcourt Brace Jovanovich Inc.

Hockett, C. F. 1958. *A Course in Modern Linguistics*. New York: Macmillan.

Hoffmann, T. & Trousdale G. (Eds.). 2013. *The Oxford Handbook of Construction Grammar*. Oxford: Oxford University Press.

Horn, L. R. & Ward, G. 2004. *The Handbook of Pragmatics*. Oxford: Blackwell.

Houston, J. P., et al. 1981. *Essentials of Psychology*. New York: Academic Press.

Huang, C.-T. James. 1982. *Logical Relations in Chinese and the Theory of Grammar*. Cambridge, MA.: MIT.

Huang, C.-T. James & Audrey Li. 1995. Recent generative studies on Chinese syntax. In Huang, C.-T. James & Audrey Li (Eds.), *New Horizons in Chinese Linguistics*. Dordrecht: Kluwer.

Huang, Shuan-Fan. 1982. Chinese concepts of a person—an essay on language and metaphysics. *Journal of Chinese Linguistics*, (1): 86-107.

Hudson, 1990. *English Word Grammar*. Oxford: Basil Blackwell.

Jackendoff, R. 1972. *Semantic Interpretation in Generative Grammar*. Cambridge, Mass.: MIT Press.

Jackendoff, R. 1993. *Patterns in the Mind: Language and Human Nature*. New York: Harvester Wheatsheaf.

Janssen, T. & Redeker, G. (Eds.). 1999. *Cognitive Linguistics: Foundations, Scope, and Methodology*. Berlin: Mouton de Gruyter.

Jespersen, O. 1949. *A Modern English Grammar on Historical Principles, Vol. vii*. London: George Allen and Unwin.

Johnson, M. 1987. *The Body in the Mind: The Bodily Basis of Meaning, Imagination and Reason*. Chicago: The University of Chicago Press.

Keenan, E. L. 1976. Toward a universal definition of "subject". In C. N. Li & S. A. Thompson (Eds.), *Subject and Topic* (pp. 247-302). New York: Academic Press.

Keenan, E. L. & Comrie, B. 1977. Noun phrase accessibility and universal grammar. *Linguistic Inquiry*, (8): 63-99.

Keenan, E. L. & Schieffelin, B. 1976. Topic as a discourse notion. In Li, Charles N. & S. A. Thompson (Eds.), *Subject and Topic*. New York: Academic Press.

Kiss, K. E. 1995. *Discourse Configurational Languages*. Oxford: Oxford University Press.

Koch, P. 1999. Frame and contiguity: On the cognitive bases of metonymy and certain types of word formation]. In Panther, Klaus-Uwe & G. Radden (Eds.), *Metonymy in Language and Thought* (pp. 139-167). Amsterdam: John Benjamins.

Kövecses, Z. 2002. *Metaphor: A Practical Introduction*. Oxford: OxfordUniversity Press.

Kumashiro, T. & Langacker, R. W. 2003. Double-subject and complex-predicate constructions. *Cognitive Linguistics*, (1): 1-45.

Kuno, S. 1987. *Functional Syntax*. Chicago: The University of Chicago Press.

Labov, W. 1973. The boundaries of words and their meanings. In C. Bailey & R. Shuy (Eds.), *New Ways of Analysing Variation in English* (pp. 340-373). Washington: Georgetown University Press.

Lakoff, G. 1987. *Women, Fire, and Dangerous Things*. Chicago: The University of Chicago Press.

Lakoff, G. 1989. Some empirical results about the nature of concepts. *Mind and Language*, 4(1-2): 103-129.

Lakoff, G. 1990. The invariance hypothesis. *Cognitive Linguistics*, (1): 39-74.

Lakoff, G. 1991. Metaphor and war: The metaphorsystem used to justify war in the Gulf. *Peace Research*, (2): 59-72.

Lakoff, G. 1992. The contemporary theory of metaphor. In A. Ortony (Ed.), *Metaphor and Thought* (2nd ed.). Cambridge: Cambridge University Press.

Lakoff, G. 1993. The contemporary theory of metaphor. In A. Ortony (Ed.), *Metaphor and Thought* (pp. 202-251). Cambridge & New York: Cambridge University Press.

Lakoff, G. & Johnson, M. 1980. *Metaphors We Live By*. Chicago: The University of Chicago Press.

Lakoff, G. & Turner, M. 1989. *More than Cool Reason: A Field Guide to Poetic Metaphor*. Chicago: The University of Chicago Press.

Lambrecht, K. 1994. *Information Structure and Sentence Form*. Cambridge: Cambridge University Press.

Landsberg, M. E. 1987. Semantic aspects of syntactic iconicity. *Aspects of Language*, (2): 233-247.

Langacker, R. W. 1986. Abstract motion. *Proceedings of the Annual Meeting of the Berkeley Linguistics Society*, (12): 455-471.

Langacker, R. W. 1987. *Foundations of Cognitive Grammar, Vol. I: Theoretical Prerequisites*. Stanford: University of Stanford Press.

Langacker, R. W. 1990. *Concept, Image and Symbol: The Cognitive Basis of Grammar*. Berlin: Mouton.

Langacker, R. W. 1991. *Foundations of Cognitive Grammar, Vol. II: Descriptive Application*. Stanford: Stanford University Press.

Langacker, R. W. 1993. Reference-point constructions. *Cognitive Linguistics*, 4 (1): 1-38.

Langacker, R. W. 1999. Double-Subject constructions. In S.-Y. Bak (Ed.), *Linguistics in the Morning Calm* (pp. 83-104). Seoul: Hanshin.

Langacker, R. W. 2000. Why a mind is necessary. In L. Albertazzi (Ed.), *Meaning and Cognition* (pp. 25-38). Amsterdam: John Benjamins.

Langacker, R. W. 2001. Topic, subject, and possessor. In H. G. Simonsen & R. T. Endresen (Eds.), *A Cognitive Approach to the Verb*. Berlin: Mouton de Gruyter.

Langacker, R. W. 2003. Constructions in Cognitive Grammar. *Cognitive Linguistics*, (20): 171-186.

Langacker, R. W. 2004a. *An Overview of Cognitive Grammar*. ms. The Third China Cognitive Linguistics Workshop, Southwest Normal University, Chongqing, China.

Langacker, R. W. 2004b. Form, meaning, and behavior. In E. Contini-Morava, et al. (Eds.), *Cognitive and Communicative Approaches to Linguistic Analysis*. Amsterdam: John Benjiamins.

Langacker, R. W. 2008. *Cognitive Grammar: An Introduction*. Oxford: Oxford University Press.

Langacker, R. W. 2013. *Essentials of Cognitive Grammar*. Oxford: Oxford University Press.

Leach, E. 1964. Anthropological aspects of language: Animal categories and verbal abuse. In E. H. Lenneberg (Ed.), *New Directions in the Study of Language* (pp. 23-63). Cambridge, Mass. : MIT Press.

Lee, D. 2001. *Cognitive Linguistics: An Introduction*. Oxford: Oxford University Press.

Leech, G. 1985. *Semantics*. Harmondsworth: Penguin.

Leech, G., Deucar, M. & Hogenraad, R., et al. 1982. *English Grammar for Today: A New Introduction*. London: The Macmillan Press.

Leech, G. & Svartvik, J. 1975. *A Communicative Grammar of English*. London: Longman.

Lehmann, W. 1973. A structural principle of language and its implications. *Language*, (49): 47-66.

Li, Charles N. & Thompson, S. A. (Eds.). 1976. *Subject and Topic*. New York: Academic Press.

Li, Charles N. & Thompson, S. A. 1981. *Mandarin Chinese: A Functional Reference Grammar*. Berkeley & Los Angeles: University of California Press.

Löbner, S. 2002. *Understanding Semantics*. London: Arnold.

Lyons, G. 1979. *Semantics*. Cambridge: CUP.

Lyons, J. 1968. *Introduction to Theoretical Linguistics*. Cambridge: Cambridge University Press.

Lyons, J. 1977. *Semantics, 2 Vols*. Cambridge: Cambridge University Press.

Mahon, J. E. 1999. Getting your sources right. In L. Cameron & G. Low (Eds.), *Researching and Applying Metaphor* (pp. 69-80). Cambridge: Cambridge University Press.

Mallinson, G. & Blake, B. 1981. *Language Typology*. Amsterdam: North Holland.

Matlin, M. W. 1989. *Cognition* (2nd ed.). Chicago: Holt, Rinehart, and Winston, Inc.

Mayerthaler, W. 1980. Ikonismus in der Prophologie. *Zeitschrift fur Semiotic* (2):

19-37.

Morgan, J. L. 1975. Some remarks on the nature of sentences. *Papers from the Parasession on Functionalism,* Chicago Linguistic Society.

Neisser, U. 1967. *Cognitive Psychology.* New York: Appleton Century Crofts.

Neisser, U. 1976. *Cognitive and Reality.* New York: W. H. Freeman.

Nichols, J. 1986. Head-marking and dependent-marking grammar. *Language,* (62): 56-119.

Nida, E. A. 1975. *Componential Analysis of Meaning.* The Hague: Mouton.

Osherson, D. N. & Lasnk, H. (Eds.). 1990. *An Invitation to Cognitive Science, Vol. 1.* Cambridge, Mass.: The MIT Press.

Panther, Klaus-Uwe & Radden, G. (Eds.) 1999. *Metonymy in Language and Thought.* Amsterdam: John Benjamins.

Payne, D. L. (Eds.). 1992. *Pragmatics of Word Order Flexibility.* Amsterdam: John Benjamins.

Prince, E. F. 1984. Topicalization and left-dislocation: A functional analysis. *Annals of the New York Academy of Sciences,* (433): 213-225.

Prince, E. F. 1997. On the functions of left-dislocation in English discourse. In A. Kamio (Ed.), *Directions in Functional Linguistics* (pp. 117-219). Amsterdam: John Benjamins.

Pustejovsty, J. & Boguraev, B. (Eds.). 1996. *Lexical Semantics.* Oxford: Clarendon Press.

Putnam, H. 1975. The meaning of "meaning". In K. Gunderson (Ed.), *Language, Mind and knowledge.* Minneapolis: University of Minnesota Press.

Quirk, R., et al. 1985. *A Comprehensive Grammar of the English Language.* New York: Longman.

Radden, G. & Kövecses, Z. 1999. Towards a theory of metonymy. In Klaus-Uwe Panther & G. Radden (Eds.), *Metonymy in Language and Though* (pp. 17-59). Amsterdam: John Benjamins.

Radford, A. 1988. *Transformational Grammar: A First Course.* Cambridge: Cambridge

University Press.

Rebuschi, G. & L. Tuller. 1999. *The Grammar of Focus*. Amsterdam: John Benjamins.

Richards, J. C., Platt, J. & Weber, H. 1985. *Longman Dictionary of Applied Linguistics*. London: Longman.

Richards, J. C., Schmidt, R. & Kendricks, H., et al. 2005. *Longman Dictionary of Language Teaching and Applied Linguistics* (3rd ed.). Beijing: Foreign Language Teaching and Research Press.

Robins, R. H. 2001. *A Short History of Linguistics*. Beijing: Foreign Language Teaching and Research Press.

Rochemont, M. S. 1986. *Focus in Generative Grammar*. Amsterdam & Philadelphia: John Benjamins.

Rochemont, M. S. & Culicover, P. W. 1990. *English Focus Construction and the Theory of Grammar*. Cambridge: Cambridge University Press.

Rosch, E. 1975. Cognitive representations of semantic categories. *Journal of Experimental Psychology: General*, (104): 192-233.

Rosch, E. 1978. Principle of categorization. In E. Rosch & B. B. Lloyd (Eds.), *Cognition and Categorization* (pp. 27-48). Hillsdale: Lawrence Erlbaum.

Ross, J. 1986. *Constrains on Variables in Syntax*. Unpublished PhD Thesis. MIT, Cambridge, MA. [Reprinted in Norwood, NJ: Ablex, as *Infinite Syntax*].

Rumelhart, D. E. & McClelland, D. E. 1986. On learning the past tense of English verbs. In J. L. McClelland, D. E. Rumelhart & The PDP Research Group (Eds.), *Parallel Distributed Processing* (Vol. 2): *Psyhological And Biological Models* (pp. 216-271). Cambridge, MA.: MIT Press.

Saeed, J. I. 1997. *Semantics*. Oxford: Blackwell.

Samovar, L., et al. 1998. *Communication between Cultures*. HongKong: Thomson Learning Asia.

Samuels, M. 1972. *Linguistic Evolution: With Special Reference to English*. Cambridge: Cambridge University Press.

Sanders, G. & James H-Y Tai. 1972. Immediate dominance and identity deletion.

Foundations of Language, (8): 161-198.

Seto, Ken-ichi. 1999. Distinguishing metonymy from synecdoche. In Klaus-Uwe Panther & G. Radden (Eds.), *Metonymy in Language and Thought* (pp. 91-120). Amsterdam: John Benjamins.

Sgall, P., et al. 1973. *Topic, Focus and Generative Semantics*. Kronberg: ScriptorVerlag.

Simone, R. (Ed.). 1994. *Iconicity in Language*. Amsterdam: John Benjamins.

Sperber, D. & Wilson, D. 1995. *Relevance: Communication and Cognition*. Oxford: Basil Blackwell.

Talmy, L. 1978. Figure and ground in complex sentences. In J. H. Greenberg (Ed.), *Universals in Human Language, Vol. 4* (pp. 627-649). Stanford: Stanford University Press.

Talmy, L. 1988. Force dynamics in language and cognition. *Cognitive Science*, 12 (1): 49-100.

Talmy, L. 2000. *Toward a Cognitive Semantics, 2 Vols*. Cambridge, Mass.: The MIT Press.

Tang, Ting-Chi. 1972. *A Case Grammar of Mandarin Chinese*. Taipei: Hai-Guo Book Co.

Tang, Ting-Chi. 1977. *Studies in Transformational Grammar of Chinese, Vol. I*. Taipei: Student Book Co.

Tang, Ting-Chi. 1979. Relative clauses in Chinese. In *Studies in Chinese Syntax*. Taipei: Student Book Co.

Taylor, J. R. 1989/1995. *Linguistic Categorization*. Oxford: Clarendon Press.

Taylor, J. R. 2012. *The Mental Corpus: How Language Is Represented in the Mind*? Oxford: Oxford University Press.

Teng, Shou-hsin. 1974. Double nominatives in Chinese. *Language*, (50): 455-473.

Trask, R. L. 1995. *Language: The Basics*. London: Routledge.

Trask, R. L. 2003. *A Dictionary of Grammatical Terms in Linguistics*. London: Routledge.

Traugott, E. C. 2013. *Constructionalization and Constructional Changes*. Oxford: Oxford University Press.

Traugott, E. C. & Trousdale, G. (Eds.). 2010. *Gradience, Gradualness and Grammaticalization*. Amsterdam: John Benjamins.

Tsao, Feng-fu. 1977. Subject and Topic in Chinese. In Tang, Ting-Chi, et al. (Eds.), *Proceedings of Symposium on Chinese Linguistics* (pp. 165-196). Taipei: Student Book Co.

Tsao, Feng-fu. 1979. *A Functional Study of Topic in Chinese: The First Step Towards Discourse Analysis*. Taipei: The Grane Publishing Co.

Tsao, Feng-fu. 1980. Sentences in English and Chinese: An exploration of some syntactic differences. In P. J. Li, et al. (Eds.), *Papers In Honor of Professor Lin Yu-Keng on her Seventieth Birthday*. Taipei: Wen Shin Publishing Co.

Tsao, Feng-fu. 1982. The double nominative construction in Mandarin Chinese. *Tsing Hua Journal of Chinese Studies*, (14): 275-97.

Tsao, Feng-fu. 1990. *Clause and Sentence Structure in Chinese*. Taipei: Student Book Co.

Ullmann, S. 1962. *Semantics: An Introduction to the Science of Meaning*. Oxford: Blackwell.

Ungerer, F. & Schmid, H-J. 1996. *An Introduction to Cognitive Linguistics*. London: Longman.

vanDijk, T. A. 1977. *Text and Context*. London: Longman.

Vennemann, T. & Harlow, R. 1977. Categorial grammar and consistent basic VX serialization. *Theoretical Linguistics*, (4): 227-254.

Vlach, F. 1981. The semantics of the progressive. In P. J. Tedeschi & A. Zaenen (Eds.), *Tense and Aspect* (pp. 271-292). New York: Academic Press.

Wales, K. 2001. *A Dictionary of Stylistics* (2nd ed). Edinburgh Gate: Pearson Education Limited.

Warren, B. 1999. Aspects of referential metonymy. In Klaus-Uwe Panther & G. Radden (Eds.), *Metonymy in Language and Thought* (pp. 121-135). Amsterdam: John Benjamins.

Weil, H. 1887. *The Order of Words in the Ancient Languages Compared with That of the Modern Languages*. Boston: Ginn.

Wierzbicka, A. 1988. *The Semantics of Grammar*. Amsterdam: John Benjamins.

Williams, J. M. 1976. Synaesthetic adjectives: A possible law of semantic change. *Language*, (52): 461-478.

Wilson, R. & Keil, F. C. 1999. *The MIT Encyclopedia of the Cognitive Sciences*. Cambridge, Mass.: MIT Press.

Xu, Liejiong. 1986. Free Empty Category. *Linguistic Inquiry*, (17): 75-93.

Xu, Liejiong. 1995. Definite effects on Chinese word order. *Cashiers de Linguistique Asie Orientale*, (24): 29-48.

Xu, Liejiong & Langendoen, D. T. 1985. Topic structures in Chinese. *Language*, (61): 1-27.

Ziv, Y. 1994. Left and right dislocations: Discourse functions and anaphora. *Journal of Pragmatics*, (22): 629-645.